ジョン・コールマン博士

嘘による外交

英米両政府の裏切りに関する記述

OMNIA VERITAS®

ジョン・コールマン

ジョン・コールマンは、イギリスの作家で、元秘密情報局のメンバーである。コールマンは、ローマクラブ、ジョルジオ・シーニ財団、フォーブス・グローバル2000、宗教間平和コロキアム、タヴィストック研究所、黒人の貴族など、新世界秩序のテーマに近い組織についてさまざまな分析を行っています。

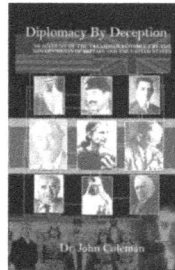

嘘による外交
英米両政府の裏切りに関する記述

DIPLOMACY BY DECEPTION
An account of the treasonous conduct by the governments
of Britain and the United States

オムニア・ヴェリタス・リミテッドが翻訳・発行しています。

© オムニアベリタス株式会社 - 2022

OMNIA VERITAS®

www.omnia-veritas.com

序文

この本を書こうと思ったのは、『共謀者の階層』[1]
を読んだ多くの人が、委員会がこれほど大規模な支配を
行使していることについて、具体的な例や事例を挙げて
ほしいと言ってきたからである。本書は、そうした要望
に応えるためのものです。

嘘による外交」を読んだ後では、イギリスとアメリカの
政府が世界で最も腐敗しており、300人委員会の計画遂行
に全面的に協力しなければ、この超国家機関が、その最
も有能な召使の一人であるブッシュ元大統領が「新世界
秩序」と呼んだ、一つの世界政府を作るための計画を進
めることができないことは疑いようがないだろう。

本書によって、秘密結社がどのように活動し、その命令
がそれぞれの国や国民の国益と安全保障に貢献するはず
の人々によってどのように実行されるのか、より深く理
解していただければと思います。

ジョン・コールマン博士

---

[1]*陰謀者たちの階層 - 300人委員会の歴史*, Omnia Veritas Limited,
www.omnia-veritas.com

I.国連の脅威

国連創設の物語は、欺瞞による外交の典型的なケースである。国際連合は、ヴェルサイユ条約が結ばれたパリ講和会議の後、消滅した国際連盟の後継として、初めて単一の世界政府を樹立しようとする試みであった。

1919年1月18日、フランスのベルサイユで、「戦勝国」連合国27カ国の国際銀行家を代表する70人の代表団を集めて、講和会議が開かれた。代表団が選ばれてから帰国するまで、いや、帰国してからもずっと国際銀行家の指示のもとにあったことは事実である。

はっきりさせておきたいのは、講和会議はドイツを干上がらせることであり、5年戦争（1914-1919）のひどい損失の上に、すでに法外な利益を得ていた国際銀行界の富豪に巨額の資金を得ることだった。イギリスだけでも死者100万人、負傷者200万人以上の被害が出た。戦史研究家のアラン・ブルガーは、戦死した兵士1人につき国際銀行が1万ドルの利益を得たと推定している。イルミナティ-ロスチャイルド-ウォーバーグ銀行家300人委員会、連邦準備制度の主であり、戦争の両陣営に資金を提供した人々にとっては、人生は安いものです。

また、H・G・ウェルズやバートランド・ラッセル卿が、何百万人もの人々（主にキリスト教国の花）が不必要に死んでいく、この恐ろしい戦争を予見していたことも忘れてはならないだろう。300人委員会のメンバーは、国際的な銀行家が大きな利益を得るように戦争を計画したの

である。H.G.ウェルズは、300人委員会の「予言者」と呼ばれた。1700年代後半、ベネチアの銀行家カーストによる経済的苦境から逃れようとした北米の植民地住民の経済的未来を損ない、頓挫させるためにジョージ3世が利用した難破船の2人に例を挙げると、ジェレミー・ベンサムとアダム・スミスが実行した英国東インド会社（BEIC）のアイデアをウェルズがアップデートしただけだということは事実である。

ウェルズが書いた『バンカー』誌の記事（ロンドンの大英博物館でそのコピーを見つけた）で、ウェルズは、国際通貨基金（IMF）と銀行の銀行である国際決済銀行（BIS）の今後の役割について概説している。私たち主権者が、国際銀行が戦争を引き起こし、双方に融資する役割を理解したとき、戦争は過去のものになるかもしれない。それまでは、戦争は、バートランド・ラッセルが適切に表現したように、国際銀行が収入を増やし、不要な人口を排除するためのお気に入りの手段であり続けるだろう。

ウェルズは、著書『アフター・デモクラシー』の中で、独裁的な単一の世界政府による経済秩序（社会エネルギー）が確立されれば、政治・社会秩序が押し付けられると論じている。1919年に始まったパリ和平交渉は、まさにこれを目指したもので、王立国際問題研究所（RIIA）の覚書が主な根拠となっている。

RIIAは23項目の提案をまとめ、ウッドロウ・ウィルソンに送り、ウィルソンのオランダ系ユダヤ人のコントローラー、マンデル・ハイス（通称ハウス大佐）に渡した。ハウス大佐は、すぐにマサチューセッツの私邸マグノリアに向かい、提案内容を14項目に絞り込み、1918年12月にウィルソン大統領がパリ講和会議に提出した「14ポイント」の基礎となるものを作り上げた。

ウィルソンのパリ到着は、戦争に疲れ、ウィルソンを永

遠の平和の前触れと見た、貧しく妄信的な国民によって、抑えきれないほどの熱狂をもって迎えられたのである。ウィルソンは、国際連盟を通じて国際銀行家による世界の支配を確実にするつもりで、新しい理想主義の精神をもって、真実味のある言葉で演説を装ったのである。

読者は、国際連盟条約とその後継である国際連合のあり方が似ていることに目を奪われてはならない。ドイツ側の代表は、会議に提出する条件が整うまで、議論に参加しないようにされた。ロシアは、世論がボルシェビズムに激しく反対していたため、代表者がいなかった。イギリスのロイド・ジョージ首相とウィルソン大統領は、ボルシェビキ革命が成功し、ロシア国民に恐ろしい結果をもたらそうとしていることを十分承知していた。

当初から、ビッグテンの最高評議会（国連安全保障理事会の前身）が優位に立っていたのだ。評議会は、ウィルソン、ランシング、ロイド・ジョージ、バルフォア、ピション、オルランド、ソニノ（いずれもベネチアの黒人貴族銀行家を代表）、クレマンソー、西園寺、牧野で構成されていた。

1919年1月25日、国際連盟の設立を求める決議が全会一致で採択され、RIIAの議案が優位に立った。ドイツの賠償金を扱う委員会が選ばれた（委員は実際にはRIIAによって任命された）。1919年2月15日、ウィルソンは米国に帰国し、ロイド・ジョージはロンドンに戻った。しかし、3月になると、二人はパリに戻り、ドイツを財政的に救済する最善の方法を考え、10人評議会は大きすぎることが判明し、4人評議会に縮小された。

イギリスは、ボーア戦争の経験者であるヤン・クリスチャン・スムート将軍を議論に参加させ、この嘆かわしい陰謀に誠意のオーラを加えようとした。スマッツは自国民に対する裏切り者であった。彼は首相として、ドイツと争う気はないと思っていた国民の78%の反対を押し切

って、南アフリカを第一次世界大戦に引きずり込んだのである。スマッツは、ウィルソン、ハウス、英国王室のセシル卿（拙著『*King Makers/King Breakers*』[2] 参照）、ブルジョワ、ヴェニゼロスからなる委員会の一員であった。

1920年1月、国際連盟が設立された。ジュネーブに本部を置き、事務総長、5大国から選ばれた理事会、総会で構成されていた。ドイツは、武器を捨てるように説得されたときの協定をはるかに超える講和条件で、ドイツ国民を売り渡したのである。ドイツ軍は戦場で負けたのではない。欺瞞的な外交によって敗北したのである。

国際的な銀行家が大勝利者となり、最終的にドイツの主要な資産をすべて剥奪し、「賠償金」として巨額の支払いを受けることになったのだ。RIIAは、ウィルソンの言葉を借りれば、「すべてを手に入れた」と思っていたのだ。しかし、RIIAは、米国憲法を知っている多くの米国上院議員を考慮に入れていなかった。それに対して、現在、米国憲法を実際に知っている上院議員や下院議員は、わずか20人程度である。

例えば、ロックフェラーの子飼いと公言しているロバート・バード上院議員は、最近、条約は国の最高法規であると宣言した。どうやらバード議員は、条約が有効であるためには主権国家との間で結ばれなければならず、後述するように、国連には主権がないことを知らないようである。いずれにせよ、条約はあくまで法律であり、米国憲法を覆すことはできないし、米国の主権と安全保障を脅かすものであれば支持されることはない。

もし、バード上院議員がそう思っているのなら、なぜパナマ運河を手放すことに票を入れたのか不思議だ。アメリカがパナマ運河のためにコロンビアから土地を取得し

---

[2] *キングメーカーとキングブレーカー*、NDT。

たとき、その土地は主権を持つアメリカの領土となった。したがって、パナマ運河の割譲は違憲かつ違法であった。このことは、カーター・トリボス・パナマ運河条約を扱う章で説明する。

1920年3月、国際連盟条約がアメリカ上院に提出されたとき、49人の上院議員はその巨大な意味を理解し、批准を拒否した。1945年に国連憲章が上院に提出された時の議論に比べれば、多くの議論が行われた。RIIAから本会の条約に対するいくつかの修正案が提出されました。ウィルソン大統領には受け入れられたが、上院では否決された。1920年11月19日、上院は留保付き、留保なしの条約を49対35の票差で否決した。

そこで国際銀行家たちは、ドイツとの戦争の終結を宣言する議会の共同決議に拒否権を発動し、1年間ドイツ国民を虐殺し続けることができるように、ウィルソンに要求した。国際連盟が解散し、その全資産（主に第一次世界大戦後にドイツ国民から巻き上げた金と連合国から米国への戦争借款の残高）が国際連合に移されたのは、1945年4月18日のことであった。つまり、300人委員会は、一国政府構想をあきらめず、国際連合が存在するのを待って、信用を失った国際連盟を解散させたのである。

国際連盟が国際連合に譲渡したお金は、正当に主権者であるアメリカ国民のものである。アメリカは、1914年にドイツと戦った後、戦利品を得るために、いわゆる同盟国に何十億ドルも資金を提供し、敗戦の危険を冒してまで…

1923年、ローザンヌで開かれた連合国会議にアメリカのオブザーバーが派遣され、アメリカに対する104億ドルの借金の返済と中東の産油国間の分担について協議が行われた。国際銀行家たちは、RIIAの本部であるチャタムハウスから受けた指示に基づいて、ローザンヌでアメリカの介入に反対した。最初の返済合意はイギリスとのもの

で、イギリスは戦時中の借金を62年間にわたり、金利3.3％で返済しなければならなかった。

1925年11月と1926年4月、アメリカはイタリアとフランスとの間で、同時期の戦争借款の分担金を返済する協定を結んだ。1930年5月までに、米国が資金を貸した17カ国が、戦争融資の全額、110億ドル近くを返済する協定に調印している。

1932年11月、初の公然たる社会主義者であるフランクリン・D・ルーズベルトが大統領に選出された。ホワイトハウスへの到着は、ウィリアム・マッキンリー大統領の暗殺に始まり、フランクリン・D・ルーズベルトが発足させることになる社会主義への扉を開くことを使命とする「愛国者」テディ・ルーズベルトが当選したことに続く。チャタムハウスからの指示で、ルーズベルトは時間をかけずに、連合国が結んだ借款契約の不履行を確認した。1932年12月15日までに、米国に何十億ドルもの戦争負債を負っていたすべての国が、債務不履行に陥った。イギリスは最大の債務国であり、最大の債務不履行国であった。

この金の多くは、第一次世界大戦後にドイツから強奪されたものと同様、国際連盟の金庫に入り、やがて国際連合の会計に入った。こうして、アメリカはヨーロッパの戦場で兵士を無駄に犠牲にしただけでなく、第一次世界大戦を起こした国々に懐柔されてしまったのである。さらに悪いことに、価値のない戦争賠償金債権がアメリカの金融市場に投じられ、納税者の負担はさらに数十億ドルに上った。

300人委員会について学んだことがあるとすれば、それは決してあきらめないということです。歴史は繰り返すという言葉があるように、300人委員会が米国にワンワールドの政府機関を押し付けようとしたことは、間違いなく事実である。H・G・ウェルズは著書『来るべきものの姿

』（[3]　　　）の中で、この組織を「一種の公然たる陰謀-世界国家のカルト」（すなわち、一つの世界政府）と表現している。

世界国家（OWG）は、「地球上の唯一の土地所有者でなければならない」とウェルズ氏は言う。すべての道は社会主義に通じているはずだ"ウェルズは、著書『アフター・デモクラシー』の中で、（国際通貨基金と国際決済銀行を通じて）いったん世界経済秩序が確立されると、政治・社会秩序は全体主義的に押しつけられることを明らかにしている。タヴィストック人間関係研究所の章では、タヴィストックの「オペレーション・リサーチ」が、経済や政治を抜本的に改革する原動力となったことが説明される。

米国の場合、米国政府や憲法を転覆させるのではなく、「無視できない存在にする」ことを目論んでいるのだ。これは、1848年の共産党宣言に基づき、1920年にフェビアン協会が書いた社会主義マニフェストをゆっくり丁寧に実行することで実現した部分が大きい。

憲法を「無関係」にしているのは、まさにこのことではないのでしょうか。実際、アメリカ政府がほとんど毎日、平気で憲法を破っていると、憲法が「無関係」になってしまうのです。湾岸戦争のように正式な宣戦布告なしに戦争に突入するような行政命令は、憲法をまったく「無用の長物」にすることに貢献している。憲法には、行政命令の発布に関する規定は全くない。行政命令とは、大統領には何の権限もない布告に過ぎない。檄を飛ばすことができるのは、王だけです。

1945年、国際連盟は、国際連合条約という新たな名目で、アメリカ上院を通過することになった。上院議員たち

---

[3]"The shape of things to come", NDT.

は、少なくとも1年半の議論では十分に検討できなかった
であろう、この条約の意味するところを3日間しか議論で
きなかったのだ。もし、議員たちが自分たちが議論して
いることを十分に理解していたなら（一部の例外を除い
てそうではなかったが）、十分な議論の時間を要求した
だろう。事実、上院はこの文書を理解していなかったの
で、採決すべきではなかった。

もし、国連条約を議論した上院議員たちが、この文書を
正しく理解していたならば、間違いなく否決されていた
だろう。他の考慮事項は別として、この文書は非常に稚
拙で、多くの場合、曖昧で誤解を招き、矛盾していたの
で、これらの理由だけで却下される可能性があったので
す。

法律、まさに条約の定義は、明確に書かれていて、曖昧
さがないことです。国連の条約は、これとはかけ離れて
いた。いずれにせよ、憲法に縛られているアメリカは、
次のような理由で国連条約を批准することができなかっ
たのである。

(1)　わが国の憲法は、主権在民という基盤の上に成り立
っており、それなくして憲法は成立し得ない。米国の外
交政策は、ヴァッテルの「国家法」に基づいており、主
権を問題にしている。憲法は世界政府や外国の機関につ
いて沈黙しているが、憲法がある権力について沈黙して
おり、それが憲法上の他の権力に付随していない場合、
その権力の阻害、またはその権力のPROHIBITIONである
と言える。

(2)　国連は主権機関ではなく、独自の領土に囲い込まれ
た測定可能な権力はない。アメリカ国内では、ニューヨ
ークのロックフェラー社から貸与された建物に収められ
ている。米国憲法の下では、非主権国家や団体と条約を
締結することはできない。米国は、主権を持たない組織
や国と条約を締結することはできなかった（できない）

。米国は、非主権国家または機関と協定を結ぶことはできるが、非主権機関と条約を結ぶことは決してできない。

(3) 上院が、主権も国境も人口統計も貨幣制度も一連の法律も憲法もない団体、国家、国、すなわち国連との条約を批准しようとすることは、上院議員が誓った憲法擁護の宣誓を裏切ることである。これは一般に反逆罪と呼ばれています。

(4) 米国が国連に加盟するためには、2つの憲法改正が必要である。憲法第1条は、世界機関の存在を認めなければならないだろう。現在の憲法では、国際連合を世界的な組織として認めることはできない。修正第2条は、米国が非主権的な世界機関と条約関係を結ぶことができることを明記すべきです。これらの修正案はいずれも、上院で承認され、全州で批准されることはおろか、提案されたこともない。

したがって、非常に疑わしい国連の「条約」は、米国では法の力を持ったことがない。1945年と1993年の時点では、大統領は外交問題について発言する権限はあっても、世界の諸機関と協定を結ぶ権限、ましてや条約を締結する権限はなく、これまでもなかったのだ。これは、他のいかなる世界組織、特に国連も、米軍を派遣したり、建国の父たちによって課せられた憲法上の制約を越えて米国に行動を命じる権限を絶対に持たないということである。

上院議員　　　　　　　　　　　　　　　　David I.ウォルシュは、重大な欠陥のある国連憲章がもたらす憲法上の危険性を理解していた数少ない政治家の一人で、同僚たちにこう言ったのである。

　「この憲章が対処できるのは、小国による侵略行為や平和破壊行為だけです。つまり、世界紛争を再び引き起こす可能性が最も低く、能力も低い国によるもので

す。このような場合でも、大統領閣下、安保理の常任理事国である5大国のいずれかが、捜査や予防行動を恣意的に麻痺させることができるのです..."...

「このように、大国の庇護を受けたり、その道具や傀儡となったりする小国は、ビッグ5と同じように干渉から守られているのである。正直に言うと、この憲章は、戦争を起こす力のない国による戦争行為を阻止するための道具を与えてくれるのです。大規模な紛争の脅威は、国と国との間の争いにあるのではない。これらの紛争は、制限し、軽減することができます。

「小国が大国のために行動し、その大国から挑発されることが脅威なのです。しかし、この場合、大国を国連の行動から免れさせる拒否権特権が、小さな衛星国を免れさせるように働く可能性があるのだ。予防の機械は、本当に危険な時点に達するまで、スムーズに機能する。"世界大戦を誘発するほど強い国が発生し、それを阻止することができる時点"だ。

どんな小国でも、大国の庇護を求める誘惑に駆られる可能性はある」。そうすることで、ビッグ・ファイブが持つ支配の独占を間接的に手に入れることができるのだ。大統領、憲章の欠点の一つは、その懲罰的で強制的な力が、真に小さく独立した国家に対してのみ適用されうるということです。"(イラクは国連憲章の腐敗を示す好例である）。

「独立を犠牲にしてでも、拒否権を持つ国と協定を結ぶだけで、この憲章の強制力から解放される...」と。

ハイラム・W.上院議員ジョンソンは、ウォルシュ上院議員を除けば、国際連合憲章を見た数少ない人物の一人で、次のように述べている。

「ある面では、かなり弱い葦である。5大国のいずれかが始めた戦争を止めることはできず、すべての国に戦争をする完全な自由を与えているのだ。したがって

、世界平和を維持するための唯一の希望は、五大国の
どれもが戦争を選択しないことである......」と。

アメリカ国民が国連の戦力に対して何の保護も手段も持
たないという事実は、ブッシュ大統領が憲法の規定を踏
みにじって暴れ回った湾岸戦争で確認された。もしブッ
シュ大統領が正規の手続きを踏んで宣戦布告を求めてい
たら、拒否されて湾岸戦争は起こらなかっただろう。何
百万人ものイラク人と300人以上の米軍兵士が不必要に命
を落とすことはなかっただろう。

大統領は、議会から合法的な宣戦布告が出され、国家が
正式に戦争状態になるまでは、軍隊の最高司令官ではあ
りません。もし大統領が常に最高司令官であれば、大統
領職は王と同じ権限を持つことになり、それは憲法で明
確に禁じられている。湾岸戦争の前、CNNは、ブッシュ
が軍隊の司令官として軍隊を戦争に投入する権利を持っ
ている、という誤った前提を受け入れた。この危険な解
釈はすぐにメディアで取り上げられ、憲法上ありえない
のに事実として受け止められている。

アメリカ国民に対して行われる重大な欺瞞は、大統領は
常に軍隊の最高司令官であるということである。上院と
下院の議員たちは憲法について誤った知識を持っており
、ジョージ・ブッシュ大統領が英国石油のための戦争と
サダム・フセインへの個人的憎悪を満たすために、湾岸
に50万人近い軍隊を送り込むことを許した。ブッシュは
この時点で、アメリカ国民との間にあるはずの信頼関係
を失ってしまった。ビル・クリントン大統領は最近、こ
の「最高司令官」という誤った考えを利用して、何の権
限もない同性愛者の軍への受け入れを強行しようとした
。これは道徳の問題というより、大統領が権限を踏み越
えたということだ。

朝鮮戦争や湾岸戦争で国連によって行われたように、ア
メリカの軍人や兵士が戦場に派遣されることについての

悲劇的な真実は、これらの戦争で死んだ人々は国のために死んだのではない、ということである。安保理も国連理事会も主権を持たないので、国連旗は意味がない。

国連安全保障理事会の決議は、それ自体が主権を持たない機関によってなされるため、米国に直接的または間接的に影響を与えるものは一つもない。アメリカ合衆国憲法は、いわゆる世界機関の上にあり、それは特に国連を含む。アメリカ合衆国憲法は、国連関連かどうかにかかわらず、いかなる国家または国家群との協定または条約よりも上位にあり、優越するものである。しかし、国連はアメリカ合衆国大統領に、合衆国憲法が認めていない事実上および事実上の無制限の独裁的権限を与えているのである。

湾岸戦争でブッシュ大統領が行ったことは、国連安全保障理事会に代わって直接公布（行政命令）を出すことで、憲法を回避するものであった。下院と上院は、そのような命令の違法な発行を阻止する憲法上の義務を果たさなかった。戦争への資金提供を拒否することで、そうすることができたはずだ。下院も上院も、合衆国憲法より上位に自らを置く世界組織との協定（または条約）に資金を提供する権利はなかったし、今日もない。特にその世界組織が主権を持たず、米国の安全を脅かす場合はなおさらである。

公法[4]
85766の第1602条には、次のように書かれています。

> 「本法または他の法律で充当された資金のいかなる部分も、米国政府がいつ、どのように、どのような状況で、この国と国民を外国の勢力に明け渡すべきかという調査や計画を行う個人、会社、法人、または個人、会社、法人の組み合わせに支払うために使用されては

---

[4] 公法

ならない"...

公法第471条第109項にはさらにこう書かれています。

"世界政府を推進するプロジェクトや統一された世界
内での市民権を得るための資金使途は違法である。"

では、国連はこの基本的な権利にどのように取り組んで
きたのでしょうか。朝鮮戦争、ベトナム戦争、湾岸戦争
も、第1条第8項第11号に違反し、合衆国憲法に違反して
いる。

"議会は宣戦布告の権限を有する"

国務省や大統領、国連にこの権利があるとは言われてい
ませんが...。

国連は、外国の領土で戦争に参加することを望んでいる
が、第1条第10項第1号は、合衆国が国家として外国で戦
争に参加するための規定を設けてはならない、と定めて
いる。また、第1条第8項第1号では、税収は以下の目的に
のみ使用することができるとしています。

(1)「...債務を支払い、合衆国共通の防衛と一般福祉を
提供する」。

国連やその他の世界機関に会費（貢ぎ物）を払うことに
ついては何も書かれておらず、これを許可する権限も与
えられていない。さらに、第1条第10項第1号に含まれる
禁止事項があります。

(2)「いかなる州も、議会の同意なしに、平時において
軍隊または軍艦を保持し...あるいは、実際に侵略され
、または差し迫った危険がある場合を除き、戦争に従
事してはならない」。

第二次世界大戦以来、議会による有効な憲法上の宣戦布
告は行われていないので、米国は平和状態にある。した
がって、サウジアラビアやペルシャ湾地域、ボツワナ、
ソマリアのどこかに駐留する我が軍は憲法違反であり、

資金を提供せず、直ちに帰国させるべきだ。

米国にとって切実な問題は、「主権を持たない国連が、なぜイラクに対する武力行使を許可したのか（すなわち宣戦布告）、なぜ我々の代表がこのような茶番に同意し、守ることを誓った憲法に違反したのか」であるはずだ。"さらに、国連には、我が国の憲法上、米国と条約を締結するために必要な主権がない。

主権を構成するものは何か？それは、明確に区分され、明確に測定可能な境界線内の適切な領土、憲法上の通貨形態、相当な人口に基づくものである。国連はこの条件を全く満たしていない。政治家が何を言おうと、国連は米国憲法の主権定義にある意味での主権機関とは決して見なされないのだ。したがって、国連と条約を結ぶことは、今も昔もありえないということになる。その答えは、憲法を全く知らないから、あるいは300人委員会の召使として、1945年の上院議員たちは、合衆国憲法を守り支持するという宣誓に反して国連憲章を承認した、ということかもしれない。

国連は、目的もなく、根も葉もないヒルであり、アメリカ人を宿主とする寄生虫である。もし、この国に国連軍がいるのなら、直ちに追放すべきである。なぜなら、彼らの存在は、わが国の憲法を汚すものであり、憲法を守る宣誓をした者が、実際に容認することはできないからである。国連は、1920年に設立されたフェビアン社会主義のプラットフォームの継続的な拡張であり、そのすべての要素は、アメリカのフェビアン社会主義のプロジェクトに従って正確に実施された。カンボジアでの国連の存在、ボスニア・ヘルツェゴビナでの無策は、増幅される必要はないだろう。

国連の合意を見抜いた議員もいた。その一人が、イリノイ州のジェシー・サムナー下院議員である。

"大統領、あなたはもちろん知っている、私たちの政府の平和の課題は、平和ではありません。戦争に巻き込まれないようにするのが目的だと言いながら、我々を戦争に巻き込んだ（嘘による外交という表現がぴったりだ）、相変わらずの平和主義者を装った温情主義者が率いているのだ。レンドリースや他の法案が、我々を戦争に巻き込まないことを約束しながら、戦争に巻き込んだように、この措置（国連条約）は、将来のすべての戦争に我々を巻き込むことになる。

サムナー議員は、同じく知識豊富な議員であるローレンス・H.スミス

"この提案に投票することは、世界の共産主義に承認を与えることである。そうでなければ、なぜ他の地域のあらゆる形態の共産主義が全面的に支持されるのでしょうか？この（国連の）措置は、憲法のまさに核心を突いている。宣戦布告の権限を議会から取り上げ、大統領に与えることを定めている。これこそ独裁と独裁的支配の本質であり、他のすべては必然的に従う傾向にあるはずだ。"

また、スミスはこうも言っています。

「大統領は、（合衆国憲法が与えていない）絶対的な権限を与えられており、いつでも好きなときに、どんな口実でも、私たちの息子や娘を家から連れ出して戦場で戦わせ、死なせることができます。それは大統領が選ぶことができる期間だけではなく、国際機関の多数派メンバーが選ぶことができる期間でも同じです。米国は少数派になるだろうから、将来の戦争でわが国の兵士が外国に滞在する期間に関する政策は、わが国の問題よりも外国の問題になることを心に留めておいてほしい...」と述べた。

というのも、ブッシュ大統領は、私たちの息子や娘を故郷から引き離し、国連という主権をもたない国際機関を隠れ蓑にして、湾岸戦争に参戦させたのだから。条約（1

945年に上院で可決された文書がそうであったはず）と協定の違いは、条約は主権を必要とするが、協定にはそれがないことである。

1945年、アメリカ上院はわずか3日間しか議論しなかった。条約を議論すると言ってもいい。ご存知のように、条約には何千年もの歴史があり、上院は国連憲章を全面的に検証することはできなかったし、しなかった。アメリカ国務省は、最も悪賢い人物を送り込み、議員たちを嘘と混乱に陥れた。その好例が、アメリカを代表する13人のイルミナティの一人で、300人委員会のメンバーであり、彼らの言いなりの一国政府である故ジョン・フォスター・ダレス氏の証言である。

300人委員会が厳選したダレスとそのチームは、上院を転覆させ、完全に混乱させるよう指示されたが、そのほとんどが憲法に不慣れであることは、議会記録の証言で十分明らかである。ダレスは、あからさまに嘘をつき、嘘がばれると思うとひやひやする、不誠実な男だった。徹底した裏切り、背徳の演出。

ダレスは、上院議員W.S.の支持を得ていた。ルーカス、元老院に仕込まれた銀行家の代理人。ルーカス上院議員は、自分の主人であるウォール街の銀行家を代表して、次のような発言をした。

> "私はそれ（国連憲章）について非常に強く感じています。なぜなら、今こそ上院議員がこの憲章の意味を判断する時だからです。戦後すぐとは）状況が違うのに、1年、1年半も待ってはいけないのです。1年半後まで判断を撤回するような議員を見たくない..."

明らかに、このルーカス議員の黙認は、上院が国連憲章をきちんと審議するためには、少なくとも1年半はかかるということを暗に示していたのである。また、この文書を検討すれば、条約は否決されることを認めたものであった。

なぜこんなに急いでいるのか？もし常識が勝り、議員たちが下調べをしていれば、提示された憲章をきちんと研究し、投票するためには少なくとも1年、おそらく2年はかかることがわかっただろう。もし1945年の上院議員がそうしていたら、何千人もの軍人が、国連という主権を持たない組織のために命を犠牲にすることなく、今日も生きていただろう。

衝撃的な事実だが、朝鮮戦争は非主権国家のために行われた違憲の戦争であったという厳しい現実がある。だから、勇敢な兵士たちは国のために死ななかったのです。湾岸戦争もそうだ。湾岸戦争やソマリアは、1945年に米国上院が国連条約を否決したことの再来である。このため、アメリカは多くの違憲の戦争に巻き込まれた。

トーマス・M・クーリー判事は、憲法に関する代表的な著作の中で、次のように書いている。

> "憲法そのものが条約や法律に屈することはない。議会は、その権限の尺度である憲法から立法権を得ているのである。憲法は権力に何の制限も課していないが、国の憲法の下で何事も行ってはならないし、政府のどの部門も、どの州も、その憲法上の権限を奪ってはならないという暗黙の制限がある--
> 議会と上院は、条約において、自分たちよりも大きな条約を実質化したり、上院と下院の委任された権力を与えることはできないのである。"

ヘルマン・フォン・ホイスト教授は、その記念碑的著作『合衆国憲法』の中で、次のように書いている。

> "条約権の範囲については、憲法は沈黙している（つまり留保されている-
> 禁止されている）が、それが無制限であるはずがないことは明らかである。その権力は憲法によってのみ存在し、憲法の規定と矛盾する条約は認められないし、憲法上、事実上、無効である。"と。

国連の条約は少なくとも十数個の憲法の規定に違反しており、「条約」は憲法を覆すことはできないので、その安保理決議の一つ一つは、米国に関する限り、無効であると言える。これには、この寄生虫のような組織のメンバーであるという疑惑も含まれています。米国はこれまで一度も国連に加盟したことがなく、今日も加盟していない。そして、われわれ国民が、憲法を上院で改正し、全州で批准して国連への加盟を認めることに同意しない限り、加盟することはありえない。

この主張を裏付ける判例は数多く存在します。そのすべてをここで紹介することはできないので、この原則が確立された3つの事例を紹介しよう： Cherokee Tobacco vs. United States, Whitney vs. Robertson, Godfrey vs. Riggs (133 U.S., 256)。

国連加盟に関する我々の立場を要約すると、我々主権者であるアメリカ国民は、国連決議に従う義務はない。なぜなら、憲法を国連法に一致させると称した上院の国連憲章制定は、憲法の規定と矛盾し、事実上、無効であるからである。

1945年、上院議員たちは、条約には憲法を超える権限があると騙された。明らかに、議員たちはトーマス・ジェファーソンの言葉を読んでいなかった。

> "条約制定権を無制限と考えることは、憲法を建前上白紙にすることである。"

もし1945年の上院議員たちが、条約や協定の締結に関する議会記録の膨大な情報をわざわざ読んでいたなら、国連憲章を承認する際に無知で行動することはなかっただろう。

国連は、実は合衆国憲法を粉砕するために設立された一国政府機関である。これは、その原案者であるフェビアニストのシドニーとベアトリス・ウェブ、レオ・ポスヴ

オルスキー博士、レナード・ウルフの明らかな意図するところであった。上記を確認する良い資料として、ローズ・マーティン著『フェビアン・フリーウェイ』（米国社会主義への王道）がある。

米国を転覆させようとする社会主義者の陰謀の基礎は、『ニュー・ステーツマン』や『ニュー・リパブリック』といった新聞に見られる。いずれも1915年頃に発表された論文で、私が留学していたロンドンの大英博物館にはそのコピーが保管されていた。1916年、ニューヨークのブレンタノスは、同じ資料を「国際政府」というタイトルで出版し、あらゆる種類のアメリカの社会主義者から賞賛された。

国連憲章は本当に売国奴のアルガー・ヒス、モロトフ、ポスヴォルスキーによって書かれたのだろうか？しかし、基本的には、RIIAはベアトリス・ウェッブのフェビアン社会主義の文書を、ウィルソン大統領に送り、その条項をアメリカの法律に書き込ませたということだ。この文書は、ウィルソン大統領には読まれず、ハウス大佐に渡され、直ちに実行に移された。ウィルソン、そしてそれ以降のすべての大統領は、チャタムハウスで英国の主人たちから話しかけられたとき、常に快活に振る舞った。ハウス大佐は、1918年7月13日と14日に、調査団のデビッド・H・ミラー教授に助けられ、マサチューセッツ州の夏の別荘「マグノリア」に引きこもりました。ハーバード・サーベイのミラーが、世界統一政府機関に関するイギリスの提案をまとめることになった。

ハウスは23か条からなる案を携えてワシントンに戻り、イギリス外務省はこれを国際連盟の基礎として受け入れた。これは、アメリカ憲法を破壊しようとする試み以外の何物でもない。この「ハウス」ドラフトは、イギリス政府に転送され、その承認を得た後、14条に縮小された。

これは、ウィルソンのものではなく、社会主義者のウォルター・リップマンが援助したイギリス政府の「14のポイント」を生み、後にパリ講和会議に提出された文書の基礎となった（破壊的秘密結社について語るとき、「平和」という言葉は、厳密に共産・社会主義の意味で使われていることに注意しなければならないだろう）。

もし議員たちが1945年に下調べをしていれば、国連条約がイギリスのフェビアンによって考案され、アメリカの従兄弟たちによって支持された社会主義文書の温故知新に過ぎないことがすぐに分かっただろう。これで警鐘を鳴らしたのだろう。もし、国際連盟の裏切り者の正体を知っていたら、議員たちは迷うことなくこの文書を拒否したに違いない。

ハロルド・A・バートン上院議員の発言からして、議員たちが自分たちが何を見ているのか分かっていなかったことは明らかである。バートン

> "我々は、国際連盟ではなく、現在の国際連合憲章を回復し、設立する可能性を再び持っている。しかし、（国際連合憲章の）規定の80%は、実質的に1919年の国際連盟の規定と同じである..."。

もし議員たちが、国際連盟に関する*議会記録*、特に 8175-8191 ページを読んでいれば、国連憲章が国際連盟憲章を改変したものに過ぎないというバートン議員の主張が確認できただろう。国際連盟の資産を国際連合に移管することに、彼らは疑念を抱いていたはずだ。憲法を破壊したアルガー・ヒス、フェリックス・フランクフルター、レオ・ポスヴォルスキー、そしてその背後にいるロスチャイルド家、ウォーバーグ家、ロックフェラー家に代表される国際銀行家など、米国の福祉に関心のない堕落した人々が、現代版国際連盟を作り直したことにも気が付いただろう。

元下院議員のジョン・ラリック氏が、国連を「見えない

政府の創造物」と呼んだのは、まさにその通りである。もし議員たちが、改装された国際連盟の歴史を調べさえすれば、それがチャタムハウスで復活したこと、1941年にRIIAからコーデル・ハル国務長官（1919年以降のすべての国務長官と同様に外交問題評議会が選出）に指示を送って、その起動を命じたことを知ることができたはずだ。

真珠湾攻撃の14日後という絶好のタイミングであり、英国の主人たちは、この計画は世間の注目を集めることはないだろうと考えていた。そこで1941年12月22日、300人委員会の国際銀行家の要請で、コーデル・ハルは、ルーズベルト大統領に国際連盟の「新・改良版」を提示する役割を伝えるよう依頼された。

RIIAの姉妹組織である外交問題評議会（CFR）は、ルーズベルトに対し、戦後の外交政策について大統領諮問委員会の設置を直ちに指示するよう勧告した。CFRが推奨するアクションはこうだ。

> 「国際連合憲章は、国の最高法規となり、すべての国の裁判官は、いかなる国の憲法の規定にもかかわらず、これに拘束されるものとする。

1945年、もし議員たちがわざわざ調べていたら、CFRの指令が反逆罪に相当するものであることを発見しただろう。1905年に国際銀行家グループが、世界組織を手段として憲法を破壊できると考えていたこと、そしてCFR指令がその進行中のプロセスの一部に過ぎないことを、彼らは発見しただろう。

条約が憲法に法律的に優越することはありえないが、国連の条約は憲法に優先することになった。憲法やその一部は、議会で簡単に廃止することはできませんが、条約は無効にしたり、破棄したりすることができます。憲法の下では、条約は単なる法律であり、議会によって2つの

方法で廃止することができる。

(1) 条約を撤廃する法律を成立させる。

(2) 条約資金を断つ。

このような権力の乱用を防ぐために、私たち主権者である国民は、「分担金」という表現が最も多い国連への資金提供を停止するよう政府に要求しなければなりません。議会は、米国のすべての義務に資金を供給するために有効法案を可決しなければならない。しかし、憲法よりも上位に位置するいわゆる国連への加盟のような違法な目的のために、議会が有効資金を可決するのは明らかに違法である。もし1945年の上院議員が、ダレスによるごまかし、嘘、隠蔽、欺瞞、誤解を許さず、適切な調査を行っていれば、ヘンリー・M・テラー上院議員とジェームズ・B上院議員との間の次のようなやりとりを発見したことでしょう。アレンと、それを利用したのです。二人の議員の雄弁なやりとりを紹介しよう。

テラー上院議員：「歳入徴収に関して、米国政府を拘束する条約はありえない。

アレン上院議員：「よろしい。それは、その性質上、極めて国家的なものであり、条約の対象にはなり得ない」。

テラー上院議員："国内問題だからではなく、憲法がこの問題を議会の専権事項としているからだ"。

アレン上院議員：「いいえ、大統領、必ずしもそうではありません、歳入の徴収は純粋に国の問題ですから。それは国家生活の基礎であり、いかなる外国勢力（または世界組織）の同意も参加もなく、政府のみによって行使されなければならない..."...

条約は国の最高法規ではありません。あくまでも法律であり、安全なものでもない。憲法を危うくするような条

約は、事実上、直ちに無効となる。さらに、条約は破られることもある。このことは、ヴァッテルの「人間の権利」194ページで十分に立証されている。

「1506年、トレスで開かれたフランス王国の総代理会は、ルイ12世に対し、皇帝マクシミリアンおよびその息子である大公フィリップと結んだ条約を、王国に害を及ぼすという理由で破棄するよう命じた。また、この条約もそれに付随する誓約書も、王国の財産を疎外する権利を持たない王国を拘束することはできないと判断した。

確かに国連条約は、米国の国家安全保障と幸福を破壊するものです。米国が国連に加盟するために必要な憲法改正が、50州すべてで採択され受け入れられていない限り、我々は国連に加盟していないのです。このような修正案は、議会の宣戦布告権に服従し、宣戦布告を憲法以上のレベルで国連の手に委ね、米軍を国連の管理・指揮下に置くことになるのであった。

さらに、国連とアメリカの宣戦布告を同じ文書に含めるには、あるいは直接または暗黙のうちに関連付けるには、憲法を改正する必要がある。この点だけでも、国連は憲法の安全保障を脅かすものであるから、この点だけでも、国連への加盟は間違いなく無効であり、許してはならないのである。国連憲章に反対票を投じた二人の上院議員のうちの一人であるランガー上院議員は、1945年7月、この条約はアメリカにとって危険がいっぱいだと同僚議員に警告している。

故ラリー・マクドナルド米国下院議員は、国連条約の大規模な扇動と裏切りを完全に暴露し、1982年1月27日の議会記録、Extension of Remarksに「Get Us Out」のタイトルで報告した。

「国連は、過去30年半の間、主にアメリカの納税者の負担で、わが国をソ連とその第三世界によって支配さ

れる世界政府に奴隷化するための巨大で自由な陰謀を続けてきたのだ。この自由奔放な陰謀にうんざりして、ますます多くの責任ある公務員や思慮深い市民が身を引こうとしている……」。

マクドナルドは正しかった。しかし、ここ2、3年の間に、英国と米国を中心とした国連の運営方法に著しい変化が見られた。この点については、いずれまた触れることにしよう。ブッシュ大統領の時代には、国連に残ることが、彼の政治スタイルや王族としての願望に合っているという明確な希望があった。

1945年、戦争にうんざりしていた上院議員たちは、国際連合が戦争を終わらせる手段になると考えた。彼らは、国連の目的が全く逆であることを知らなかった。今日、私たちは、たった5人の上院議員だけが、条約に投票する前にアルジャー・ヒスが起草した憲章を実際に読んだことを知っている。

国連の目的は、いや、国連を支える男たちの目的は、共産主義的な意味での平和ではない。

それは事実上、世界革命であり、善良な政府と善良な秩序の転覆であり、既成宗教の破壊である。社会主義や共産主義は、必ずしもそれ自体が目的ではなく、あくまでも手段である。現在、米国に対して行われている経済的混乱は、その目的のためのはるかに強力な手段である。

国連もその一部である世界革命は、全く別の問題である。その目的は、西洋諸国が何世紀にもわたって享受してきた道徳的、精神的価値を完全に覆すことである。この目的の一環として、キリスト教の指導者は必然的に破壊されなければならない。これは、偽りの指導者を大きな影響力を行使する場所に配置することによって、すでに大部分が達成されている。ビリー・グラハムとロバート・S・シューラーは、いわゆるキリスト教の指導者の好例である。この革命的な課題の多くは、フランクリン・D・

ルーズベルトがその著書『*Our Way*』で確認したものである。

裏切り者で扇動的な国連憲章の行間を読めば、前の段落で述べた目的の多くが、この悪質な「条約」に暗黙のうちに、場合によっては明示的にさえ含まれていることがわかるだろう。この条約は、もし我々国民がこれを打破しなければ、我々の憲法を踏みにじり、一つの世界政府の下で最も野蛮で弾圧的な独裁の奴隷にするだろう。

要するに、現在、世界的に猛威を振るっている精神的・道徳的革命の目的は-
そして、アメリカほどその傾向が強いところはない-
次のようなものである。

(1)　西洋文明の滅亡。

(2)　法政の解散

(3)　ナショナリズムの破壊、それに伴う愛国心という理想の破壊。

(4)　所得税、固定資産税、相続税、消費税など、累進課税で国民を欠乏状態に追い込む。

(5)　財産への課税を廃止し、相続への課税を強化することで、私有財産に対する神権を廃止すること。(クリントン大統領はすでにこの方向で大きな一歩を踏み出している）。

(6)　自由恋愛」、中絶、レズビアンと同性愛による家族単位の破壊。(クリントン大統領は、この革命的目標の背後にしっかりと位置し、世界革命の力との関係で自分の立場について残っている疑念を打ち砕いたのだ）。

300人委員会は多くの専門家を雇っているが、彼らは「時代の変化」のために、深刻な危険としばしば破壊的な変化が起きていると信じ込ませている。まるで、何かの力がそれを押し付けなければ、その方向が変わることがで

きないかのように。委員会には、大きな変化は「起こる
べくして起こる」ものであり、したがって当然受け入れ
なければならない、と多くの人々を欺くことだけが人生
の仕事である「教師」や「指導者」が大勢いるのである
。

そのために、共産党宣言の「社会プログラム」実現の先
陣を切る「リーダー」たちは、タヴィストック人間関係
研究所の「内的方向づけ」「オペレーション・リサーチ
」などの手法を巧みに使い、あたかもその変化を最初か
ら自分の考えであるかのように受け入れているのだ。

国連憲章を批判的に検証してみると、1848年の共産党宣
言とわずかな違いしかないことがわかる。この共産党宣
言の抄訳と改変のないコピーがロンドンの大英博物館に
所蔵されている。カール・マルクス（ユダヤ人のモルデ
カイ・レヴィ）とフリードリヒ・エンゲルスの著作とさ
れているが、実際にはイルミナティのメンバーによって
書かれたマニフェストからの抜粋が含まれており、彼ら
は今日も13人の有力評議員を通じて非常に活発に活動し
ている。

1945年、この危険な文書に急いで署名した上院議員たち
は、この重要な情報を何一つ目にすることがなかった。
もし議員たちが憲法を知り、最高裁が憲法を執行してい
れば、ウォーターゲート事件でリベラル派に賞賛された
偉大な憲法学者、故サム・アービン上院議員の言葉「国
連に加盟するなんてありえない」を引用して、米国憲法
がいかなる条約よりも優越であるという事実を議員たち
に認めさせることができるはずである。

国連は戦争のための機関である。それは、権力を本来あ
るべき場所、つまり立法府ではなく、行政府の手に委ね
ようとするものである。朝鮮戦争や湾岸戦争を例にとれ
ば、そのようなことはありません。湾岸戦争では、上院
・下院ではなく、国連がブッシュ大統領にイラク戦争の

権限を与え、憲法で定められた宣戦布告を迂回する手段として使うことができた。ハリー・トルーマン大統領は、朝鮮戦争を始めるために、同じ無許可の権力を行使した。

もし私たち主権者が、米国が国連の合法的メンバーであると信じ続けるなら、パナマ侵攻や湾岸戦争で見られたような、大統領によるさらなる違法行為を覚悟しなければならないだろう。安保理決議に隠れて行動することで、米国大統領は王や独裁者のような権力を手にすることができるのです。そのような権限は、憲法で明確に禁止されています。

国連安全保障理事会の決議によって与えられた権限によって、大統領は将来どんな戦争であれ、自分が戦うべきだと判断した戦争に我々を引きずり込むことができるだろう。憲法で定められた宣戦布告の手続きを妨害するこの方法の基礎は、湾岸戦争までの間に試され、実行された。これは、今後の宣戦布告のない戦争の前例として、戦争戦略の一環として永遠に使われ続けるに違いない。戦争は、外交では実現できない大きな変化をもたらす。

米国が戦争に参加する前に従わなければならない憲法に定められた手続きについて、絶対に明らかにするために、それらを検証してみよう。

(1) 上院と下院は、米国と相手国の間に交戦状態が存在することを宣言する別々の決議案を通過させなければならない。この点で、我々は「好戦的」という言葉を勉強しなければならない。「好戦的」でなければ、戦争に行く意思はないのだから…。

(2) その後、下院と上院は、交戦国である1カ国以上と米国との間に戦争状態が存在することを宣言する決議を個別に、かつ個別に通過させなければならない。アメリカはこうして、戦争に突入することを公式に警告している

のです。

(3) その後、下院と上院は、米国が交戦国との戦争状態にあることを軍に知らせる個別の決議案を可決しなければならない。

(4) そして、上下両院は、この戦争を「不完全な」戦争にするか、「完全な」戦争にするかを決めなければならない。不完全な戦争とは、軍隊の一部門だけが関与する可能性があることを意味し、完全な戦争とは、米国のすべての男性、女性、子供が、相手国または国家のすべての男性、女性、子供と公開戦争をすることを意味します。後者の場合、軍隊のすべての部門が関与する。

大統領が議会から憲法に則った宣戦布告を得られない場合、未宣戦の戦争に派遣された米軍人は全員、派遣された日から60日以内に米国に帰還しなければならない（この重要な規定はほとんど無効になってしまった）。ブッシュ大統領によって憲法がいかに乗っ取られたかを見るのは簡単だ。我々の軍隊はいまだにイラクと戦争中であり、違法な国連封鎖を実施するために使われているのだ。憲法を実際に尊重する政府があれば、湾岸戦争は起こらなかっただろうし、今中東に軍隊がいることも、ソマリアにいることもないだろう。

これらの宣戦布告措置は、特に米国が戦争に突入するのを防ぐために考案されたもので、ブッシュ大統領が憲法を迂回して湾岸戦争に突入させたのはそのためである。また、国連には主権がないため、イラクや他の国への経済封鎖に従えというルールを米国に押し付ける権限もない。湾岸戦争については、後の章で扱います。

これらの権限は大統領にではなく、事実上の立法府に与えられており、安保理決議によって国連は世界で最も強力な機関となっている。ジェファーソンの中立の形を捨てて以来、私たちは次々と浮浪者たちによって統治され

、彼らは好き勝手にアメリカを略奪し、今もそれを続けています。トーマス・ジェファーソンは、アメリカ国民を分割し支配しようとする外国政府との密約によって、アメリカは破壊されるだろうという厳しい警告を発したが、議会の代理人はそれを平然と無視した。

海外援助とは、その国の天然資源を奪い、略奪し、アメリカの納税者の金をその国の独裁者に渡し、300人委員会がこの違法な略奪から猥褻な利益を得るためのプログラムに他ならず、エジプトのファラオの奴隷と変わらないアメリカ国民は、「海外援助」への貢献という大きな負担に喘いでいるのである。暗殺の章では、ベルギー領コンゴを良い例として挙げている。ベルギー領コンゴは、明らかにコンゴ人ではなく、300人委員会の利益のために運営されていた。

国連は、主権国家の資源を略奪する手段として、海外援助を利用している。海賊も泥棒も、こんなにいい思いはしていない。クブラ・カーンでさえ、ロスチャイルド家、ロックフェラー家、ウォーバーグ家、およびその一族ほど幸運ではなかった。ある国が天然資源を渡すことに臆病になると、外国の略奪から自らを守ろうとしたコンゴのように、国連軍は民間人を殺害してでも「従わせる」ために乗り込む。パトリス・ルムンバのように、国連軍がコンゴの指導者を追放して殺害したのはこのことである。現在、イラクのフセイン大統領を暗殺しようとしているのも、国連がアメリカの法律や独立国の法律をいかに破壊しているかを示す一例である。

問題は、私たち主権者が、この一つの世界政府組織の違法な一員であることをいつまで容認し続けるかである。私たち主権者である国民だけが、私たちの代理人であり召使である下院と上院に、アメリカ合衆国の福祉に有害な世界機関の加盟を直ちに取り消すように命じることができるのです。

II.残忍で違法な湾岸戦争

湾岸戦争という名目で行われた最近の戦争は、300人委員会、外交問題評議会、イルミナティ、ビルダーバーガーが戦争に至る過程でその痕跡を十分に隠さなかったという点で、他の戦争とは異なっている。湾岸戦争は、チャタムハウスやハロルド・プラットハウスにつながる最も簡単な戦争の一つであり、幸いなことに、私たちの主張を証明する最も簡単な戦争の一つでもあるのです。

湾岸戦争は、中東の産油国に対する300人委員会の全体的な戦略の中で、特異な要素としてとらえなければならない。ここでは、歴史的な概要を説明するのみである。真実を知り、「広告代理店」とも呼ばれるマディソン街のオピニオンメーカーのプロパガンダから自らを解放することが肝要である。

イギリス帝国主義は、アメリカ帝国e主義に助けられて、1900年代半ばに中東の石油を支配する計画を実行に移し始めた。違法な湾岸戦争は、この計画の不可欠な部分であった。私が違法と言ったのは、国連を扱った章で説明したように、合衆国憲法第1条第8節第1項、第11項、第12項、第13項、第14項、第15項、第18項に規定されているように、議会だけが宣戦布告をすることができるからである。憲法の権威として知られるヘンリー・クレイは、何度もそう言っている。

選挙で選ばれた人は憲法の規定を覆すことはできない。ジェームズ・ベーカー3世元国務長官もジョージ・ブッシュ大統領も、憲法違反で弾劾されるべきであったのだ。

イギリスの情報筋によると、ベーカーがバッキンガム宮殿でエリザベス2世と会った時、実は憲法をいかに迂回したかを自慢し、女王の前で、戦争に反対するエドワード・ヒースを非難したそうだ。エドワード・ヒース元英国首相は、欧州統合政策を支持せず、湾岸戦争に強く反対したため、300人委員会から罷免された。

ベーカーは、各国首脳や外交官の集まりで、憲法問題を議論させようとする試みを拒否してきたことを指摘した。ベーカーはまた、イラク国家に対する脅迫がいかに実行されたかを自慢し、エリザベス2世もそれにうなずいていた。明らかに、ベーカーと、同じく会議に出席していたブッシュ大統領は、合衆国憲法を守るという宣誓よりも、一つの世界政府への忠誠を優先させたのである。

アラビアの地は何千年も前から存在し、常にアラビアと呼ばれてきた。この土地は、ワッハーブ家、アブドゥル・アジズ家を通じて、トルコ、ペルシャ（現イラン）、イラクの出来事とつながっていた。15世紀、ベネチアの強盗銀行家である黒貴族のゲルフの指導のもと、アラビアに進出したイギリスは、預言者モハメッドの遺児であり、ファティミド朝やアッバース朝の出自であるコレシュ族と衝突し、その機会をうかがうことになった。

湾岸戦争は、300人委員会がイラクのモハメッドの後継者とハシェミット人を滅ぼそうとした延長線上にあるものだった。サウジアラビアの支配者は、イスラム教の真の信者すべてから憎まれ、軽蔑されている。特に、預言者モハメッドの土地に「異教徒」（米軍）の駐留を許して以来、そうなってしまったのだ。

イスラム教の基本的な教えは、唯一の神（アッラー）とその天使、最後の預言者であるムハンマドを信じること、その啓示の著作であるクルアーンを信じること、復活の日と神による人間の定命を信じることである。信者の6

つの基本的な義務は、神の唯一性を証明する信仰告白の暗唱とムハンマドの使命の堅い受け入れ、毎日5回の礼拝、ラマダン月の完全断食、そして信者の生涯に少なくとも1回のメッカへの巡礼である。

イスラム教の基本原則を厳格に守ることが原理主義者になるのだが、ワッハーブ家、アブドゥル・アジズ家（サウジアラビア王室）はそうではないのだ。サウジアラビア王室はゆっくりと、しかし確実に原理主義から遠ざかっている。そのため、イラクやイランといったイスラム原理主義国からは人気がなく、今では湾岸戦争を可能にしたのはサウジアラビア王室だと非難されている。何世紀もの歴史を飛び越え、1463年、ベネチアのブラック・ゲルフ銀行家が扇動し計画した大戦争がオスマン帝国で勃発する。ベネチアのゲルフ家（イギリスのエリザベス2世と直接の関係がある）は、トルコ人を騙して友好国と信じ込ませていたが、オスマン帝国は苦い教訓を学ぶことになる。

この時代を理解するためには、イギリスの黒人貴族がヴェネチアの黒人貴族と同義であることを知っておく必要がある。征服者モハメッドの指導の下、ベネチア人は現在のトルコから追い出された。世界史におけるヴェネチアの役割は、意図的に、そして著しく過小評価されてきた。そして、その影響力は、ボルシェビキ革命、2つの世界大戦、湾岸戦争で果たした役割と同様に、現在では過小評価されている。オスマントルコは、「友軍として来たが、背中に短剣を隠し持っていた」イギリスとベネチアに裏切られたのである。これは、戦争という世界に初めて踏み込んだ1枚です。ジョージ・ブッシュは、アラブの人々の友人を装うことで、それを再現し、大きな成功を収めた。

イギリスの介入により、トルコ人はヴェネツィアの門から追い出され、半島にアラブの存在が確固として確立さ

れた。イギリスは、トーマス・E・ロレンス大佐の指揮の下、アラブ人を使ってオスマン帝国を崩壊させた後、彼らを裏切り、バルフォア宣言によってシオニスト国家イスラエルを建国したのである。これは、外交上の二枚舌の好例である。1909年から1915年まで、イギリス政府はロレンスをアラブ人部隊の指揮官としてトルコ軍と戦い、彼らをパレスチナから追い出すために利用した。トルコ人が残した空白を埋めたのは、バルフォア宣言に基づきパレスチナに殺到したユダヤ人移民たちだった。

イギリス政府は、シナイとパレスチナにイギリス軍を移動させることで、欺瞞を続けた。アーチボルド・マレー卿は、イルミナティの主要メンバーであるロスチャイルド卿が署名したバルフォア宣言に基づいて、ユダヤ人の移民を防ぐためだとローレンスに断言した。

アラブ人がオスマントルコとの紛争に介入することに同意した条件は、ヒジャーズのシェリフ・フセインが交渉したもので、特に、イギリスはパレスチナ、トランスヨルダン、アラビアへのユダヤ人のさらなる移民を認めないという条項が含まれていた。フセインは、この要求をイギリス政府と締結した協定の核心とした。

もちろん、イギリス政府はフセインとの合意事項を守るつもりはなかった。パレスチナに他の国の名前を加えることで、"あの国からは撤退させた"と言えるようにしたのだ。シオニストは、パレスチナ以外の中東の国にユダヤ人を送ることには全く興味がなかったので、これが最後の藁となった。

英国政府は常にアブドゥル・アジーズとワッハーブ（サウジアラビア王家）をシェリフ・フセインと戦わせ、フセインをヒジャーズの王として「公式に」認めると主張する両家と密かに取引していた（英国政府は1916年12月15日にこれを実行した）。イギリス政府は、アラビアの独立都市国家を征服するために十分な武器と資金を提供し

、両家を秘密裏に支援することに同意した。

もちろん、フセインはサイド・アグリーメントを知らず、トルコへの本格的な攻撃開始を承諾していた。このため、ワッハーブ家とアブドゥル・アジーズ家は軍隊を編成し、アラビアを自分たちの支配下に置くための戦争を開始したのである。こうして、イギリスの石油会社は、意図せずしてフセインに自分たちのためにトルコと戦わせることに成功したのである。

1913年と1927年にイギリスから資金援助を受けたアブドゥル・アジズ・ワハビー軍は、アラビアの独立都市国家に対して血生臭い作戦を展開し、ヒジャーズ、ジャウフ、タイフを奪取した。1924年10月13日、ハシェミット派の聖地メッカが攻撃され、フセインとその息子アリは逃亡を余儀なくされた。1925年12月5日、メディナは特に血生臭い戦いの末に降伏した。英国政府は、再び現実を把握していることを示しながら、その真の目的がメッカの神聖さの破壊とイスラム教の全般的な弱体化にあることをワッハーブ派とサウジ派に告げず、それは英国のオリガルヒとそのベネチアのいとこの黒人貴族が深く望んでいる。

また、イギリス政府は、サウジやワッハーブの一族が、イタリア、フランス、ロシア、トルコ、ドイツからの主張を前に、イギリスのためにアラブの石油を確保するゲームの駒に過ぎないことを告げなかった。1932年9月22日、サウジアラビアとワッハーブ派の軍隊が、ハシェミット派の支配するトランスヨルダンで反乱を鎮圧した。以後、アラビアはサウジアラビアと改称され、両家出身の王が統治することになった。こうして、嘘による外交の欺瞞によって、イギリスの石油会社がアラビアを支配することになったのである。この血みどろのキャンペーンについては、「サウジアラビア王とクウェート首長の正体」という私のモノグラフに詳しく書かれている。".

オスマン帝国の脅威から解放され、シェリフ・フセイン支配下のアラブ民族主義から解放された英国政府は、石油会社の代理人として、新たな繁栄の時代を迎えることになったのである。彼らは、サウジアラビア（当時）とイラクの間の条約を起草し、それを確保した。この条約は、一連のアラブ人・イスラム教徒間の協定の基礎となり、英国政府はパレスチナへのユダヤ人移住に対して強制力を行使すると宣言したのである。

英国指導部がアラブ・イスラム政党に伝えたのとは逆に、すでに交渉されていたバルフォア宣言では、ユダヤ人はパレスチナに移住するだけでなく、そこを祖国とすることが認められていた。この合意は、英仏間の協定に記載されたもので、パレスチナを国際的な管理下に置くものであった。サイラス・バンスは、国際社会が承認したボスニア・ヘルツェゴビナを小さな飛び地に切り分け、やがてセルビアに占領されるようにしたのである。

そして1917年11月2日、バルフォア宣言が公布された。それによると、アラブ人やパレスチナ人ではなく、イギリス政府が、パレスチナをユダヤ人の民族的故郷として設立することを支持したという。イギリスは、「パレスチナに存在する非ユダヤ人社会の市民的、宗教的権利を損なうようなことは一切してはならない」という明確な了解のもとに、この目的の達成を促進するためにできる限りのことをすると誓った。

大胆な作品は、他ではなかなか見られません。なお、パレスチナの実際の住人は「非ユダヤ人社会」に格下げされた。また、この宣言は、実際には公布であったが、英国シオニストの指導者であるロスチャイルド卿が署名した。彼は英国王室の一員でもなければ、バルフォアの閣僚でもないため、バルフォア以上にこのような文書に署名する権利がない。

アラブ人のあからさまな裏切り行為に怒ったロレンス大

佐は、イギリス政府の二枚舌を暴露すると脅し、命を落とすことになる。ローレンスは、フセインとその部下に、パレスチナへのユダヤ人の移住を継続させないことを厳粛に約束したのだ。大英博物館にある資料には、ローレンスがフセイン保安官に伝えた約束が、英国政府を代表してアーチボルド・マレー卿とエドモンド・アレンビー将軍が行ったものであることがはっきりと示されている。

1917年、イギリス軍がバグダッドに進軍し、オスマン帝国の終わりの始まりとなった。この間、ワッハーブ派とサウジアラビアの家族は、マレーから「ユダヤ人のアラビアへの入国は許されない」「移住を許されるのはパレスチナに定住するわずかなユダヤ人である」という安心感を与えられ続けた。1919年1月10日、英国はイラクを統治する「委任状」を自らに与え、1920年5月5日に法律となった。イギリスの違法行為に抗議する政府は、世界中に一つもなかった。パーシー・コックス卿が高等弁務官に任命された。もちろん、イラクの人々にはまったく相談がなかった。

1922年、国際連盟はバルフォア（ロスチャイルド）宣言の条項を承認し、イギリス政府にパレスチナとトランスヨルダンと呼ばれるハシミテ国の統治を委任していた。イギリス政府と国際連盟の大胆さには、ただただ驚かされるばかりである。

1880年、イギリス政府はアラブの手なずけ首長アブドラ・アル・サレム・アル・サバ首長と親密になった。アル・サバは、イラク領内でルメイラ油田が発見されたイラク南部国境沿いの地域の代表となった。アル・サバ一族は、イラク政府が処理する間、この豊富な鉱脈に目を光らせていたのである。

1899年、イギリスはもう一つの戦利品、トランスバールとオレンジ自由国という小さなボーア人の共和国にある

巨大な金鉱脈を狙った。ここでは、300人委員会が、いつでもどこでも国家の天然資源を奪おうとしたことを説明するために、この話を取り上げた。

300人委員会に代わって、イギリスがボーア共和国と戦争したのと同じ1899年11月25日、イギリス政府はアル・サバ首長と協定を結び、イラクのルメイラ油田に接する土地は、イラクと一体であるかアル・サバ首長には権利がないにもかかわらずイギリス政府に譲り渡すことにした。

この協定は、シェイク・ムバラク・アル・サバが従者を連れて盛大にロンドンを訪れ、その費用はすべて英国の納税者が負担し、協定の受益者である英国の石油会社が負担することはない、というものだ。クウェートは事実上、英国の未申告保護領となった。地元住民は、絶対的な独裁者であるアル・サバの成立に何の発言権も持たず、すぐに冷酷さを発揮してしまった。

1915年、英国はイラクに侵攻し、バグダッドを占領した。ジョージ・ブッシュ大統領なら「不当な侵略」と呼ぶであろうこの行為は、イラクが英国に奪われた土地を取り戻すためにクウェートに対して行った行為である。イギリス政府は、すでに見たように自称「委任統治」を設定し、バグダッド到着から2カ月後の1921年8月23日、自称高等弁務官コックスは、シリアのファイサル前国王をバスラの傀儡政権のトップに任命した。イギリスは、イラク北部に傀儡を、イラク南部にも傀儡を持つようになった。

明らかに不正な国民投票によって英国に委任されたことに不満を持つ彼らの立場を強化するために、精巧で血生臭い計画が練られたのだ。モスルのクルド人の反乱をあおるために、MI6から派遣された英国秘密情報部員。1922年6月18日、指導者のシェイク・マフムードは反乱を奨励し、彼らは大規模な反乱を組織した。MI6の英国諜報部員

は、何カ月も前からシェイク・マフムード氏に、クルド人の自治国家を獲得するチャンスは決して良くはないと言っていた。

なぜ、MI6は表向きは英国政府の利益に反する行動をとったのか。その答えは、嘘による外交にある。しかし、クルド人が長年求めてきた自治国家が現実になろうとしていると言われる一方で、コックスはバグダッドでイラクの指導者たちにクルド人の反乱が起きようとしていると伝えていたのである。このことが、イラク人が英国の継続的な駐留を必要とする多くの理由の1つであるとコックスは言った。2年間の戦いの後、クルド人は敗れ、その指導者は処刑された。

しかし、1923年、イギリスはイタリア、フランス、ロシアから、イラクが国際連盟に加盟したら独立を認める、あるいは少なくとも1926年までに独立を認めるという議定書を認めざるを得なくなった。これには、ロイヤル・ダッチ・シェル社やブリティッシュ・ペトロリアム社も怒り、1996年に期限切れとなる石油利権を失うことを恐れて、さらなる行動を起こすよう呼びかけた。イギリス帝国主義者とその石油会社にとってもう一つの打撃は、国際連盟が石油資源の豊富なモスルをイラクに授与したことである。

MI6は、1925年2月から4月にかけて、再びクルド人の反乱を起こすように仕向けた。イギリスがイラクから保護を取りやめたらどうなるかという説明で、イラク政府に偽りの約束をしていたのだ。クルド人は暴動に追い込まれた。その目的は、国際連盟にモスルをイラクに渡したのは間違いであり、「不安定な」政府が主要な石油資源を管理するのは世界にとって悪いことだと示すことであった。もう一つの利点は、クルド人がおそらく敗れ、その指導者が再び処刑されることである。しかし、今回は、その筋書きはうまくいかず、連盟はモスルに関する決定

を堅持した。しかし、この反乱は再びクルド人の敗北を招き、指導者は処刑されることになった。

クルド人は、自分たちの敵がイラクではなく、イギリスとアメリカの石油利権であることに気づかなかった。1929年、英国空軍にクルド人の村の爆撃を命じたのは、イラク人ではなく、ウィンストン・チャーチルだった。クルド人は、モスル油田の価値を十分に理解しており、英国の石油利権に反対していたからだ。

1932年4月、5月、6月、クルド人はM16に触発されて新たな反乱を起こし、国際連盟にモスルの石油に関する妥協政策を採用させることを目指したが、この試みは失敗に終わり、1932年10月3日にイラクはモスルを完全に支配する独立国家となる。イギリスの石油会社はさらに12年頑張り、1948年、ついにイラクから撤退を余儀なくされた。

そして、イラクを離れた後も、イギリスはクウェートがイラクの一部ではなく、別の国であるというまやかしの理由で、クウェートからの駐留を取りやめようとはしなかった。カセム大統領暗殺後、イラク政府は、まだイギリスのシークレットサービスの支配下にあったクルド人による新たな反乱を恐れていた。1963年6月10日、ムスタファ・アルバルザニのクルド人は、すでに共産主義の脅威の鎮圧に追われていたバグダッドに戦争をしかけると脅した。イラク政府は、クルド人に一定の自治権を認める協定を締結し、その旨の公布を行いました。

イラクが1963年の公布の規定を実施することに進展がなかったため、イギリスの情報に後押しされたクルド人は、1965年4月に戦闘を再開した。バグダッド政府は、イギリスは内政干渉だと非難し、クルド人騒動はさらに4年間続いた。1970年3月11日、クルド人はついに自治権を獲得した。しかし、これまでと同様、この協定に盛り込まれた条項のうち、ごくわずかしか実行されなかった。1923

年、トルコ、ドイツ、フランスの主張により、国際連盟の主催でスイスのローザンヌで会議が開かれ、この取り決めは崩壊していた。

1923年のローザンヌ会議の本当の理由は、イラク北部のモスル油田の発見であった。トルコは突然、クルド人が占領している土地の下にある膨大な石油埋蔵量の権利があると判断した。この時点でアメリカも関心を持ち、ジョン・D・ロックフェラーはウォーレン・ハーディング大統領にオブザーバーの派遣を依頼する。アメリカのオブザーバーは、クウェートの違法な状況を受け入れた。ロックフェラーは、新しい石油発見の分け前さえ手に入れば、イギリスの船を弱体化させるつもりは毛頭ない。

イラクはトルコ石油会社との旧協定に基づく権利を失い、クウェートの地位はそのままであった。モスル油の問題は、イギリス代表の意向でわざと曖昧にされていた。これらの問題は「今後の交渉によって」解決されるだろうと、英国代表団は述べた。クウェートの石油のために流されたのと同じように、モスルの石油を英米の石油会社に確保するために、アメリカ軍人の血が流されることに変わりはない。

1961年6月25日、イラクのハッサン・アブドゥル・カッセム首相は、クウェート問題をめぐって、ローザンヌ会議で約束した交渉が行われていないことを指摘し、イギリスを激しく攻撃した。カセム氏は、クウェートという領土はイラクの不可欠な一部であり、オスマン帝国によって400年以上にわたってそのように認識されてきたと述べた。その代わり、イギリスはクウェートの独立を認めた。

しかし、クウェートとモスル油田の地位を先送りしようとするイギリスの策略が、カセムによってほぼ失敗に終わったことは明らかであった。だから、英米の戦術が世界に知られる前に、突然クウェートを独立させる必要が

あったのだ。クウェートは、英国がよく知っているように、ルメイラ油田を切り出して英国石油に与えたイラクの一部であるから、決して独立はできない。

もし、カセムがクウェート奪還に成功していたら、イギリスの支配者は何十億ドルもの石油収入を失ったことだろう。しかし、クウェート独立後、カセムが姿を消すと、イギリスの抗議運動は勢いを失った。1961年にクウェートに独立を認め、その土地が自分たちのものでないことを無視することで、イギリスはイラクの正当な主張をかわすことができたのである。ご存知のように、イギリスはパレスチナ、インド、そして後に南アフリカで同じことをしました。

その後30年間、クウェートはイギリスの属国であり続け、石油会社は何十億ドルもイギリスの銀行に流し、イラクは何も受け取らなかった。クウェートでは、ホワイトホールとシティ・オブ・ロンドンから管理されるイギリスの銀行が繁栄していた。この状況は、1965年まで続いた。アル・サバの残虐性は別として、「一人一票」の制度はなかった。実は、国民には全く投票権がなかったのです。イギリスやアメリカの政府は気にも留めなかった。

英国政府は、クウェート（イラク領の一部）の支配者として、英国政府の全面的な保護下にあるアル・サバ一族とこの契約を結んだのである。こうして、イラクからクウェートが奪われた。サウジアラビアが国連に加盟したとき、クウェートは加盟を申請しなかったという事実は、クウェートが本当の意味で国でなかったことを証明している。

クウェートの誕生は、歴代のイラク政府によって激しく争われたが、イラク政府はイギリスの軍事力から領土を取り戻すことはほとんどできなかった。1961年7月1日^{er}、クウェートの併合に何年も抗議してきたイラク政府がつ

いに行動に出た。アル・サバ首長はイギリスに1899年の協定を守るよう要請し、イギリス政府はクウェートに軍を派遣した。バグダッドは引き下がったが、領土の正当な権利を放棄することはなかった。

イギリスがクウェートと呼んでいたイラクの領土を奪い、独立を認めたことは、近代における最も大胆な海賊行為の一つと見なされ、湾岸戦争に直接的に貢献したものと思われる。湾岸戦争に至る背景、アメリカがイラクに対していかに不当な行動をとったか、300人委員会の力など、とことん説明しました。

湾岸戦争に至る経緯は以下の通りです。

1811-1818.アラビアのワッハーブ派はメッカを攻撃して占領したが、エジプトのスルタンによって撤退を余儀なくされた。

1899年、11月25日。シェイク・ムバラク・アル・サバ、ルメイラ油田の一部を英国に割譲。割譲された土地は400年間、イラクの領土として認識されていた。1914年までは人口が非常に少なかった。クウェートがイギリスの保護領になる。

1909-1915.イギリスは、イギリス秘密情報部のトーマス・ローレンス大佐を使って、アラブ人と仲良くしている。ロレンスは、エドモンド・アレンビー将軍がユダヤ人のパレスチナ入国を阻止するとアラブ人に確約する。ロレンスはイギリスの真意を知らされていない。メッカの支配者シェリフ・フセインは、トルコを攻撃するためにアラブ軍を挙げる。オスマン帝国のパレスチナとエジプトにおけるプレゼンスが破壊される。

1913.イギリスは、アラビアの都市国家を征服するために、アブドゥル・アジズとワッハーブ派の家族の武装、訓

練、補給に密かに同意した。

1916.イギリス軍、シナイ・パレスチナに進駐。アーチボルド・マレー卿はローレンスに、これはユダヤ人の移民を防ぐための措置だと説明し、フセイン保安官もそれを受け入れる。フセインは6月27日にアラブ国家の樹立を宣言し、10月29日に国王となった。1916年11月6日、イギリス、フランス、ロシアはフセインをアラブ民族の指導者として承認し、12月15日にはイギリス政府によって承認された。

1916.イギリスはインドに、アラブの都市国家であるネジド、カイフ、ジュベイルを、イブン・サウド家のアブドゥル・アジーズの所有地として認めるという奇妙な行動をとった。

1917.イギリス軍、バグダッド占領ロスチャイルド卿がバルフォア宣言に署名し、アラブ人を裏切り、パレスチナにユダヤ人の故郷を与える。アレンビー将軍、エルサレムを占領。

1920.サンレモ会議。トルコの独立、石油紛争の解決。イギリスによる中東の石油資源国の支配が始まる。イギリス政府、シリアのファイサル王を首班とする傀儡政権をバスラに樹立する。イブン・サウド・アブドゥル・アジズはヒジャーズのタイフを攻撃し、4年間の闘争の末に占領することに成功した。

1922. AzizはJaufを解任し、Shalan家の王朝を殺害する。国際連盟でバルフォア宣言が承認される

1923.トルコ、ドイツ、フランスがイギリスのイラク占領に反対し、ローザンヌでの首脳会談を呼びかけました。英国はイラク解放に同意するが、モスル油田を保持し、イラク北部に別組織を作る。5月、イギリスはメッカの保安官フセインの息子アミール・アブドゥッラー・イブン・フセインの権力を弱め、新国家を「トランスヨルダン

」と呼ぶことにした。

1924.10月13日、ワッハーブ派とアドブル・アジズは、預言者ムハンマドの埋葬地である聖地メッカを攻撃し、占領した。フセインと2人の息子は逃亡を余儀なくされた。

1925.メディナ、イブン・サウド軍に降伏。

1926.イブン・サウードはヒジャーズの王とネジドのスルタンを宣言した。

1927.イギリスは、イブン・サウドとワッハーブ派と条約を結び、行動の自由を完全に認め、捕獲した都市国家を彼らの所有物として認めた。これが、ブリティッシュ・ペトロリアムとアメリカの石油会社との石油利権をめぐる争いの始まりである。

1929.イギリス、イラクと新たな友好条約を結び、イラクの独立を認めるが、クウェートの地位は保留とする。嘆きの壁」でアラブ人に挑まれたユダヤ人移民が初めて大規模な襲撃を受ける。

1930.イギリス政府、パスフィールド委員会の白書を発表。「土地を持たないアラブ人が増えすぎた」ことを理由に、パレスチナへのユダヤ人移民の即時停止とユダヤ人入植者への新規土地割り当ての禁止を勧告する。この勧告は英国議会で修正され、その措置は象徴的なものであった。

1932.アラビアをサウジアラビアに改称。

1935.ブリティッシュ・ペトロリアム社が、紛争中のモスル油田からハイファ港までのパイプラインを建設する。ピール委員会がイギリス議会に「ユダヤ人とアラブ人は決して共存できない」と報告、パレスチナの分割を勧告する。

1936.サウジはイラクと不可侵条約を締結するが、湾岸戦争で破棄する。サウジアラビアは米国を支援することを

決定し、そうすることでイラクとのこれまでの協定を不履行にする。

1937.シリアの汎アラブ会議が、ピール委員会のパレスチナへのユダヤ人移住計画を拒否。イギリスがアラブの指導者を逮捕し、セイシェルに強制送還。

1941.イギリスがイランに侵攻し、ドイツからイランを「救う」。チャーチルは、ロンドンから命令を受ける傀儡政権を樹立する。

1946.イギリスがトランスヨルダンを独立させ、1949年にヨルダン・ハシミテ王国と改名する。シオニストの広範かつ暴力的な反対運動が続く。

1952.英国の駐留継続に反対するイラクの深刻な暴動、米国と石油会社の共謀に対する憤り…。

1953.ヨルダン新政府はイギリス軍に撤退を命じる。

1954.ヨルダンがイスラエルとの休戦協議に参加しないことを英米が批判し、ヨルダン内閣が倒れる。アメリカ第6艦隊がレバノンに海兵隊を上陸させ、アラブ諸国を脅かす（戦争行為）。フセイン国王は怯むことなく、米国とイスラエルの密接な関係を糾弾して応じる。

1955.ヨルダン川西岸地区でパレスチナ人暴動
イスラエルが「パレスチナ人はヨルダンの問題」と宣言。

1959.イラク、クウェートのCETAN加盟に抗議。サウジを「イギリス帝国主義を援助している」と非難。イギリスのクウェート支配が強化される。イラクの海への出口は断たれた。

1961.イラクのカセム首相がイギリスに警告。"クウェートはイラクの土地であり、400年前からそうだった"。その後、カセムは謎の暗殺を受ける。イギリス政府、クウェートの独立を宣言。イギリスの石油会社がルメイラ油田

の大部分を支配下に置く。クウェート、イギリスと友好条約を締結イラクからの攻撃に対抗するため、イギリス軍が進駐。

1962.イギリスとクウェート、防衛協定を解消

1965.サバ・アル・サレム・アル・サバ皇太子がクウェート首長に就任。

1967.イラクとヨルダンがイスラエルに戦争を仕掛ける。サウジアラビアは、戦闘に参加することを禁じられた2万人の兵士をヨルダンに送り、味方になることを避けた。

この頃、300人委員会が中東の経済をほぼ掌握していた。英米が歩んできた道は、新しいものではなく、バートランド・ラッセル卿が始めた延長線上のものであった。

> "世界政府が円滑に機能するためには、一定の経済的条件が満たされることが必要である。産業界にはさまざまな原材料が欠かせません。その中で、現在最も重要なもののひとつが石油である。ウランは戦争目的では不要になったが、原子力の産業利用には不可欠になると思われる。そして、個人や企業による所有だけでなく、独立した国家による所有も望ましくない所有に含めるべきと思う。産業が不可能な原料は国際的権威に属し、別々の国家に与えられるべきである。"

これは、まさに英米のアラブ問題への干渉が最高潮に達していた時期に、300人委員会の「預言者」が発した深遠な言葉である。なお、ラッセルは当時から核戦争が起きないことを知っていた。ラッセルは、一国政府、つまりブッシュ大統領が言うところの新世界秩序に賛成していた。湾岸戦争は、イラクの石油を正当な所有者から奪い、300人委員会に代わって英国石油をはじめとする石油カルテル・メジャーの凝り固まった地位を守ろうとする以前の努力を引き継いだものであった。

バルフォア宣言は、英国が悪名高い文書になったような

ものである。1899年、彼らは南アフリカの小さなボーア共和国に対する欺瞞を、新たな高みへと導いた。世界史上最大の金鉱発見の後、ボーア共和国に押し寄せる何十万人もの浮浪者やゴロツキに悩まされながら、平和について語る一方で、ヴィクトリア女王は戦争の準備を進めていた。

一つは、RIIAとそのアメリカの従兄弟であるCFRの側が、あらゆるイスラム教を憎んでいたこと、そして彼らの代理人であるイスラエルを守りたいという強い願いからであった。もうひとつは、中東の石油産出国をすべて支配したいという欲望である。

戦争そのものについては、ブッシュが公式に攻勢に出る少なくとも3年前から、アメリカの作戦は始まっていた。アメリカはまずイラクを武装させ、次にイラクを煽ってイランを攻撃させ、両国を壊滅させた。「肉挽き器戦争」である。この戦争は、イラクとイランを、英米の石油利権に対する信頼できる脅威ではなく、軍事力としてイスラエルの脅威とならない程度に弱体化させるために行われた。

1981年、イラクはイタリアのブレシアにあるBNL（Banco Nazionale de Lavoro）に、イタリアの企業から武器を購入するための信用枠を求めた。この会社はその後、イラクに地雷を売りました。その後、1982年にレーガン米大統領が国務省の要請を受けて、イラクをテロ支援国家リストから削除した。

1983年、米国農務省はイラクに対し、表向きは農産物購入のために3億6500万ドルを融資したが、後の出来事で、その資金が軍需品購入に使われていたことが明らかになった。1985年、イラクはBNLのジョージア州アトランタ支店に、米国農務省商品信用公社からの融資の手続きを依頼した。

1986年1月、ワシントンDCでCIAとNSA（国家安全保障局）の高官会議が開かれた。米国はイラクに関する情報データをテヘラン政府と共有すべきかどうかが議論の焦点となった。当時のNSA副長官ロバート・ゲイツは反対していたが、国家安全保障会議がこれを覆した。

ブッシュ大統領が
"アメリカはイラクと将来にわたって強い関係を築かなければならない
"など、イラクを支持する発言を公にしたのは1987年になってからである。その直後、NLBのアトランタ支店が、イラクに21億ドルの商業ローンを提供することに密かに合意した。1989年、イラクとイランの敵対関係が終了した。

1989年、国務省の情報機関が作成した秘密メモが、ベーカー長官に警告を発した。

> "イラクは外交に権威主義的な姿勢を保ち...化学・生物兵器や新型ミサイルの（製造に）励んでいる。"

ベーカーはこの報告書について実質的なことは何もせず、後述するように、その後、サダム・フセイン大統領に、米国は中東の近隣諸国に対して公平な政策をとるだろうと信じるように積極的に働きかけた。

この年の4月、エネルギー省の核拡散に関する報告書で、イラクが原子爆弾の製造計画に着手していることが指摘された。6月には、エクシムバンク（米国の銀行機関）、CIA、連邦準備銀行が共同で作成した報告書によると、イラクが米国の技術を統合していることが明らかになった。

> 「イラクが計画しているミサイル、戦車、装甲兵員輸送車産業への直接の参入」。

1989年8月4日、FBIがアトランタのBNL事務所を急襲した。これは、イラクへの融資が農務省の意図した目的では

なく、機密軍事技術などの軍事ノウハウの購入に使われたかどうか、まともな調査を防ぐために行われたのではないかという説がある。

9月、内部関係者の間では、自らの責任を免れるための先制攻撃と見られているが、CIAはベーカーに、イラクが核兵器製造能力を、パキスタンとの最高レベルのつながりが疑われる様々なフロント企業を通じて入手していると報告した。パキスタンは長い間、核兵器製造の疑いをかけられ、アメリカの原子力委員会からも非難され、ワシントンとの関係は大きく崩れ、「史上最低」と言われた。

1989年10月、国務省はベーカーに「ダメージコントロール」メモを送り、農務省によるBNL研究者へのクレジットプログラムを「撤回」するよう勧告した。このメモにはベーカーのイニシャルがあり、勧告に賛同したものと解釈する人もいる。一般に、文書にイニシャルを入れるという行為は、その内容や意図された行為を承認することを意味すると考えられています。

その直後、ブッシュ大統領は、米国の対イラク貿易を支援する「国家安全保障指令26号」に署名するという驚きの行動に出た。「ペルシャ湾とその地域の主要な友好国へのアクセスは、米国の国家安全保障に不可欠である」とブッシュは述べた。これは、1989年10月の時点で、大統領はイラクが米国の同盟国であるかのように振る舞い、実際にはイラクに対する戦争の準備がすでに進行していたことを裏付けるものである。

そして、ブッシュがイラクを友好国と宣言してから3週間余り後の1989年10月26日、ベーカーは農務長官クレイトン・イェッターに電話をかけ、イラクに対する農産物貿易クレジットの増額を要請した。これに対し、ヤイターは、財務省が難色を示したにもかかわらず、バグダッド政府に10億ドルの貿易債権を確実に提供するよう命じた

。

ローレンス・イーグルバーガー国務次官補は、この資金は「地政学的な理由」で必要なのだと財務省に保証した。

> 「レバノンから中東和平プロセス（イスラエルへの斜め上の言及）に至るまで、イラクの行動に影響を与える我々の能力は、貿易の拡大によって強化されている」とイーグルバーガー氏は述べた。

しかし、イスラエルから得た情報に反応したのか、一部の議会民主党議員の疑心暗鬼と敵意を払拭するには至らなかった。1990年1月、議会はイラクをはじめ、議会調査団が米国に敵対すると判断した8カ国への融資を禁止した。これは、ブッシュが議会に知られたくないイラク戦争という壮大な計画の挫折であった。そこで1990年1月17日、彼はイラクを議会での禁止事項から除外した。

議会の介入で戦争計画が混乱することを恐れたのか、国務省の専門家ジョン・ケリーは、ロバート・キミット国務次官（政策担当）に、イラクへの融資が遅れている農務省を非難するメモを送った。この1990年2月の事件は、大統領が戦争のタイムテーブルが崩れるのを防ぐために、イラクへの武器と技術の供給を完了させようと躍起になっていたことを示すものとして、大きな意義がある。

2月6日、ニューヨーク連邦準備銀行の弁護士で、BNL社の米国での業務規制を担当するジェームズ・ケリーは、大きな懸念を抱くべきメモを書いた。連邦準備銀行の犯罪捜査官によるイタリアへの出張予定が延期されることになったのだ。BNL社は、イタリアの報道機関に対する懸念を挙げていた。イスタンブールへの出張は、司法長官のリチャード・ソーンバーグの要請で延期された。

1990年2月のケリーのメモには、その一部が書かれていた。

"...関係の重要な要素であり、融資を承認しないことは
サダムのパラノイアを煽り、我々に対する反感を加速
させる"...

もし、私たちがまだイラク戦争の計画について知らなか
ったら、この最新の発言は驚くべきものに思えるだろう
。フセイン大統領が「反旗を翻す」ことを恐れたアメリ
カが、どうして武装し続けることができたのだろうか。
論理的に考えれば、国務省が反旗を翻すかもしれないと
考えた国を武装化するよりも、予算計上を停止する方が
正しい行動であったはずだ。

1990年3月、驚くべき事態が発生した。アトランタの連邦
裁判所で提出された文書によると、ワシントンのイタリ
ア大使であるレイナルド・ペトリニャーニがソーンバー
グに、BNL社の捜査でイタリア政府関係者を有罪にする
ことは「イタリア人への平手打ちに等しい」と言ったと
いう。ペトリニャーニとソーンバーグは、後にこの会話
があったことを否定した。それは、BNLのイラク向け融
資にブッシュ政権が深く関与していることを証明するも
のだった。

1990年4月、ロバート・ゲイツ副国家安全保障顧問が率い
る国家安全保障会議の省庁間委員会がホワイトハウスで
開かれ、米国のイラクに対する態度の変化の可能性につ
いて議論した。嘘による外交のサイクロンに新たな展開
があったのだ。

同月、ブッシュ大統領もNSAも予想だにしなかった事態
が発生し、財務省は農務省の5億ドルの計上を拒否した。
1990年5月、財務省は、NSAからその措置に異議を唱える
メモを受け取ったと報告した。メモには、NSAの担当者
が農業用クレジットを防ぎたいと考えていたことが記さ
れていた

"すでに緊張状態にあるイラクとの外交関係を悪化さ
せるから "です。

1990年7月25日、おそらく300人委員会が望むより早く、この罠は解けた。失敗が多くなってきたことに勇気づけられたブッシュ大統領は、エイプリル・グラスピー米国大使がフセイン大統領に会うことを許可した。ヘンリー・ゴンザレス下院議員が入手した多くの未公開の国務省公文書によれば、この会談の目的は、サダム・フセイン大統領に、米国は彼と喧嘩することはなく、アラブ間の国境紛争に介入することはないと安心させることであったという。これは、ルメイラ油田をめぐるイラクとクウェートの対立を明確に意識したものである。

イラク側は、グラスピーの言葉を、「クウェートに軍を送れ」というワシントンからの合図と受け止め、この計画に参加することになった。1992年11月の選挙でロス・ペローが言ったように。

> "国民が所有する自由な社会では、アメリカ国民はグラスピー大使にサダム・フセインに何を伝えたかを知るべきだと提案します。"
> "我々はこの取り組みに多くのお金を使い、命を危険にさらし、命を落としたが、目的のほとんどを達成できなかったのですから。"
> "私は、アメリカ国民は、グラスピー大使に何を伝えたかを知るべきだと思います。"

一方、グラスピィは、イラク実習での活躍が報道された直後、流通から姿を消し、秘密の場所に隔離された。そして、マスコミに押され、リベラル派の上院議員2人に囲まれ、まるでグラスピーのことをトロフィーワイフのように紳士的な態度で接した後、上院の委員会に出席してすべてを否定したのであった。その直後、グラスピーは国務省を「辞任」した。彼女は今、間違いなく快適な無名生活を送っている。そこから引きずり出し、法廷で宣誓させ、ブッシュ政権がいかにイラクだけでなくこの国を騙そうと計算したか、真実を証言させるべきである。

グラスピーのイラク大統領との会談から4日後の1990年7月29日、イラクはクウェートとの国境に軍隊を移動し始め、欺瞞を続けた。ブッシュは、対イラク制裁の発動に反対する証言チームを国会に送り、差し迫ったイラク侵略にワシントンも目をつぶると、フセイン大統領の確信を強めさせた。

その2日後の1990年8月2日、イラク軍は人工国境を越えてクウェートに侵入した。また、8月には、CIAが極秘報告として、イラクがサウジアラビアに侵攻するつもりはなく、イラク軍もそのための有事計画を立てていないとブッシュに伝えている。

1990年9月、リナルド・ペトリニャーニ駐日イタリア大使は、BNL関係者を伴って法務省の検察・捜査官と面会した。会議でペトリニャーニは、BNLは「ひどい詐欺の被害者だ。イタリア国家が過半数のオーナーであるため、銀行の良い評判は非常に重要である」と述べた。これらの事実は、下院銀行委員会のヘンリー・ゴンザレス委員長に渡された文書で明らかにされた。

ローマやミラノの真犯人を見逃し、地元の犯人に罪をなすりつけようとする陰謀が進行しているのだ。アトランタ支店の融資は、ローマとミラノにあるBNL本社の全面的な承認を得ていたことが、後に証明されたのである。

1990年9月11日、ブッシュは議会の合同会議を招集し、1990年8月5日にイラクはクウェートに15万の軍隊と1500台の戦車を持ち、サウジアラビアを攻撃する準備ができていると虚偽の陳述をした。ブッシュは、国防総省が伝えた虚偽の情報に基づいて発言した。防衛省はこの情報が嘘であることを知っていたはずで、そうでなければ、KH11とKH12衛星が誤動作していたことになるのです。どうやらブッシュは、イラクがサウジアラビアに脅威を与えていると議会を説得するために、大げさに表現する必要があったようだ。

一方、ロシア軍は、クウェートに駐留する部隊の正確な数を示す独自の衛星画像を公開した。ブッシュをかばうために、ワシントンは、衛星画像はABCテレビなどに売られた商業衛星からのものだと主張した。衛星画像を民間企業に任せることで、ロシアは自らちょっとしたごまかしをしたのだ。国防総省と大統領がアメリカ国民に嘘をつき、それがバレてしまったことは明らかです。

当時、ゴンザレス大統領は、BNL疑惑にブッシュ政権が関与している可能性について、不快な質問を投げかけていた。1990年9月、立法担当の検事総長補佐は、検事総長宛に次のようなメモを書いた。

"下院銀行委員会による（BNL）融資に関するさらなる議会調査を妨害するための最善の策は、ゴンザレス委員長に直接連絡を取っていただくことです。"

メモを受け取って数日後の9月26日、ソーンバーグはゴンザレスに電話をかけ、国家安全保障上の問題があるので、BNL事件の捜査をしないようにと言った。ゴンザレスは突然、下院銀行委員会によるBNLへの調査の中止を決定した。その後、ソーンバーグはゴンザレスにBNLから離れるように言ったことを否定した。ゴンザレスはすぐに12月18日付の国務省のメモを手に入れたが、そこにはソーンバーグの「国家安全保障」の主張が書かれていた。また、このメモには、司法省によるBNLへの捜査は、国家安全保障上の問題や懸念を生じさせるものではなかったと記されている。

さらに、国防情報局のイタリア駐在チームが、BNL社のブレシア支店がイタリアのメーカーから地雷を購入するために、イラクに2億5500万ドルを貸し付けていたことを突き止めたと発表したのだ。湾岸戦争の「連合軍勝利」が発表されたその日、司法省は予想通りBNL疑惑のスケープゴートを起訴した。Christopher Drogoulは、イラクに50億ドル以上を違法に貸し付け、最

大250万ドルのキックバックを受け取ったとして告発され
ています。イタリアの国営銀行の小さな支店の無名の融
資担当者が、自分ひとりでこんな大きな取引をする力を
持っていたとは、ほとんど誰も思っていなかった。

1990年1月から4月にかけて、ブッシュ政権がSNLスキャ
ンダルの目に余る異常さを説明せよと圧力をかけてきた
ため、国家安全保障会議が陣容を整える措置を取った。4
月8日、NSCの顧問弁護士であるニコラス・ロストウは、
ゴンザレス下院銀行委員長などからの緊急の文書提出要
求に対応する方法を探るため、ハイレベルの会議を開い
た。

ミーティングには、C.ブッシュの法律顧問であるボイデ
ン・グレイ、国家安全保障局顧問のフレッド・グリーン
、CIA顧問のエリザベス・リンスコプフ、そして農務省、
国防省、司法省、財務省、エネルギー省、商務省を代表
する弁護士たちが集結した。ロストーは冒頭、「議会は
、戦争前のブッシュ政権とイラクの関係を探ろうとする
意図があるようだ」と警告を発した。

ロストウは弁護士団に対し、「国家安全保障会議は、イ
ラクに関する文書の議会からの要請に対する政権の対応
を調整している」と述べ、議会からの文書要請は「行政
特権、国家安全保障などの問題」について吟味されなけ
ればならない、と付け加えた。文書提供の代替手段を検
討する必要がある。この情報は、最終的にゴンザレスが
入手したものである。

それまで強固だった政権の妨害政策に亀裂が入り始めた
のだ。1990年6月4日、商務省の職員は、同省がイラクへ
の軍事機器と技術の出荷に対して実際に輸出許可を与え
ていた事実を隠すために、輸出書類の情報を隠蔽してい
たことを認めました。

7月になって、CIAの議会連絡官スタンリー・モスコビッ

ツが、ローマのBNL銀行幹部はドゥグールが起訴される
ずっと前にアトランタ支店で何が起きたかよく知ってい
ただけでなく、実際にイラク融資にサインして承認して
いたと報告すると、さらに大きな亀裂が入りはじめた。
これは、ペトリニャーニ大使が司法省に対して、BNLロ
ーマ支店はアトランタ支店が行ったイラク向け融資につ
いて何も知らなかったと述べたことと正反対であった。

さらに驚くべきことに、1992年5月、ウィリアム・バー司
法長官は、ゴンザレスに対して、政権の対イラク政策を
明らかにすることは「国家安全保障上の利益」を損なう
と非難する書簡を送った。このような深刻な告発にもか
かわらず、バー氏はその裏付けとなる確証を何も示して
いない。大統領がガタガタで11月の選挙が間近に迫って
いることは明らかだ。この点については、ゴンザレスも
「政治的な動機によるものだ」と言い、バーを非難した
。

1992年6月2日、ドゥルーガルは銀行詐欺で有罪を認めた
。不満を募らせたマーヴィン・シューバス判事は、BNL
事件全体を調査する特別検察官を任命するよう司法省に
要請する。しかし、1992年7月24日、CIA長官ロバート・
ゲイツ氏の書簡をきっかけに、ゴンザレス氏への攻撃が
再開された。湾岸戦争前にCIAをはじめとする多くの米情
報機関がブッシュ政権とイラクの取引について知ってい
た事実を明らかにしたことを批判した。その月の後半。
ゲイツの手紙は、下院銀行委員会によって公開された。

8月には、FBIアトランタ支局の元責任者が、BNL事件で
司法省が足を引っ張り、起訴を1年近くも遅らせたことを
公然と非難している。そして1992年8月10日、バーは下院
司法委員会から要請された、湾岸戦争前のブッシュ政権
とイラクの取引を調査するための特別検察官の任命を拒
否したのである。

そして、9月4日、バーは下院銀行委員会に対し、同委員

会によるBNL文書および関連情報の召喚に応じない旨の
書簡を書いた。バーの書簡が公表された4日後、CIA、国
防情報局、税関、商務省、国家安全保障局などが、BNL
問題に関する情報・資料の要請に応じるつもりはないと
表明したのだから、バーがすべての政府機関に下院銀行
委員会への協力を拒否するよう指示したのだろうことは
すぐに明らかになった。

ゴンザレスは、この戦いを議場に持ち込み、1991年7月の
CIAの報告書に基づき、ローマのBNL経営陣がアトランタ
支店からのイラクへの融資を知っていて承認したことは
明らかである、と明らかにした。アトランタの連邦検察
は、この非常に不利な情報に唖然とした。

1991年9月17日、CIAと司法省は、アトランタの連邦検察
官に「BNLに関する唯一の情報はすでに公開されている
」と説明することに合意した。選挙直前、あらゆるニュ
ースチャンネルで放映された非難と内輪もめの元凶は、
自分自身と所属部署の免責を急いだことだ。

ブッシュ大統領は、任期最後の100日間を、自分の周りで
起きているスキャンダルを隠蔽するのに必死であったと
知っていた。国家安全保障という煙幕が効いていたのだ
。

BNL-
イラクゲートの隠蔽に関わった他の関係者から距離を置
くための継続的な努力として、司法省は、BNLローマ事
務所のイラクへの融資に対する「ゴーサイン」をCIAが事
前に知っていたという非常に有害な文書を近く公表する
ことに同意した。そして、この情報はショーブ判事に伝
えられ、ショーブ判事は以前から抱いていたドルーガル
の起訴に対する疑念を正当化したようであった。

そして、1992年9月23日、ゴンザレスは、1991年1月、CIA
がBNLがイラク融資を高いレベルで承認していたことを
知っていたことを明確に示す機密文書を受け取ったと発

表したのである。その中でGonzalez氏は、ゲイツ氏がアトランタの連邦検察官に「BNLのローマ支店はアトランタ支店が何をしているか知らない」と嘘をついたことについて懸念を表明している。

上院情報委員会はまた、ゲイツ氏がBNL事件に関するCIAの知識の範囲について、司法省、連邦検察官、ショーブ判事を誤解させたとして非難している。司法省は10月1日、Drogoul氏に有罪答弁の撤回を認めました（er）。下院銀行委員会の委員長がブッシュ政権に対して戦い、勝利した唯一の戦いは、共和党会派の意向を尊重し、お気に入りの息子の一人であるブッシュを守るために、メディアによって無視された。

Shoob判事は数日後、BNL社の事件から手を引いた。という結論に至ったと述べています。

> "米国の情報機関がBNL-Atlantaとイラクの関係を知っていた可能性が高い...CIAはBNL-Atlantaのイラクへの資金提供に関する知識や関与に関する情報を明らかにする試みに非協力的であり続けている "と述べた。

この情報の出所は、当初は明らかにできなかったが、後にニューヨーク・タイムズ紙が発表したレポートにその要旨が掲載されている。

上院議員のデービッド・ボーレンが、CIAが司法省の職員に隠し事をして嘘をついていると告発したことが、大きな進展となった。その回答で、CIAは9月の報告書で司法省に虚偽の情報を提供したことを認めた。ゴンザレスなどは、すでにその証拠を持っていたので、たいした告白ではない。CIAは「正直な間違いだ」と言った。誤解を招いたり、何かを隠そうとするようなことはなかった」という。また、CIAもBNLに関する資料がすべて公開されているわけではないことを渋々認めた。

翌日、CIAのリンスコフ主任弁護士（1991年に国家安全保障局のニコラス・ロストウ氏が企画した被害を抑えるためのブリーフィングに参加）は、この事件をファイリングシステムの不備による「確かに遺憾なミス」と繰り返し、「正直な間違い」と言い切った。これが、CIAの主任弁護士が考え出した最高の言い訳だったのだろうか？ボーレン上院議員もゴンザレス下院議員も納得していない。

ニコラス・ロストウが招集した1991年の会議の真の目的は、ブッシュ政権とバグダッド政府の真の関係を明らかにする可能性のあるすべての政府文書と情報へのアクセスをコントロールすることであったことを忘れてはならない。もちろん、リンスコプフ氏の「ファイリングに不備があった」といういい加減な言い訳に、このような情報の壁を打ち破ろうとする責任者は懐疑的であって当然である。

1992年10月8日、上院情報委員会の非公開セッションでCIA職員が証言することになり、ロストウのダメージコントロールはまたもや大打撃を受けてしまった。委員会に近い筋から得た情報によると、CIA職員は簡単にはいかず、国務省が情報を隠し、さらに司法省高官の主張でBNL-アトランタについて誤解を招く情報を与えたと主張し、国務省を責めるに至ったとのことであった。

1992年10月9日、国務省がCIAに対し、アトランタの検察にBNL関連文書を開示しないよう求めた責任を認めず、公式に否定する発表があった。その後、司法省はCIAがある機密文書を無造作に渡し、他の機密文書を隠しているとして、独自の告発を始めた。上院情報特別委員会は、これらの告発と反訴について独自に調査を開始することに合意した。

1991年4月8日の会議に出席したすべての関係者は、この事件から距離を置こうとしていることが明らかになった

。そして、10月10日、FBIがBNL-Atlanta事件の調査を行うと発表したのである。CIAは、上院情報委員会に対して、司法省の特別な要請で情報を非公開にしたことを認めたことはないと否定した。

このような奇妙な出来事が立て続けに起こったため、1992年10月14日まで、毎日どこかの政府機関による告発の発表が続いている。10月11日、司法省は職業責任局がFBIの協力を得て、自身とCIAを調査することを発表。司法省の広報担当であるロバート・S・ミュラー3世司法長官補佐官が担当となった。David Boren上院議員の事務所からの情報では、Meullerはアトランタの連邦検察に情報を隠していることに直接関与しているとのことです。

1992年10月12日、FBIがBNL事件について独自の調査を行うと発表したわずか2日後、ABCニュースは、FBI長官ウィリアム・セッションズが司法省職務責任局から調査を受けているという情報を得たと主張した。容疑は、政府専用機の不正使用、自宅周辺へのフェンス設置（国費）、電話の不正使用などで、いずれもBNL社の事件とは全く関係がない。

ABCの報道は、10月10日にFBIがBNL事件を調査すると発表した後のことである。約束したFBIの調査を中止するようセッションズに圧力をかけようとしたのだ。ボーレン上院議員は記者団にこう語った。

> "セッションズ判事への告発のタイミングから、独立した調査を行わないよう圧力をかける試みがなされているのではないかと思われます。"

また、10月11日にセッションズが「捜査対象である司法省の職員に協力を求めることはない」と発言したことを指摘する声もある。「司法省は（FBIの）捜査に参加せず、FBIは情報を共有しない」とセッションズは述べた。再選キャンペーンの最後の数日間、ブッシュは、イラクゲ

ートやイラン／コントラのスキャンダルに個人的な知識
や関与があったことをきっぱりと否定しつづけた。

1992年10月12日、上院情報特別委員会のメンバーである
ハワード・メッツェンバウム上院議員が、バー司法長官
に手紙を出し、特別検察官の任命を要請したことから、
事態は大統領にとって不利な方向へと進んでいった。

"...非常に高いレベルの職員が、BNL-
アトランタの活動への加担を免れるための努力につい
て知っていたか、それに参加していた可能性が高いこ
とを考えると、行政府のどの部門も、少なくとも利益
相反の様相なしにこの問題における米国政府の行為を
調査することはできない。"と述べている。

メッツェンバウムの手紙には、「イラクへの武器売却に
アメリカ政府が秘密裏に関与している」証拠があると書
かれており、それはアトランタでの裁判の様子から得ら
れたものであった。ゴンザレスはバーに対して痛烈な手
紙を送り、特別検察官を任命するよう求めました。

「司法省の指導者の度重なる明らかな失敗と妨害に対
処するために...正しいことをして辞表を提出すること
が最善の方法です」とゴンザレスは言いました。

そして、10月14日、ボーレン上院議員は、バー氏に独立
した特別検察官を任命するよう求める手紙を出した。

"BNL事件の政府処理において連邦犯罪が行われたか
どうかを判断するために、真に独立した調査が必要で
ある。"

さらにボーレン氏は、司法省とCIAがBNL事件の隠蔽工作
を行ったと主張する。その翌日、CIAはローマ支局長から
の電報を発表した。そこには、イタリアとアメリカの高
官が、BNL-
アトランタ事件について知っていることを口外しないよ
うに、賄賂を受け取ったとする正体不明の情報源が引用

されていた。

その後、上院特別委員会が、CIAとNSAがフロント企業を使って連邦法に反してイラクに軍事機器や技術を提供したという容疑について調査を始めるまで、ブッシュ政権をめぐる火種は5日間小康状態を保ったままだった。上院司法委員会の一部の民主党議員も、バー氏に対して独立した検察官を任命するよう求めたが、バー氏はこれを再び拒否した。

ブッシュは、特別検察官ローレンス・ウォルシュが、キャスパー・ワインバーガー元国防長官を、議会で嘘をついたとして起訴し、政治生命をかけて戦っていた。ワシントンの情報筋によると、「ホワイトハウスはパンパンだった」という。ワインバーガーは、「大統領のスケープゴートになるつもりはない」と言い切った。ある情報筋によると、C.ボイデン・グレイは大統領に、ワインバーガーを赦免することが唯一の道であると告げたという。

こうして1992年のクリスマスイブに、ブッシュはワインバーガーをはじめとするイラン／コントラ疑惑の中心人物5人を赦免したのである。元国家安全保障顧問のロバート・マクファーレン、CIAエージェントのクレア・ジョージ、デュアン・クラリッジ、アラン・フィアーズ、元国務副長官のエリオット・エイブラムス。ブッシュの寛大さは事実上ウォルシュを盾にし、イラン／コントラ事件の捜査は打ち切られた。クリントン氏に関しては、今のところ特別検察官を任命することに優先的な関心を示していない。

ウォルシュはすぐにマスコミに怒りをあらわにした。大統領特赦

> "強力な同盟者を持つ権力者は、高位にありながら重大な犯罪を犯すことができることを実証している - 結果なしに国民の信頼を故意に乱用する...

6年間続いたイラン/コントラのカバーアップは、今や終わっている..."。このオフィスは、1992年12月11日に、ブッシュ大統領が再三の要求にもかかわらず、非常に関連性の高い同時期のメモ（ブッシュの日記）を調査官に提出しなかったことを、この2週間で知らされたばかりである...ブッシュ大統領自身の日記の差し控えの不正に照らして、我々は、議会に嘘をつき公式調査を妨害した他の人々を恩赦するという彼の決断に重大な懸念をしているのである。"

おそらくウォルシュは、自分が何に巻き込まれているのか、あるいは隠蔽工作は自分が思っているよりずっと前から行われていたのだということを知らなかったのだろう。イスラエルのエージェント、ベン・メナーシェのケースがいい例だ。下院の「10月の奇襲」対策委員会は、ベン・メナーシェを証人として召喚することを見合わせた。もしそうしていれば、ベン・メナーシェが1980年にイスラエルとイランの間で行われた大規模な「オフレコ」武器取引についてタイム紙の記者ラジャイ・サムガバディに語っていたことを知ることになっただろう。

サムガバディが証言したベン・メナーシェの1989年の裁判では、イスラエルによるイランへの巨額の不正武器売却の話がタイム誌に何度も持ち込まれ、タイム誌の元CIAエージェント、ブルース・ヴァン・ヴォーストが裏付けをとったにもかかわらず掲載を拒否したことが明らかにされた。ウォルシュは、300人委員会を中心とする東海岸のリベラル派が、自分たちが法律を作るので、法律には関心がないことを知らないようだった。

ウォルシュは、上院議員ユージン・マッカーシーが自分の委員会にウィリアム・バンディを招こうとしたとき、ジョン・フォスター・ダレスしか得られなかったのと同じレンガの壁にぶつかった。特にスカル＆ボーンズマンとの対戦では、当然のことながらウォルシュは不発に終

わった。[5]マッカーシーは、ダレスにCIAのある活動について証言させようとしたが、ダレスは協力を拒否していた。

R.クリントンによってCIAのトップに任命されたジェームズ・ウールジーは、有罪を裁くために何かするでしょうか？ウールジーは、ナショナル・セキュリティ・クラブのメンバーで、国家安全保障会議のメンバーとしてヘンリー・キッシンジャーの下で働き、カーター政権では海軍次官を務めていた。また、数々のコミッションを務め、レス・アスピンやアルバート・ゴアと親交を深めている。

ウールジーにはもう一人、下院情報委員会のメンバーで、クリントンの重要なアドバイザーでもあったデイブ・マクマーディという親しい友人がいる。ウールジーは弁護士で、シェー・アンド・ガードナー法律事務所のパートナーであったが、その間、上院に登録することなく、外国代理人として活動していた。また、ウールジーはCIAの高官と長年にわたって弁護士とクライアントの関係にあった。

ウールジー氏の顧客で最も有名なのは、バージニア州ラングレーにあるCIA本部の国家情報担当官、チャールズ・アレン氏である。アレンは、イラン／コントラ疑惑に関する内部調査報告書の中で、上司のウィリアム・ウェブスターから、証拠を隠していると非難された。アレンは、イラン/コントラ事件の仲介者であるマヌチャー・ゴルバニファールとの関係についてのファイルをすべて引き渡さなかったようだ。ウェブスターはアレンを脅し、ウールジーに「単純なミスだ」と助けを求めてきた。セッションズは、アレンがウールジーに弁護されていることを知ると、この事件を取り下げた。この問題に詳しい人たちは、ウールジーがCIAの指揮を執ることで、ブッシュ

[5]秘密結社「スカル・アンド・ボーンズ」のメンバー。

に恩赦されなかった他の人たちもウールジーに「開かれた扉」を見出すだろうと言っている。

III.米国の石油政策

米国の対外石油政策は、嘘による外交の首尾一貫した物語を提供している。この本のために国務省の文書を調査していると、メキシコのスタンダード・オイルや中東の米国石油企業への支援を公然と宣言している文書が多数見つかった。そして、国務省が外国石油の分野で、巨大な欺瞞外交の陰謀に関与していることが明らかになったのである。

1919年8月16日付の国務省指令は、外国にあるすべての領事と大使館に宛てて、米国の大手石油会社を支援するために大規模なスパイ活動と外務員の増員を要求した。

「現在および将来の米国の需要に見合った炭化水素の適切な供給を確保することが極めて重要であることが、本省の注目するところである。世界各地で実績のある鉱床の開発や新規鉱区の開拓が各国の国民によって積極的に進められており、鉱区の利権も積極的に獲得されています。米国人等によるこれらの活動については、最も完全で最新の情報を入手することが望ましい。

「従って、石油リース、石油資産の所有権の変更、または石油の生産もしくは販売に携わる企業の所有権もしくは支配権の重大な変更に関する情報を随時入手し、伝達する責任があります。

「また、新規鉱区の開発や産地開発の増加に関する情報も提供されるべきです。包括的なデータが望まれ、報告書は上記の項目に限定されることなく、随時発生する鉱油産業に影響を与えるすべての関心事に関する

　情報を含むべきである…"…

この指令は、メキシコ政府との長い苦闘の末に出された
ものである。次の話にあるように、スタンダード・オイ
ル社の社長であるＡ・Ｃ・ベッドフォードが、アメリカ政
府に介入することを要求していた。

　　*"海外での石油資源の獲得と開発のための適切な外交
　　支援は、政府によって支援されるべきである"*

連邦取引委員会は早速、これらの石油会社に対して、海
外での「外交支援」を勧告した。

ヒューズは、クーリッジ連邦石油保全委員会でも証言し
、国務省と石油会社の方針は同義であるべきだと主張し
た。

　　国務省が一貫して追求してきた「オープンドア」とい
　　う言葉で表現される政権の外交政策によって、海外で
　　のわが国の利益は知的に促進され、国民のニーズは大
　　部分において適切に保護されるようになった。

これは、政府と民間の石油利権者の合併が必要であるこ
とを意味していた。エバンス氏が、アメリカ石油協会や
スタンダード・オイル社の顧問であったことは、偶然で
はない。

教科書的事例：メキシコの石油搾取

メキシコの石油開発の歴史も、その一例である。メキシ
コの主要な天然資源である石油の征服は、アメリカの歴
史に醜く、そして公然の汚点として残っている。

メキシコで石油を発見したのは、イギリスの建設王ウィ
ートマン・ピアソン。やがて、メキシコ最大の生産者と
なった。

メキシコのポルフィリオ・ディアス大統領は、「メキシ
コの石油王」と呼ばれたスタンダード・オイル社のエド

ワード・ダホニーにすでに「独占権」を与えていたが、ピアソンに正式に石油探査の独占権を与えたのである。後述するように、ディアスはエリート層の利益のために戦った。また、ダーニーやウォーレン・ハーディング大統領の影響もしっかり受けていた。

これは、1848年のグアダルーペ・イダルゴ条約で、メキシコが1500万ドルでアルタ・カリフォルニア、ニューメキシコ、ソノラ北部、コアウイラ、タンパウリスを米国に割譲したことに遡ることができる。テキサスは、1845年にアメリカに併合されていた。テキサス州を併合した大きな理由の一つは、その土地の地下に膨大な石油が埋蔵されていることを地質学者が知っていたからだ。

1876年、ディアスはレオルド・デ・テハダを打倒し、1877年5月2日、メキシコ大統領に就任した。1880年から1884年の4年間を除いて、1911年まで在職した。ディアスは、独裁者としての在任中、財政を安定させ、産業プロジェクトを進め、鉄道を建設し、貿易を拡大させたが、その一方で、自分を政権に就けた人々には忠実であり続けた。メキシコの「王族」は、イギリスやヨーロッパの王族と密接な関係にあった。

ピアソンが石油開発に乗り出すきっかけとなったのは、1884年11月22日に公布された新しい鉱業法であった。スペインの旧法とは異なり、新法では権利証に土産物の所有権が付随することが規定された。また、インディアンやメスチーソの共同所有地が、メキシコの150万人の「上流階級」の手に渡ることを許したのである。そんな中、ディアス氏は外国人投資家に利権を与えるようになった。

最初に譲歩を受けたのは、内務長官アルバート・フォールとハーディング大統領の側近で、ダーホニーから多額の選挙資金をもらっていたダーホニーであった。ハーディング内閣の閣僚には、フォールなど4人の石油関係者が含まれていた。1900年、ダホニーはハシエンダ・デル・

トゥリージョの28万エーカーを32万5千ドルで購入した。ディアス大統領への「ご褒美」として、ダホニーは文字通り、土地を盗んだり、とんでもない安値で買い取ったりすることができたのだ。

操業開始から4年後、ダホニーはメキシコから産出される22万バレルの石油のほとんどを生産していた。すっかり板についたと思ったダホニーは、アメリカ政府の指示で、ポトレロ油田とセロアズール油田の生産量が週に100万ドル以上になっても、ディアス大統領への「報酬」の支払いを増やさないようにした。これは、ロックフェラー一族に共通する、ジョン・D.の利己的な欲の典型であった。この時、ダホニーに不満のあるディアスは、ピアソンに「一度だけの譲歩」をした。1910年までに、ピアソンのメキシカンイーグル社はメキシコの総生産量の58%を獲得した。

これに対してロックフェラーは、ピアソンの井戸を爆破し、彼の労働者を、彼の金で武装させた農民が襲うように命じた。山賊の大集団は、メキシコのイーグルパイプラインや石油施設を破壊するために武装し、訓練を受けていた。ウィリアム・エイブリー・ロックフェラーが教えた悪巧みは、ジョン・D・ロックフェラーによるピアソンとの戦いですべて表面化した。

しかし、ピアソンは、ロックフェラーと同じような戦術で反撃し、それ以上の存在であることを証明した。ロックフェラーは、メキシコには戦争を続けるだけの石油はないと判断し（これは大きな間違いだった）、撤退し、ピアソンに戦場を委ねた。その後、ジョン・Dは戦いから撤退したことを後悔し、スタンダードの資源を投入してメキシコに流血の混乱を引き起こした。その国では、この騒動は「メキシコ革命」と呼ばれ、誰も理解しなかった。

ピアソンは、英国の石油利権への貢献が認められ、「ロ

ード・コウドレイ」の称号を与えられ、その名で知られるようになった。また、300人委員会の常任委員に就任した。カウドリ卿はウィルソン大統領と仲が良かったが、その裏でジョン・Dはこの関係を崩し、メキシコの石油開発を再開しようとしていたのである。しかし、カウドレイ卿は、メキシコの石油の利益のほとんどを英国政府の金庫に収めることに固執している。

ロンドンとワシントンの石油外交は、積極性という点ではほとんど差がない。その動機と方法は、驚くほど変わっていない。結局のところ、国際的なパワーは、何よりも経済的なものであることに変わりはない。1928年1月21日、ブルックリン海軍工廠司令官のチャールズ・プランケット少将は、クーリッジ大統領の8億ドルの海軍計画を擁護するため、次のようにこぼした。

> "商工業の効率化のためのペナルティは、必然的に戦争になる。

これは、海軍の艦船に使う油の需要が大きいことにちなんだものである。プランケットは、メキシコの石油に目をつけていた。

論理的には、世界の商品資産を支配する国が、それを統治することになる。イギリスが大きな海軍を持ったとき、世界貿易を維持するために必要だったのが、産油国でのイギリスの活動であった。アメリカは、特にダレスのイルミナティ一族が来てから、すぐに学習したのである。

1911年、ディアスがマデロに追放されたメキシコに戻り、スタンダード・オイルが果たした役割について考えてみよう。ビクトリアーノ・フエルト将軍は、メキシコの石油を再び支配することを宣言し、イギリスの石油関係者を警戒させた。イギリスは、カウドレイ卿(その頃、メキシコの事業をシェルに売却)に、フエルタ打倒のた

めにウィルソン大統領を説得するように依頼した。

ディアス大統領を倒した1911年のマデロ革命の背後にスタンダード・オイルがいることを英国は知っていたからだ。スタンダード・オイル社は、英国によるメキシコの石油の強奪を終わらせるために必要だと考えたのだ。1911年11月6日にメキシコの大統領になったフランシスコ・マデロは、自分の糸を引く力をほとんど理解せず、政治がもっぱら経済に基づいていることを知らずに政治ゲームに興じていた。しかし、後任のフエルタは、ゲームの進め方を知っていた。

スタンダード・オイルは、ポルフィリオ・ディアスの失脚に大きく関わっていた。1913年の上院外交委員会の公聴会で多くの証人が行った証言は、1911年のマデロ革命の資金調達にダーニーとスタンダード・オイルが関与していることを示唆している。証人の一人、ローレンス・E・コンバースは、スタンダードが聞かせたかった以上のことを委員に話した。

> "マデロ氏によると、反乱軍（マデロ軍）が力を発揮し次第、エルパソ（テキサス州）の大銀行家数人が前金を出す用意があるとのことでした。その額は10万ドルで、スタンダード・オイルの関係者がメキシコの臨時政府を買収したのだと思う...彼ら（ゴンザレス知事とエルナンデス国務長官）は、スタンダード・オイルの関係者がマデロの革命を支援していると言っていた..."と。

カウドレーの譲歩を制限しようとしたウィルソン政権は、マデロ政権と外交関係を結び、反革命勢力に対する武器禁輸を命じます。ハウス大佐（ウッドロウ・ウィルソンの監督官）は、フランシスコ・フエルタがマデロを打倒したとき、カウドレイを悪役に仕立てた。「彼（カウドレイ）とカーデン（ライオネル・カーデン駐メキシコ英国公使）の間で、我々の問題の多くが永続化されてい

ると思うからだ」とハウスは言った。

ハウス大佐は、ウエルタが英国によって政権を取らされたのは、カウドレイ卿の石油開発拡大によってスタンダードの利権を減らすためだと、当然のように非難した。ウィルソン大統領はフエルタ政権を承認しなかったが、イギリスをはじめとする大国は承認した。ウィルソンはこう述べた。

> "個人的な利益や野心のために政府の権力を握ろうとする者たちに同情を寄せることはできない"。

300人委員会の広報担当者は、ウィルソン大統領に「あなたはスタンダード・オイル・メーカーのような人だ」と言ったという。という質問がありました。

> "...アメリカとイギリスの緊密な友好関係に比べて、メキシコの石油や貿易はどうなのか。両国は、この基本原則に同意する必要があります　　　　　　　-
> 彼らの石油利権が、法的にも財政的にも、自分たちの戦いをするように。

ウィルソン大統領に近い人たちは、イギリスの情報機関MI6にメキシコのスタンダード社との直接的な関係を見破られ、民主党大統領としてのイメージが悪くなりつつあることに、ウィルソン大統領は目に見えて動揺していたという。ハウスは、もしアメリカ（スタンダード・オイルを含む）が自己主張しなければ、フエルトがアメリカの権力に反抗して示した例がラテンアメリカ全土に波及しかねないと警告した。これは、「リベラルな民主党」が直面する美しい難問であった。

フォール内務大臣は、「アメリカ人の生命と財産を守る」ため、米軍をメキシコに派遣するよう米上院に要請した。この理由は、ブッシュ大統領が、自分の家族の事業であるサパタ石油会社はもちろん、ブリティッシュ・ペトロリアム社とその従業員の「生命と財産を守る」ため

に、サウジアラビアに米軍を派遣したときにも使われた。サパタは、米国の石油会社がクウェートのアル・サバ夫妻と最初に親交を結んだ一人である。

1913年、アメリカ上院の外交委員会は、「メキシコの革命」と称する公聴会を開催した。当時も今も、アメリカ国民は何が起こっているのかわからず、新聞に誘導されて、「狂ったメキシコ人が大量に走り回って銃を乱射している」と思い込んでいる。

専門家証人として出廷したダーニーは、ワシントン政府に武力でウエルタを拘束するようベールに包まれた要求で、非常に叙情的だった。と言ったそうです。

> "...米国は、国民の進取の気性、能力、開拓者精神を生かし、世界の石油埋蔵量の相応のシェアを獲得、保有、保持しなければならないようだ。そうしなければ、アメリカの領土内にない石油埋蔵量は、他の国の市民や政府によって急速に獲得されることになるだろう.....。」

最近でも、「狂人」サダム・フセインが世界の石油供給を脅かすと言われた時に、同じような言葉を聞いたような気がする。フォール長官は上院で、メキシコへの武力侵入を求める声をさらに強めた。

> "そして、その不幸な国の秩序の回復と平和の維持のために、また有能で愛国心のあるメキシコ市民の手に行政機能を委ねるために、その援助（すなわち米軍）を提供する。"とある。

スタンダード・オイルのダーニーとフォール長官が上院と合衆国国民に対して行った欺瞞は、ブッシュのイラクに対する違法な戦争の前と最中のレトリックと不気味なほど似ている。ブッシュは、「クウェートに民主主義をもたらす」ためにアメリカ兵が必要だと宣言したのである。

実は、クウェートの独裁者アル・サバにとって、民主主義は全く異質な概念だったのだ。

アメリカがクウェートを英国石油のために取り戻すことに成功すると（300人委員会の使者がウィルソン大統領を訪問したときに語った米英間の特別な友情の一例）、ブッシュは「イラクという悲しい国、不幸な国」に目を向けた。

ウィルソンが「暴君フエルタ」を排除してメキシコを回復させ、「有能で愛国心のあるメキシコ市民の手に行政機能を委ねることによって、不幸な国の秩序と平和を確保する」べきだと考えたように、ブッシュも同様の方式を使って、アメリカが「暴君サアダム」を排除すべきだと宣言した。 スペルミスは故意である）。

アメリカ人はすぐに、フセイン大統領がイラクのすべての問題の原因であると確信した。ハウス大佐がウィルソンを通じて、メキシコのフエルタ大統領についてアメリカ国民に語ったことである。メキシコでもイラクでも、共通しているのは、石油と欲です。今日、外交問題評議会のウォーレン・クリストファー国務長官は、ダーニー、フォール、ブッシュに代わって、イラクの人々を救うためにフセインを倒さなければならないという主張を永続させている。

クリストファーは、イラクの油田を完全に乗っ取るという300人委員会の目標を隠すために、嘘を使い続けているだけなのだ。これは、ウィルソンのフエルタに対する政策と何ら変わるところはない。

1912年にウィルソンが「フエルタの脅威」をパナマ運河への危険として提示したのに対し、ブッシュはフセインをサウジアラビアからの米国の石油供給への脅威として提示したのである。ウィルソンはパナマ運河の「脅威」について、ブッシュはイラク軍によるサウジアラビアへ

の「進行中の侵略」について嘘をつきました。いずれの場合も、そのような脅威は存在しなかった。ウィルソンのホイッタに対する暴言は、連合国石油評議会での演説で公開された。

ウィルソンは、ハウス大佐が用意した演説で、メキシコが「アメリカの利益に対する永遠の危険」であることを議会に伝えた。

「メキシコの現状は、メキシコの国際的義務の履行、メキシコ自体の文明的発展、そして中米の政治・経済状況の許容範囲内の維持と相容れない」とウィルソン氏は述べた。

"世界が注目するメキシコがいよいよ登場。中米は、世界の大貿易ルートと、海岸から地峡に向かう交差点に襲われようとしている......」。

実際、ウィルソンは「これからは、アメリカの石油会社の政策が、アメリカの政策になる」と宣言した。

ウィルソン大統領は、ウォール街とスタンダード・オイルに完全に服従していた。er1911年5月1日、最高裁がスタンダード・オイル社に対する反トラスト法違反訴訟を命じたにもかかわらず、中米とメキシコのアメリカ領事に対し、「アメリカ人を不当に扱うと、介入の問題が生じる可能性があるという考えを当局に伝える」ように指示した。この引用は、国務省の長い文書と、1913年に上院外交委員会が行った公聴会からのものである。

このメッセージを受けて、ウィルソンはウィリアム・ブライアン国務長官に、フエルタ大統領に速やかに退去してもらいたいことを明確にするよう要請した。

「フエルタがメキシコ政府から直ちに退陣する義務があることは明らかであり、米国政府は今、この結果を達成するためにあらゆる必要な手段を用いなければならない。

帝国主義アメリカの最高のスタイルで、ウィルソンは1912年11月12日、フエルタ大統領に対して別の告発を行った。

> "フエルタ将軍が力づくで撤退しないのであれば、より平和的な手段で彼を排除することが米国の義務である" と。

平和的な選挙でウエルタ大統領が再選された後だけに、ウィルソンの好戦的な発言はいっそう衝撃的であった。

パナマがそうであるなら、なぜジョン・Dの後継者であるデビッド・ロックフェラーが、パナマ運河をトリホス大佐に与えるためにあれほど戦ったのか、と思うかもしれないが、それは「パナマとカーター＝トリホスの詐欺的条約」という別の章の主題である。

当時のアメリカ国民が、ウィルソンの好戦的なメキシコ攻撃を、「愛国心」と「アメリカの利益」という薄い偽りのもとに受け入れたのも無理はない。結局、国民の大部分、確か87%のアメリカ人が、ブッシュのイラク攻撃を全面的に支持し、非人道的で全く不当な対イラク禁輸を容認したことに罪はないのか？

ウィルソンとブッシュのレトリックが似ていることに驚く必要はない。両者とも、わが国のハイレベルな並列秘密政府（6）によってコントロールされていたのだから。ちょうどクリントンがロンドンのチャタムハウスから、パメラ・ハリマン女史という人物によってコントロールされているのと同じである。ウォーレン・クリストファーがイラクに対して大嘘をつき続けるのも無理はない。1993年も1912年と同じように、石油と欲が決め手となる。私がここで述べているウィルソンへの非難は、作家のアントン・モーア氏がその著書『石油戦争』の中でよく述

6有名な「ディープ・ステート」。

べていることである。

1912年にメキシコに最も大きなダメージを与え、「革命」と偽って内戦に突入させたのはアメリカである。ちょうど1991年にイラクに最も大きなダメージを与え、憲法に背いてそれを続けているのがアメリカであり、それを守ることを誓った国会議員たちは惨めに、見事に失敗しているのだ。

ブライアン長官は、メキシコで起きていることを快く思っていないヨーロッパの列強に、次のように言った。

「メキシコの平和、財産の安全、対外債務の迅速な支払いの見通しは、現在メキシコで戦っている勢力に任せた方が有望である」。

嘘による外交の典型的な例であった。ブライアンがヨーロッパ人に伝えなかったのは、「権力者に」メキシコを見捨てるどころか、そうしなかったということである。ウィルソンは、すでに資金と武器の禁輸を課して、ウエルタを孤立させ始めていた。同時に、ベヌスティアーノ・カランサとフランシスコ・ビラの支配する勢力を武装、財政的に支援し、フエルタ将軍の打倒を促したのである。

1914年4月9日、アメリカ領事はタンピコで危機を演出し、アメリカ海兵隊の一団を逮捕させた。アメリカ政府は謝罪を要求し、それが実現しなかったため、フエルタ政権との接触を断ちました。4月21日には、アメリカ軍にヴェラ・クルスへの進軍命令が出されるほど、事件はエスカレートしていた。

タンピコ事件に乗じて、ウィルソンはアメリカ海軍のヴェラ・クルスへの派遣を正当化することができた。ウエルタは、ベラクルス事件をハーグ法廷に提訴することを申し出たが、ウィルソンはこれを拒否した。フセイン大統領と同じように、ウィルソンもウエルタ将軍の支配の

終わりを阻むものは何一つ許さなかった。この際、ウィルソンはスタンダード・オイル社のダーニーから、反逆者カランサに現金10万ドルと燃料クレジット68万5000ドルを渡したと、ウィルソンとブライアンに報告され、大いに助けられた。

1914年半ば、メキシコはウィルソン大統領の内政干渉により混乱状態に陥った。7月5日、フエルタは人気投票で大統領に選ばれたが、ウィルソンがメキシコ政府の手綱を握っている間は騒動を起こすことが明らかになり、7月11日に辞職した。

1ヵ月後、オブレゴン将軍がメキシコシティを制圧し、カランサを大統領に任命した。しかし、北部ではフランシスコ・ビラが独裁者となった。ビラはカランサに反対したが、アメリカはとにかくカランサを承認した。ラテンアメリカ諸国は現在、米国の介入を恐れており、それはカリーサルでのビジャ軍と米国軍の戦闘によって強化されている。

ラテンアメリカでの騒動の結果、特にラテンアメリカに関するコンサルタントの反応を考慮し、ウィルソンは1917年2月5日にメキシコからの米軍撤退を命じた。カランサは、アメリカ人の支持者を失望させ、彼らの大義のために何もしなかった。その代わりに、1911年の革命を正当化しようとしたのである。これは、アメリカの石油会社から言わされたことではありません。

1917年1月、メキシコの新憲法ができあがり、スタンダード・オイル社やカウドリ社に衝撃が走った。カランサは4年間当選していた。石油はメキシコ国民の不可侵の天然資源であると事実上宣言した新憲法は1918年2月19日に施行され、1917年5月1日[er]
以前に締結された石油の土地や契約にも新しい税金が課されることになった。

この追徴課税は、いわゆるUS文書の27条が対象で、「没収的」であり、本質的にメキシコの米国企業が税金を払わないように促すものであった。カランサ政権は、課税は「主権国家メキシコ」の問題であると、ワシントンで反論してきた。メキシコの石油はメキシコのものであり、外国人が投資するにしても、税金という代償を払わねばならない」というカランサ大統領の考えを、アメリカ国務省はどうあがいても変えることはできなかった。石油会社はカランサが寝返ったという事実に目を覚ます。

この時、カウドリはアメリカ大統領に向かって、「共通の敵（国有化）に一緒に立ち向かおう」と呼びかけた。カランサはペルソナ・ノン・グラータとなり、カウドリはメキシコの3大将軍の権力争いでさらなる混乱が起きると見て、持ち株を売りに出そうとした。カウドレーの売却の申し出は、ロイヤル・ダッチ・シェル・カンパニーに受け入れられました。条件は不透明だったが、カウドリは株の売却で大きな利益を得た。

1923年9月5日、カランサが殺され、ビジャが暗殺されるなどの戦いの末、オブレゴン将軍が大統領に選出された。12月26日、ウエルタはオブレゴンに対して反乱を起こしたが、敗北した。オブレゴンは、外国の石油会社にとって不都合な憲法の適用を制限することを条件に、ワシントンから支持を得た。その代わり、オブレゴン大統領は石油の輸出に60％の税金をかけた。アメリカ政府と石油会社は、オブレゴンの離反と見て激怒した。

5年近くも、ワシントンはその真意を隠したまま、メキシコ憲法への攻撃を続けていたのである。1927年、メキシコは内乱状態にあり、国庫はほとんど空っぽだった。メキシコ政府は降伏を余儀なくされた。石油を略奪されたメキシコ人の気持ちは、1927年10月の『エル・ユニバーサル・デ・メキシコ・シティ』の社説が一番よく表している。

"アメリカ帝国主義は、経済進化の宿命的産物である。北の隣人が帝国主義者にならないように説得するのは無駄なことです。彼らは、どんなに善意であっても、帝国主義者であることを避けられないのです。経済帝国主義の自然法則を研究し、盲目的に反対するのではなく、その作用を緩和し、われわれに有利になるような方法を見出そう」と。

その後、プルタルコ・カレス大統領によって、メキシコ憲法が全面的に破棄された。この巻き戻しは、歴代のメキシコ政府によって続けられてきた。メキシコは、1911年と1917年に闘った原則から後退し、和解の代償を払うことになった。1928年7月1日[er]、オブレゴン将軍は大統領に再選されたが、16日後に暗殺された。外国の石油会社が犯罪を犯し、メキシコを不安な状態に陥れたと非難された。

アメリカ政府は、スタンダード・オイル社およびロード・コウドレイ社と提携し、石油をメキシコ国民の不可侵の天然資源と宣言した1918年2月19日の法令をメキシコ政府に撤回させるよう行動した。1934年7月2日、カレスによってラサロ・カルデナス将軍が後継者に選ばれた。カルデナスはその後、カレスを「保守的すぎる」と反発し、英米の石油会社の圧力で、1936年にアメリカから帰国したカレスを逮捕させた。国務省の文書によれば、これらの事件におけるアメリカ政府の関与は疑う余地がない。

カルデナスは、アメリカやイギリスの石油会社に同情的だったが、メキシコ労働総同盟のリーダー、ビンチェンテ・ロンバルド・トレダノは強く反対していた。カルデナスはこのグループの要求に屈しざるを得なくなり、1936年11月23日に新しい収用法が制定され、政府は財産、特に油田を差し押さえることができるようになったのである。これは、アメリカ政府や石油会社の予想とは正反対であり、石油会社はパニックに陥った。

1936年、17社の外国企業が、メキシコの石油をせっせと採掘していた。アングロ・ブール戦争（1899-1902）以来、300人委員会のオッペンハイマー一族が、南アフリカの金とダイヤモンドを空にして、ロンドンやチューリッヒに運び、南アフリカ国民はほとんど恩恵を受けていない状況とよく似ている。アングロ・ボーア戦争は、300人委員会の力と威力を初めて公然と示したものであった。

黒い金」と「黄色い金」の両方で、メキシコや南アフリカの、本当は国民のものである国家資源が略奪されたのである。これらはすべて、和平協定に隠れて行われた。和平協定が崩壊したのは、南アフリカのダニエル・マランやメキシコのラサロ・カルデナスのような強力な国家指導者が出現したときであった。

しかし、金鉱を国有化することで泥棒の陰謀を阻止できなかったマランとは違い、カルデナスは1936年11月1日[er]、スタンダードオイルなどの地下権を国有化する法令を出した。この政令の正味の効果は、石油会社からメキシコでの操業と米国への利益還流を奪うことであった。メキシコの石油労働者たちは、ロックフェラーやカウドリが利益を上げる一方で、何年にもわたって貧困にあえいでいたのだ。アメリカ人は、ロックフェラー帝国の規模をよく知っている。

スタンダード・オイル社、イーグル社、シェル社などの欲のために、何千人ものメキシコ人が不必要に血を流したのだ。革命は、アメリカの操り人形師によって意図的に引き起こされ、常に適切なアメリカ政府高官によって支援されていた。カウドリが絶対的な贅沢をし、ロンドンで最高のクラブに通う一方で、メキシコの石油労働者はファラオの奴隷よりも劣悪で、説明不要のスラムに身を寄せ合いながら、むさ苦しそうに暮らしていた。

1938年3月18日、カルデナス政権は、アメリカとイギリス

の石油会社の資産を国有化した。米国は、メキシコからの銀の購入を停止することで報復した。イギリス政府は国交を断絶した。スタンダード・オイル社とイギリスの石油会社は、密かにサトゥルニーノ・セディージョ将軍に資金を提供し、カルデナスに対する反乱を扇動していた。しかし、住民によるカルデナス支持の大規模なデモが起こり、反乱の企ては数週間のうちに終了した。

アメリカやイギリスは、すぐにメキシコの石油をボイコットし、国営石油会社であるペメックス（PEMEX）は壊滅的な打撃を受けた。そして、カルデナ家はドイツ、イタリアと物々交換の契約を結んだ。このような両政府の欺瞞的行為は、ほとんどの人が西洋文明の柱とみなしていた。共産主義者がスペインを征服しようとし、メキシコ政府がフランコ将軍の政府に石油を送ることによって石油ボイコットを打ち切ろうとした時も続いた。

スペイン内戦と呼ばれる中仏戦争では、ルーズベルトは共産主義側を支援し、米国内で人員や軍需品を調達することを許可した。ワシントンは公式には「中立」の方針をとったが、この欺瞞はうまく隠蔽され、テキサコが引きずり込まれたときに明らかになった。

PEMEXはフランコに石油を供給することを決め、テキサコのタンカーでスペインの港に石油を運んだ。MI6情報部のトップであるウィリアム・ステファンソン卿は、ルーズベルトにテキサコを糾弾した。反共右翼政権が自国の存亡をかけて戦うときの慣例として、アメリカの秘密並行政権はルーズベルトに命じて、フランコへのメキシコの石油納入を停止させた。しかし、ボルシェビキが米国で人材を集め、ウォール街から弾薬や資金を得ることを止めなかった。テキサコはフランコやメキシコに同情して行動したわけではなく、動機は利益だった。これは、ルーズベルトのようなフェビアン社会主義者が、社会主義に反対する国を運営するとどうなるかを示している。

1946年になって、ミゲル・アレマン大統領が誕生し、メキシコに秩序が戻ってきた。1947年9月30日、メキシコ政府はアメリカとイギリスのすべての収用請求権を最終的に解決した。その結果、メキシコ国民に高い負担を強いることになり、石油の事実上の支配権は米英の石油会社の手に渡った。このように、カルデナスが署名した1936年の収用令は、部分的な成功に過ぎなかった。

1966年、何人かの作家がカウドリ卿の強欲と腐敗を暴露すると、彼はデズモンド・ヤングを雇って本を書かせ、ディアスやウエルタとの関わりを白日の下にさらし、軽視させた。1970年、外交問題評議会の要請を受けたリチャード・ニクソン大統領は、ディアス・オルダス大統領との間で、将来の国境紛争やその他の紛争(石油など)を平和的に解決することを定めた協定に調印した。

この合意は現在でも有効であり、メキシコの石油を略奪する方法は変わっても、その意図や動機は変わっていない。ニクソン合意について、よく誤解されていることがある。それは、ニクソン合意がワシントンの政策転換を意味するということである。これは、メキシコの天然資源に対する権利を認めるという印象を与えることを意図したものです。モローがカイレス・オブレゴンと交渉して、「アメリカによる大きな譲歩」とアメリカ国民に言われたものの、実際にはワシントンに関する限り、まったく譲歩とは言えないものだったという時代の繰り返しである。これは、嘘による外交政策である。

IV.ロックフェラー：悪の天才

石油産業ほど堕落した産業は他になく、これほどまでに蔑まれるに値する産業も他にない。アメリカン・インディアンが、フランスのフランシスコ会宣教師ジョセフ・ド・ラ・ロッシュ・ダヨン神父をペンシルベニア州西部の黒い水の流れる不思議な池に案内したとき、彼らはその後に起こる恐ろしい結果を想像できなかっただろう。

石油産業は、政府、民間を問わず、その壁を破ろうとするすべての試みを乗り越えてきた。アメリカの石油産業は、故ヘンリー・ジャクソン上院議員やフランク・チャーチ上院議員の個人的な復讐を乗り越え、数々の調査から見事に脱却し、その秘密も守られた。独占禁止法違反の訴訟でも、その力を断ち切ることはできなかった。

石油産業は、ニュージャージー州のスタンダード・オイル社を設立したジョン・D・ロックフェラーを抜きにしては語れない。ロックフェラーという名前は、強欲と権力への飽くなき渇望の代名詞でもある。ロックフェラーに対する多くのアメリカ人の憎悪は、ペンシルベニア州の石油地帯で「ビッグハンド」が表面化したことに始まる。1865年に始まった黒い「ゴールドラッシュ」でタイタスビルとピットヘッドに集まった開拓者たちの子孫の間で始まった。

ジョン・D・ロックフェラーが探鉱者や掘削者から石油リース料を奪う能力は、セシル・ジョン・ローズ、バーニー・バーナート、その他のロスチャイルド-ウォーバーグのエージェントが、キンバリーダイヤモン

ドやランド金鉱の所有者に対して行った昼間の強盗や奇術に金を提供した「開拓者」の努力と不気味なほどよく似ている。ネルソン・ロックフェラー氏は、かつて一族の財産は「偶然の産物」だと主張したが、事実はそうではないことを物語っている。

ジョン・D・ロックフェラーを取り巻くパラノイアと秘密主義の必要性は、彼の息子たちに受け継がれ、石油ビジネスにおける外部からの干渉に対する戦略として採用されたのである。今日、300人委員会の会計事務所であるプライス・ウォーターハウス社が、最高の会計士や上院の各委員会でさえ、ロックフェラーの財政を解明できないような方法で帳簿を作成しているのだ。そういう獣の性質があるのです。よく、"なぜロックフェラーはあんなに深く曲がっていたのか?"と質問される。それは、彼の本質的なものであったと考えるしかない。

ジョン・D・ロックフェラーは、友情が自分の進歩を妨げるとは考えず、息子たちに「良き友情に負けるな」と忠告した。彼の好きな教義は、「何も言わないが、よく聞く」賢いフクロウの話である。ジョン・Dの初期の写真には、長く険しい顔、小さな目、人間味のかけらもない。

その風貌からして、クラーク兄弟がジョン・Dを会計士として受け入れ、後に製油所の共同経営者となったことは、いっそう驚くべきことであった。兄弟は、ロックフェラーが信用できないことにすぐ気がついた。アイダ・ターベルの著書『スタンダード・オイル社の歴史』には、ロックフェラーの非情さ、自分以外の人間に対する非人道的な態度が、たくさん書かれている。

スタンダード・オイル社は、米国史上最も秘密主義の会社であり、その伝統は今日もエクソンとその子会社に受け継がれている。スタンダード・オイル社は、要塞のように鍵をかけてバリケードを築いたと言われている。ロックフェラーのイメージがあまりにも悪くなったので、

広報のアイビー・リーを雇って、慈善家としてのイメージを回復させたのである。しかし、リー氏はどんなに頑張っても、ジョン・D・ロックフェラー氏が残した憎しみの遺産を消すことはできなかった。スタンダード社とロックフェラー社のイメージダウンは、1990年代まで続き、おそらく永遠に残るだろう。スタンダード・オイルは、石油やガスが地下に埋蔵されている国に対して、石油業界の標準的な行動をとることになった。

ロックフェラー家は常に法律で守られており、早くから課税を逃れるためには、資金と資産のほとんどをアメリカ国外に置くしかないと考えていた。1885年までに、ロックフェラーはヨーロッパと極東に市場を確立し、スタンダード・オイルのビジネスの70%という驚異的な割合を占めるに至った。

しかし、ロックフェラーの大陸横断の行進は、凸凹がないわけではなかった。アイダ・ターベルやH.D.ロイドなどの作家が、スタンダード社が地方、州、連邦政府の上にスパイ軍を持つ会社であることを明らかにし、スタンダード社に対する世間の恨みは頂点に達した。

> 「戦争を宣言し、和平を交渉し、裁判所、議会、主権国家を彼の意志に比類なく従わせた人たち "です。

アメリカ国民がスタンダードの独占的なやり方を知ると、上院に悪質な苦情が殺到し、シャーマン独禁法が制定された。しかし、この法律は意図的に曖昧にしてあり、多くの疑問を残したままなので、ロックフェラーと彼の弁護士団は簡単にこの法律に従わずに済んだ。ロックフェラー氏は、「歯が立たない広報活動」と評したこともある。ジョン・D・ロックフェラーの上院での影響力は、シャーマン反トラスト法をめぐる議論の時ほど明らかなものはなかった。当時、個々の上院議員はロックフェラーのロビイストから強い圧力を受けていた。

1911年5月11日、エドワード・ホワイト最高裁長官は、フランク・ケロッグがスタンダード社に対して起こした反トラスト法違反の裁判で、スタンダード社は6ヶ月以内にすべての子会社をスピンオフしなければならないという判決を下し、ロックフェラー社は一時的に不利な状況に陥った。ロックフェラーは、「石油ビジネスの特殊性は、通常のビジネス手法では解決できないので、ジョン・D・ロックフェラーと同じように、特別な事業体として扱うべきだ」と説明するライターを雇い、これに対抗した。

ホワイト判事の判決を薄めようと、ロックフェラーは独自の政府形態を打ち出した。この新しい「政府」は、ヨーロッパの王宮のパトロン制度にならった博愛主義の財団や組織という形をとっていた。これらの機関や財団は、ロックフェラーの財産を所得税から守るものであった。

これが、石油業界の「政府の中の政府」ともいうべき権力の始まりであった。CFRが急速に力をつけてきたのは、ロックフェラーとハロルド・プラットによるものであることは間違いない。1914年、ある上院議員はロックフェラー帝国を「アメリカの秘密政府」と呼んだ。ロックフェラーの戦略家は、民間情報機関の創設を呼びかけ、彼らの助言に従って、ロックフェラーはラインハルト・ハイドリッヒのSS情報局の人員と設備を文字通り買い取った。"インターポール"として知られるこの機関は、現在では知られている。

ロックフェラー家は、ハイドリッヒ親衛隊に匹敵する情報力を持ち、各国に潜入して事実上政府を掌握し、税法や外交政策を変え、アメリカ政府に圧力をかけて従わせることができたのである。税制が厳しくなれば、ロックフェラー家は法律を変えればいいのだ。この石油業界のバチルスが、アメリカが外国産の石油に完全に依存しな

いようにするための現地生産を停止させたのである。その結果は？アメリカの消費者にはより高い価格を、石油会社には法外な利益をもたらす。

ロックフェラー家は、すぐに中東に進出したが、ハリー・F・シンクレアに阻まれ、利権を得ることができなかった。シンクレアは、ことごとくロックフェラーを打ち負かしたようだ。その後、シンクレアの親友である内務長官アルバート・フォールとフォールの友人ダーニーが、ティーポットドームとエルクヒルズの海軍備蓄石油を私的利益のために押収したとして起訴されたティーポットドーム事件という劇的な展開が待っていたのだ。多くの人が、ティーポットドームのスキャンダルは、ロックフェラー家がシンクレアの信用を落とし、好ましくない競争相手として排除するために仕組んだものだと恐れていた。

このスキャンダルはワシントンを揺るがし、フォールの職を奪った（「スケープゴート」という言葉の由来）。シンクレアはかろうじて実刑を免れた。ペルシャやロシアとの有利な契約は、すべてキャンセルされた。今でも、ティーポットドーム事件はロックフェラーのおとり捜査だったのではないかと疑われているが、証明されてはいない。結局、シンクレアの中東での租界は、イギリスが保有しているものを除いて、ほとんどがロックフェラーの手に渡った。

イランでの出来事は、ロックフェラーとそのイギリス人の仲間の力をすぐに証明することになる。1941年、イランのレザー・シャー・パーレビーが、いわゆる「同盟国」の対独参戦と自国民の追放を拒否すると、チャーチルは激怒してイラク侵攻を命令し、ロシアのボルシェビキの同盟国もこれに加わった。チャーチルはロシア軍のイラン進駐を認めることで、スターリンの悲願であったロシアのイラン進駐の道を開いたのである。これは、イラ

ン国民と欧米諸国一般に対する衝撃的な裏切りであり、ロックフェラー家の影響力が国際的であることを示している。

それが石油会社、特にロックフェラーが支配する会社の力である。スタンダード・オイル社とロイヤル・ダッチ・シェル社の代表者は、チャーチルにレザー・シャーを逮捕して追放するよう進言し、チャーチルは直ちにこれを実行し、まずモーリシャスに、次に南アフリカに送り、そこで亡命死した。私がロンドンの大英博物館で調べた資料では、ロックフェラー家が中東の政治に深く関わっていたことがわかる。

イギリス議会でチャーチルはこう自慢した。

> 「私たち（石油会社）は、亡命中の独裁者を追放し、本格的な改革の数々を約束する憲法上の政府を設置したところです。

彼が言わなかったのは、「憲政」は石油会社が選んだ傀儡政権であり、その「改革の総合カタログ」は、石油収入のシェアをさらに大きくするために、米英の石油利権を強化することだけを意図しているということだった。

しかし、1951年になると、エジプトから始まった中東の民族主義的なムードは、イギリスの支配からナセル大佐を追い出すために、イランにも波及していた。この時、イランの真の愛国者モハメド・モサデグ博士が、チャーチルの傀儡政権に挑戦するために現れたのである。モサデグの最大の目的は、外国の石油会社の力を打ち砕くことであった。イランの人々の雰囲気が、そのような行動を起こすのに適していると感じていたのだ。

ロックフェラー家は、この事態を憂慮し、英国に助けを求めた。モサデグは、ロックフェラーとブリティッシュ・ペトロリアムに、彼らの利権契約は守らないと告げた。ロックフェラーは、モサデグを個人的に憎んでいたと

いう。そこで、ブリティッシュ・ペトロリアム社は、「モサデグの作った迷惑に終止符を打ってほしい」とイギリス政府に要請した。七人姉妹石油カルテル（中東の英米大手石油会社7社で構成）の要求に応えようとするチャーチルは、アメリカに協力を要請した。

モサデグは、裕福な家庭に生まれ、有能で教育熱心な政治家であり、イランの人々が国の資源から利益を得られるようにしたいという切なる願いを持っていた。1951年5月、モサデグ博士がイランの石油を国有化した。モサデグは、パジャマ姿でテヘランを走り回り、感情的になっている愚かな小男として、国際的な宣伝キャンペーンが展開されたのである。これは事実とはかけ離れていた。

ロックフェラー系石油会社の推進とアメリカ国務省の支援により、イラン産原油の国際的ボイコットが命じられる。イランの石油はすぐに売れなくなった。国務省、テヘランにあるチャーチル傀儡政権への支持を表明。テヘランは、国王が対ドイツ戦争で連合国側に加わることを拒否したため、チャーチル傀儡政権が発足した。

同時に、CIAとMI6が共同でモサデグに対する作戦を開始した。以下は、プロパガンダキャンペーンによって政府がどのように破壊され、転覆させられるかを示す典型的な例である。終戦後、選挙に敗れたチャーチルが、洗脳されたイギリス国民によって政権に返り咲く。彼はその立場を利用して、モサデグ博士とイラン国民に対して、ハイウェイマンとハッカーの戦術で戦争を仕掛けたのである。

国際水域を航行し、イランの石油を積んでいた「ローズ・マリー号」は、チャーチルの命令で英国空軍に迎撃され、英国の支配するアデン港に航行せざるを得なかったが、国際法や条約に違反することはなかった。海上での船のハイジャックは、ロックフェラー一族の提案でアメリカ国務省が全面的に支援した。

1970年、ロンドンの石油業界関係者から聞いた話だが、チャーチルがローズ・マリー号を爆撃するよう空軍に命令するのを、内閣が苦労して押しとどめていたそうだ。そして1年が過ぎ、イランは大きな財政的損失を被った。1953年、モサデグ博士は、ドワイト・アイゼンハワー大統領に助けを求める手紙を出した。ロックフェラーに手紙を出したようなものだ。アイゼンハワーは、神経を逆なでするように、返事をしなかった。

この作戦は、モサデグを脅かすという効果もあった。結局、アイゼンハワーはこれに応じ、古典的なスタイルで、イランの指導者に「イランの国際的義務を尊重する」よう忠告したのである。モサデグは、英米政府に反抗し続けた。石油会社はアイゼンハワーに代表団を送り、モサデグ解任のための即時行動を要求した。

モサデグに対するCIAの秘密作戦を指揮したカーミット・ルーズベルトは、テヘラン国内に不安を煽るような勢力を確立するために精力的に活動している。情報筋によると300万ドル（約3億円）もの大金が動いたという。1953年4月、国際銀行家の強い圧力を受けた国王モハメド・レザ・パフラヴィーは、モサデグ博士を罷免しようとしたが、失敗した。CIAやMI6が装備したエージェント軍団が攻撃を開始したのだ。暗殺を恐れた国王は逃亡し、モサデグは1953年8月に倒された。アメリカの納税者の負担は約1,000万ドルだった。

カーミット・ルーズベルトが1951年にモサデグ博士に対するCIAの秘密作戦を計画していたのと同じ頃、彼のパートナーであるロックフェラーは、イランでの活動を停止させるべき法的手続きにワシントンで直面していたことは注目に値します。実は、全権を握る石油業界は、この挑戦もこれまでと同じようにかわすことができると思っていたのだ。エクソン、テキサコ、スタンダードガルフ、モービル、ソーカルの各社に対して司法省の手続きが

開始されました。(シェルとBPを起訴する努力はしていない)。

スタンダード・オイル社は、直ちにディーン・アチソンに調査を隠蔽するよう命じた。アチソンは、ロックフェラーがいかに政府や民間の重要人物を使って、ワシントン政府を制圧したかを示す良い例となった。1952年初め、アッシェンは攻勢に出た。アチソンは、アメリカの外交政策イニシアチブを保護するという国務省の利益を理由に、ビッグオイルが国家の外交政策を指揮していることを黙認し、「中東における我々の良好な関係」を弱めないために、調査を中止するよう要求したのです。

アチェソンは、ロックフェラー、CIA、MI6によって、まさにその瞬間にイランで引き起こされた混乱と不安定に言及することはなかった。これに対し、司法長官は石油の独占を全面的に攻撃し、「石油は少数の者の支配から解放されなければならない。自由な企業は、政府、民間を問わず権力の行き過ぎから守ることによってのみ維持できる」と警告した。ヘテンは、カルテルが国家の安全保障を脅かすような行為をしていると非難した。

ロックフェラー氏は、すぐに国務省や司法省の関係者を通じて、被害対策に乗り出した。(アチソンは、この調査を「拝金主義や不正と関わりたくない独禁法の警察犬による行動」と公然と非難した)。その口調は常に好戦的で、威嚇的であった。アチソンは、国防省と内務省からロックフェラーに支援を求め、ロックフェラーは驚くべき方法で「七人姉妹」を保証した。

> "企業（ビッグ・オイル）は、自由世界に最も必要な商品を供給する重要な役割を担っている。アメリカの石油事業は、実際上、わが国の外交政策の道具なのだ」。

ディーン・アチソンは、中東におけるソ連の干渉という厄介事を持ち出そうとしたが、それは石油会社の活動か

ら注意をそらすための赤信号に過ぎなかった。結局、カルテルに対する刑事告訴はすべて取り下げられたが……。

1924年、大手石油会社の代表者たちは、アメリカの法律を全く無視した態度を示すため、サー・ウィリアム・フレーザー（Sir William Fraser）の依頼で、陰謀罪の可能性を避けるためにロンドンで会合を持った。フレイザーがスタンダード社、モービル社、テキサコ社、BP社、ソーカル社、シェル社の幹部に送った手紙には、すっかり興奮したシャー・レザ・パフラヴィーとの決算のために会わなければならない、と説明されていた。

共謀者たちは1ヵ月後、ロンドンで再会し、フランスの石油会社のCEOも加わっていた。イランの石油を管理するコンソーシアムを結成することで合意したのである。アメリカではカルテルという言葉を使うのは良くないとされているため、新しい組織は「コンソーシアム」と呼ばれています。国務省がロンドンでの会議を承認しているのだから、成功は約束されている、と米国の指導者は外国の相手に言っている。

国務省に言わせれば、「七人姉妹」[7]は、中東において、米国にとって極めて重要な関心事である地域への共産主義者の浸透を防ぐという重要な役割を果たしたのである。1942年、この石油会社がチャーチルを支持し、ソ連のボルシェビキ部隊のイラン侵攻を許し、スターリンに中東での足がかりを与えたことを考えると、これはまったく真実ではない。

1951年10月に始まった司法省の手続き中、国務省の証人は一貫して石油業界を「いわゆるカルテル」と呼んでいた。国務省はロックフェラーのエージェントで占められており、おそらくロックフェラーが支配する他のどの政

---

[7]世界的な石油独占カルテルを構成する企業「セブンシスターズ」

府機関よりも多いだろう。

私は、石油会社とこの国を、世界の石油国に対するわが国の外交政策のあらゆる側面を支配している外交問題評議会と結びつけているロックフェラーの鎖を断ち切る方法はまだないと、今日まで固く確信しているのである。これは、私たち国民が、願わくば早急に直面しなければならない事態である。

ワシントンでは、石油カルテルに対する民事訴訟が、その傀儡であるアイゼンハワー大統領を後ろ盾とする外交問題評議会の脅しに屈して決裂した。アイゼンハワーは、アメリカの国家安全保障上の利益が、この訴訟によって脅かされていると宣言した。アイゼンハワーは、CFRの傀儡であり、司法長官のハーバート・ブラウネル・ジュニアに、次のように伝えるよう依頼した。

　　　"独禁法は国家安全保障上の利益に対して二の次と考えるべき "です。

カーミット・ルーズベルトがテヘランで金槌とトングで戦っている間、アイゼンハワーとダレスは、アイゼンハワーの言葉を借りれば、「石油供給の主要源である中東における自由世界の利益を守る」ための妥協案を裁判所に提案していたのである。数十年後、ホメイニ師がアメリカを「大魔神」と呼んだのも不思議ではない。ホメイニは、アメリカ国民を指しているのではなく、アメリカ政府を指しているのです

ホメイニは、普通のアメリカ人が陰謀の犠牲者であり、嘘をつかれ、騙され、奪われ、参加する理由が全くない外国の戦争で何百万人もの息子の血を犠牲にすることを強いられていることを完全に理解していた。歴史好きのホメイニは、「国民を束縛している」と言った連邦準備法のこともよく知っていた。テヘランのアメリカ大使館が革命防衛隊に占拠された時、いくつかの証拠書類がホ

メイニの手に渡り、CIAと英国石油、スタンダード社など
の大手石油会社との関わりが明らかになったのだ。

クーデターの成功が宣言されると、国王は宮殿に戻った
。その20年後、モサデフと同じように、石油産業とその
代理人であるCIAやMI6の手にかかることになろうとは、
彼は知る由もない。国王は、ロックフェラーを信頼でき
ると考えていたが、他の多くの人々と同様、その信頼は
悲しいかな見当違いであったことにすぐに気がついた。

モサデグが掘り起こした、イランの国有財産の略奪の実
態を示す文書に接した国王は、すぐにロンドンやワシン
トンに愛想を尽かしてしまったのだ。ロックフェラーや
シェルに対するメキシコやベネズエラの反乱、サウジア
ラビアの「黄金の仕掛け」のニュースを聞いた国王は、
ロックフェラーやイギリスに、当時石油会社が享受して
いた石油収入総額の30％に過ぎなかったイランの石油収
入の分配を増やすように働きかけるようになった。

他の国も石油産業のムチを感じている。メキシコは、石
油会社が国境を越えた外交政策を立案し、アメリカの消
費者に莫大な損害を与えた典型的な例である。石油は新
しい経済秩序の基盤であり、石油業界以外ではほとんど
知られていない少数の人々の手に無敵の権力が握られて
いるように見えた。

メジャー」については、これまで何度か触れてきました
。これは、商業史上最も成功したカルテルを形成してい
る主要石油会社の略称である。エクソン（欧州ではエッ
ソと呼ばれる）、シェル、BP、ガルフ、テキサコ、モー
ビル、ソコルシェブロン。これらは、300人委員会が支配
する銀行、保険会社、証券会社などの連動・相互依存の
大きなネットワークの一部であり、その輪の外ではほと
んど知られていない。

ワンワールド政府、つまり新世界秩序のトップレベルの

政府の実態は、たとえ強大な国家政府、大小国家の指導者、企業、個人であっても、誰からの干渉も許さないのである。これらの超巨大企業は、政府内の最高の頭脳を困惑させる専門知識と会計方法を持ち、彼らの手の届かないところに留まっているのである。メジャーは、反対する人たちに関係なく、政府に石油利権を与えるように誘導することができたようだ。ジョン・D・ロックフェラーなら、エクソンとシェルが68年間も経営してきたこの閉鎖的な企業を、ほぼ間違いなく認めていただろう。

石油産業が、300人委員会の経済活動の中で最も強力な要素の一つであることは、通常、テンポが速く、同時に複数の国で活動することが多い、その規模や複雑さから明らかである。

七人姉妹クラブは、秘密裏に戦争を計画し、どの国の政府が自分たちの略奪に屈するべきかを自分たちの間で決めていた。モサデグ博士や、後のイラクのサダム・フセイン大統領のように、問題が起きたら、適切な空軍、海軍、陸軍、情報機関を呼び寄せて問題を解決し、「厄介者」を追い出すだけでいいのだ。これは、ハエを叩くのと同じように問題ないはずです。ロックフェラーのスタンダード・オイル（SOCO-Exxon-Chevron）と同様に、七つの姉妹は政府の中の政府になっている。

米国と英国の対サウジアラビア、イラン、イラクに対する外交政策を知りたければ、BP、エクソン、ガルフ石油、ARAMCOの政策を勉強すればいいのだ。アンゴラでの方針は？マルクス主義を公言している人物を支援してでも、その国にあるガルフ・オイル社の資産を守るためである。ガルフ、エクソン、シェブロン、ARAMCOがアメリカの外交問題で議員よりも発言力があるなんて、誰が想像できただろう？確かに、誰が想像しただろう。スタンダード・オイルは、いつかアメリカの外交政策を支配

し、国務省を自分たちの経済的利益のために運営するかのように行動させるのだろうか。

これほどまでに高貴で、年間数十億円の税制優遇を受ける集団が他にあるだろうか。かつては活気にあふれ、期待に満ちていた米国の石油産業が、なぜ急激に衰退してしまったのか、とよく聞かれる。その答えは、ひとことで言えば「欲」です。そのため、万が一にも国民に知られることのないよう、国内の石油生産は減らさざるを得なかった。このような知識は、海外事業となると、より難しくなります。サウジアラビアの石油政策で何が起きているのか、アメリカ国民は知っているのだろうか。石油産業は記録的な利益を上げる一方で、公然あるいは非公然に、さらなる税制優遇措置を要求し、獲得している。

エクソン、テキサコ、シェブロン、モービル（売却前）が上げた巨額の利益から、アメリカ国民は利益を得たのだろうか？なぜなら、利益のほとんどは「川上」、つまりアメリカ国外にもたらされ、そこに保管され、アメリカの消費者はポンプでますます高いガソリン価格を支払うことになったからである。

ロックフェラー氏の最大の関心事はサウジアラビアであった。石油会社は、さまざまな策略をめぐらして、イブン・サウド国王に取り入ったのである。イスラエルがいつか自国を脅かし、ワシントンのイスラエル・ロビー活動を強化することを懸念した国王は、何か自分に有利になることを必要としていたのだ。国務省は、ロックフェラーに扇動されて、エクソン（ARAMCO）を隠れ蓑にすることで、イスラエルを敵に回さない親サウジ政策しかとれないと宣言したのだ。この情報は、上院外交委員会に提供されたものである。あまりにデリケートな内容であったため、委員にも見せることができなかった。

ロックフェラーは、イブン・サウドから石油の大権利を

得るために、実は50万ドルという小額を支払ったに過ぎないのだ。その結果、初年度に少なくとも5,000万ドルもの税金が使われることになった。エクソンとイブン・サウドの話し合いの結果は、ロックフェラーの役員室の機密事項として「黄金の仕掛け」と呼ばれている。アメリカの石油会社は、サウジの支配者に、サウジの石油の汲み上げ量に応じて、少なくとも年間5千万ドルの補助金を支払うことに同意したのである。国務省は、この補助金を「外国所得税」として申告することを認め、ロックフェラーは、例えば、エクソンの米国税から控除することができるのである。

サウジアラビアの安い原油の生産量の増加に伴い、補助金の支払いも増えている。これは、アメリカ国民に対して行われた最大の詐欺の一つである。その骨子は、「補助金」という名目で、毎年巨額の対外援助金がサウジに支払われるというものだった。この計画を知ったイスラエル政府も、年間130億ドルもの「補助金」を要求し、すべて米国の納税者の負担となった。

アメリカの消費者は、国産原油よりも輸入原油の方が安く買えるのだから、ガソリン価格の低下を通じて、この仕組みの恩恵を受けるべきではないだろうか。結局、サウジの石油は安かったし、生産補助金を考えれば、それが価格低下につながるはずではないか？アメリカの消費者は、この巨大な法案を支払うことで、何か利益を得ているのだろうか？そんなことはありません。地政学的な配慮とは別に、メジャーの価格操作の罪もある。例えば、アラブの安い原油は、「シャドウフレイト」と呼ばれる裏技によって、米国に輸入される際、国内の高い原油価格で販売されていた。

1975年の多国籍企業ヒアリングで示された確固たる証拠によると、ロックフェラー社を中心とする大手石油会社は、利益の70%を海外で稼ぎ、当時は課税できなかった

利益であったということだ。石油業界は、利益のほとんどを海外から得ているため、国内の石油産業に大きな投資をする気にはなれなかったのだ。その結果、国内の石油産業は衰退の一途をたどることになった。サウジアラビアに行けば、国産品より安く、はるかに高い利益を得られる石油があるのに、なぜ、国産の石油の探査・開発にお金をかけるのか？

無防備なアメリカの消費者は、知らず知らずのうちに騙されてきたし、今も騙され続けている。私の知人で、現在も経済情報監視の仕事をしている人が教えてくれた秘密の経済データによると、アメリカのガソリンは、地方税、州税、連邦税をすべて考慮しても、1991年末には1ガロン当たり35セント以上消費者に負担をかけないはずであるとのこと。しかし、給油時の価格は3倍から5倍にもなっていたことが分かっており、過剰な高値の正当性はない。

この重大な欺瞞の不道徳性は、もし大手の石油会社が、そしてまたこの問題に関してロックフェラーのリーダーシップを強調しなければならないが、彼らがそれほど貪欲でなければ、国産の石油を生産することができ、それによってわが国のガソリン価格を世界で最も安くすることができただろう、ということである。私の考えでは、この国務省とサウジアラビアの間の外交的欺瞞の仕組は、国務省を犯罪企業のパートナーにするものである。イスラエルと対立せず、かつサウジアラビアを満足させるために、アメリカの消費者は大きな税負担を強いられ、自国は何の利益も得られない。これは、合衆国憲法で禁止されている強制労働のようなものではないでしょうか？

そこでサウジアラビアの首脳は、石油会社（ARAMCO）に固定価格を掲示するよう要求した。これにより、原油価格が下がっても国の収入が減ることはない。この取り

決めを知ったイランとイラクは、ロックフェラー社が設定した価格に対して同じ取引を要求し、受け取った。実際の市場価格ではなく、人為的に高くした価格に税金を払い、それをアメリカで払った安い税金で相殺する--アメリカの他の産業では味わえない大きなメリットである。

このため、エクソンとモービル（およびアラモコの全会社）は、巨額の利益を上げているにもかかわらず、平均5％の税率を支払っていた。石油会社はアメリカの消費者をだましていたし、今もそうしているだけでなく、アメリカ国民に極端な不利益をもたらすアメリカの外交政策を立案し、実行しているのである。これらの取り決めや行動は、石油業界を法の上に置き、ワシントンの我々の代表による監視なしに、選出された政府に対して外交政策を指示できる、そして実際に指示できる立場を与えているのだ。

石油会社の政策により、米国の納税者は何十億ドルもの追加税金を払わされ、何十億ドルもの過大な利益をポンプで支払わされている。石油産業、特にエクソンは、米外交問題評議会（CFR）というハイレベルの並列秘密政府による恒久的な支配のおかげで、米国政府を恐れず、ロックフェラーはアンタッチャブルな存在である。これにより、アラモコ社はフランス海軍に1バレルあたり0.95ドルで石油を売ることができ、同時にアメリカ海軍には1バレルあたり1.23ドルが請求されることになった。

ロックフェラー家の強大な権力に敢然と立ち向かった数少ない議員の一人が、ブリュースター上院議員であった。彼は1948年の公聴会で石油業界の「不誠実な行為」の一部を明らかにし、「膨大な利権を維持するためにアメリカの保護と援助という隠れ蓑を常に求めながら、莫大な利益を上げようとする強欲な欲望を持つ」業界の悪意を非難したのである。ロックフェラー家は、米国最大の

石油会社が署名したメモを作成した。その要点は、「米国に対して特別な義務を負っていない」というものであった。ロックフェラーの露骨な国際主義がついに露呈したのである。

その一例として、J.イートン氏は、『石油産業』誌の記事の中で、「石油産業は今、政府のコントロールの問題に直面している」と述べている。米国政府が、自然保護法案を検討するために設置した委員会に、米国石油協会が3名の委員を任命するよう招いたとき、API会長のE.W.クラークはこう言った。

> "連邦政府が複数の州の原油生産を直接規制する可能性があるという指摘には、同意することはおろか、コメントすることもできない。"

APIは、米国憲法第1条のもと、連邦政府には石油会社をコントロールする権限はないと主張した。1927年5月27日、APIは「たとえ国家の共同防衛や一般福祉に関わることであっても、政府が産業界に何をすべきかを指示することはできない」と明言した。

石油産業に関する最も優れた、そして最も広範な暴露の1つは、「国際石油カルテル」と題された400ページの報告書である。ロックフェラーとCFRは、出版後すぐに入手可能なコピーをすべて買い占め、それ以上印刷されるのを防いだと聞いている。

故ジョン・スパークマン上院議員に触発され、M・ブレア教授が立ち上げた石油カルテルの物語は、スコットランドの人里離れた漁業保護区、アチナキャリー城で起こった陰謀に遡ることができます。スパークマンは、ロックフェラー石油帝国を徹底的に攻撃した。彼は、大手石油会社が以下の目的を達成するために共謀したことを証明する書類を綿密に作成した。

1) 外国における石油の生産、販売および流通に関して

、すべての石油生産を管理すること。

2)　石油生産・精製に関わる全ての技術・特許を厳格に管理する。

3)　7姉妹でパイプラインやタンカーを共有する。

4)　世界市場を自分たちの中だけで共有する。

5)　石油とガソリンの価格を人為的に高く維持するために一緒に行動すること。

特にブレア教授は、ARAMCOがサウジアラビアの石油を信じられないほど安く手に入れながら、石油価格を高く維持していることを非難した。スパークマンの告発を受け、1951年に司法省が独自の調査を開始したことは、本稿でも取り上げたとおりである。

何も変わっていない。湾岸戦争は「ビジネス・アズ・ユー・スタンダート」の良い例である。ソマリア占領は、石油の意味合いもある。地下の様子を中継する最新のスパイ衛星「クロス・イメージャー」のおかげで、3年ほど前にソマリアで非常に大きな石油・ガスの埋蔵量が検出されました。この発見は絶対に秘密にされ、ソマリアの飢えた子供たちを養うという表向きのアメリカの作戦が、3ヶ月間毎晩のようにテレビで放映されることになったのである。

飢えた子供たち」を救出する作戦は、ソマリアの指導者が略奪されそうだと気づいて脅したアラムコ、フィリップス、コノコ、ブリティッシュ石油の掘削事業を守るためにブッシュ政権によって演出されたものである。アメリカの作戦は、飢えた子供たちに食料を供給することとはほとんど関係がない。なぜ米国は、飢餓が深刻なエチオピアで同様の「救出」作戦を行わなかったのだろうか。もちろん、エチオピアには石油の埋蔵量が確認されていないからだ。しかし、ベルベラ港の確保が米軍の主な目的である。ロシアでは、石油をめぐって大きな不和が

起きている。クルド人はモスルの石油のために、何度も
何度も苦しめられることになる。ロックフェラーとBPは
、相変わらずの強欲な石油収奪者である。

V.イスラエルにフォーカス

イスラエルは、現在のサウジアラビアを除く中東のどの国よりも、嘘による外交が盛んであった。本書でもそうだが、イスラエルについて語られることを「反ユダヤ主義」と見なす人が多数派であることを踏まえ、私はイスラエル成立の背景を絶対的に客観的に扱おうとした。

このイスラエル国家の誕生に関する記述は、宗教的な問題を考慮せず、純粋に政治的、地理的、地政学的、経済的な要因に基づくものである。一国の歴史を扱う場合、その出発点を決めるのは難しい。しかし、私は約15年にわたる調査の結果、1914年10月31日がイスラエル建国につながる出来事の始まりであると判断している。

一国の歴史は隣国の歴史と切り離すことはできない。特にイスラエルの歴史をたどるとき、それは顕著である。南アフリカ共和国のボーア共和国の主権と独立を終わらせることに成功したばかりのホレイショ・キッチナー卿は、イギリス外務省を通した300人委員会によって、中東に派遣されることになった。

イギリス政府は1899年からオスマントルコ帝国に対する陰謀を企て、1914年には400年の歴史を持つこの王朝を崩壊させるべく最後の一手を打とうとしていたのだ。300人委員会の計画は、トーマス・ロレンス大佐がどのように利用されたかを示した章で見たように、偽りの約束によってアラブを巻き込み、アラブ軍を利用してイギリスの汚れ仕事をさせることであった。

その第一歩は、ハシミテの拠点であるメッカの大保安官

フセインとキッチナー卿との会談であった。フセインは、トルコに対する援助と引き換えに、独立の保証を提示された。本格的な交渉は1915年7月に始まった。この会合で、イギリス政府はシェリフ・フセインに、パレスチナへのユダヤ人移民は絶対に認めないと繰り返し確約しており、それが前章で詳述したように、フセインの参加を保証する唯一のものであった。

メッカの独立交渉が始まる前から、イギリス政府の使者がアブドゥル・アジズ家とワッハーブ家のメンバーと密かに会談し、この2家のアラビア都市国家制圧のためにイギリスが協力することを話し合っていた。

フセインとアラビアの都市国家の支配者に、パレスチナへのユダヤ人の移住を認めないと約束することで、フセインとその軍隊に、エジプト、パレスチナ、ヨルダン、アラビアからトルコ人を追い出すことに協力してもらおうという戦略であった。戦略の第二は、都市国家の支配者とフセインがイギリスのトルコとの戦争に忙殺されている間に、アブドゥル・アジーズとワッハーブの軍（イギリスが武装、訓練、資金援助）がアラビアのすべての独立都市国家をその支配下に置くことであった。

キッチナー卿が提案した全体計画は、1914年7月24日にイギリス政府で審議された。しかし、イギリス政府が回答を出したのは、1914年10月24日のことであった。アラブ領土は、シリアにおける一定の例外を除いて、「英国が同盟国であるフランスを害することなく自由に行動できる」ことが尊重されるでしょう。1916年1月30日、イギリスはフセインの提案を受け入れた。その内容は、要するに、援助の見返りとして、フセインがヒジャーズ王となり、アラブの人々を統治するというものであった。

1916年6月27日、フセインはアラブ国家の創設を宣言し、10月29日にヒジャーズ王を宣言した。1916年11月6日、イギリス、フランス、ロシアは、フセインをアラブ民族の

指導者、ヒジャーズ王として承認した。アブドゥル・アジーズ家とワッハーブ家は、イギリスとの協定に矛盾があることに悩まされたのだろうか。どうやらそうではなさそうだ。というのも、彼らはこうした動きを事前に知らされており、それがフセインを騙すために必要なものに過ぎないことを知っていたからだ。

1915年から1917年にかけて、イギリス政府は世界シオニスト会議の指導者たちと会談し、長年計画されていたパレスチナへのユダヤ人移住をどのように実行するのが最良かを検討した。MI6の諜報員をアラビアに派遣し、アブドゥル・アジーズとワッハービーの軍隊の訓練に協力させるという合意が成立した。

英仏露は1916年4月26日に秘密会談を開き、パレスチナを国際管理下に置くことに合意した。アラブ人には知らされていなかったが、英国外務省の文書によると、世界シオニスト会議の指導者たちは、この会議の内容と目的を知らされていたようである。

それ以前の1915年3月には、フランスとイギリスもコンスタンチノープルをロシアに約束した。その見返りとして、ロシアはアラブ諸国の独立を承認することになった。イギリスはハイファを支配することになる。フランスはシリアを手に入れるだろう。ロシアはアルメニアとクルディスタンを手に入れることになる（石油はまだなかった）。驚くべきは、これらの土地の人々が一度も情報を得られなかったことである。政府が所有権のない土地を交渉することができたのは、300人委員会の支配下にあった秘密結社が巨大な力を行使していたことを物語っている。

この永久協定は、サイクス・ピコ協定と呼ばれ、1916年5月9日にイギリスとフランスの間で結ばれた。アラブ諸国が表向きは「独立国」として認められていても、中東の影響力のある地域はすべて明確に定義されていた。ここ

での支配の手段は秘密結社で、特にサロニカにあったフリーメーソンのロッジが有名であった。

MI6のエージェントであるローレンス大佐（「アラビアのロレンス」）は、取り決めを無視してシェリフ・フセイン率いるアラブ軍を率いて次々と勝利を収め、ついにはヒジャーズ鉄道の要所を占領してトルコ軍を撤退させるに至った。アラブ人を説得してトルコを攻撃させる鍵は、オスマン帝国が1492年にフェルディナンドとイザベラによってスペインから追放されたユダヤ人と仲良くし、コンスタンティノープルをユダヤ人の避難所にしたというイギリスの主張だった（どちらもイスラム国家である）。イギリスの交渉担当者（MI6諜報員）はフセインに、これによってコンスタンティノープルの支配者が、トルコの支配下にあったパレスチナへのユダヤ人の移住を好意的に見ることが保証される、と言った。

アラブ人兵士たちから「オーレンツ」と呼ばれ、慕われていたローレンス大佐にとって、フセインとその軍隊の裏切り行為を受け入れることは不可能だった。パレスチナにユダヤ人が大量に入国していることが明らかになると、ローレンスはイギリス政府の策略を明らかにするのを阻止するため暗殺された。英国陸軍省の記録によると、ロレンスは中東駐留英軍司令官エドモンド・アレンビー将軍から、パレスチナへのユダヤ人移住はいかなる場合にも許されないと個人的に確約を受けたという。

バルフォア宣言は、英国のアーサー・バルフォア首相ではなく、世界シオニスト連盟の英国支部長であったロスチャイルド卿が起草し、署名したという点で注目に値する文書である。イギリスは、シェリフ・フセインとの約束や、アレンビー将軍がローレンス大佐にした厳粛な約束に反して、実際にはアラブ人のものであるパレスチナの土地をユダヤ人に約束したのである。

さらに驚くべきことに、ロスチャイルド卿は英国政府の

メンバーではなかったが、彼のパレスチナに関する提案は、1920年4月25日に国際連盟によって英国政府の公式文書として受理された。国際連盟はバルフォア宣言を受諾し、イギリスにパレスチナとトランスヨルダンを統治する委任統治権を与えた。唯一の変更は、シオニストが望んでいなかったトランスヨルダンに、ユダヤ人の民族国家を設立しないということであった。

トルコ軍がロレンス率いるアラブ軍に敗れ、その後フセイン率いるアラブ軍が英国の訓練と装備を受けたアブドゥル・アジズ軍に敗れると、パレスチナへのユダヤ人移民が本格的に始まる道が開かれたのである。1920年4月18日、イタリアのサンレモで開催された連合国首相会議で、この取り決めが確認された。アラブの代表団は招かれていない。1921年5月、パレスチナでは、ユダヤ人移民の急激な流入と、市内に展開する入植地でのユダヤ人の子供の多さから、深刻な反ユダヤ人暴動が発生した。

イギリスのパレスチナ高等弁務官ハーバート・サミュエル卿は、立法評議会を任命しようと誘惑したが、アラブ人はそれを望まなかった。1921年から不穏な動きが続き、1929年には「嘆きの壁」での争いが勃発、瞬く間に大規模なユダヤ人襲撃に発展し、50人が殺害された。

1931年3月に発表された英国政府の報告書は、暴動の原因を「アラブのユダヤ人に対する憎悪とアラブの独立への期待の失意」にあるとした。その後、イギリス政府はユダヤ人の移民を制限する命令を議会で出し、ユダヤ人のストライキが起こり、パレスチナに混乱が広がった。

英国外務省の資料によると、1931年6月、「国際連盟の男子委員会に苦情が出され、委員会は問題の原因は不十分な治安部隊にあるとしている」。文書には誰が苦情を言ったのか書かれていないが、文書の余白にはロスチャイルド卿を指し示す表記がある。

国際連盟の圧力により、イギリス政府はパレスチナの情勢を監視し報告するため、ジョン・ホープシンプソン卿を任命した。パスフィールド白書」と呼ばれる彼の報告書は、1930年に国会に提出された。白書では、土地を持たないアラブ人の苦境と、土地を所有したいという願望が高まっていることを強調している。彼は、アラブ人が土地を持たない場合、ユダヤ人がさらに土地を取得することを禁止し、アラブ人が失業している限り、ユダヤ人の移民を停止することを強く主張した。

ユダヤ人の信頼が大きく揺らぐ中、世界シオニスト会議は攻勢に転じ、パスフィールド論文について議会での議論を強行した。1930年11月の*ロンドンタイムズ*によると、国会での議論は「嵐と険悪」であったという。世界シオニスト連盟は、2年にわたるイギリス政府への強い圧力を経て、パレスチナへのユダヤ人の入国制限を緩和させることに成功した。

1933年、英国高等弁務官アーサー・ウォーコップ卿は、アラブの土地のユダヤ人への売却を違法とし、ユダヤ人移民を停止せよというアラブの要求を拒否した。当時、ヨーロッパでは戦争の話が持ち上がり、ドイツではユダヤ人への迫害が毎日のように報道されていた。この状況は、アラブ人にとって不利に働いた。シオニストは、移民制限に反対して大規模な抗議行動や暴動を起こし、ロンドンの新聞は彼らの活動を不利に報じた。しかし、これではパレスチナの人々の大義を推進することはできない。

1935年、イギリスがハイファの支配を要求した理由は、モスル-
ハイファ間のパイプラインが開通したことで明らかになった。1936年4月、アラブ最高委員会は、パレスチナにおけるユダヤ人に対するアラブの反発を統一し、内戦に近い状態が発生した。イギリス政府は、さらに軍隊を派遣

し、騒動の原因を調査する委員会を設置することで対応した。アラブ人は委員会をボイコットした。

> "英国はすでに問題を知っていながら、委員会の後ろに隠れて、原因を止めるために何もしないからです"

ピール委員会は1936年にパレスチナで証拠を集め、1937年1月にロンドンに向けて出発する直前に、それまで委員会の会合をボイコットしていたアラブ人代表団から話を聞いた。1937年7月8日、ピール委員会の報告書が公表された。ユダヤ人とアラブ人は共存できない」と明言し、パレスチナを3つの国に分割することを勧告するなど、ユダヤ人の願望に壊滅的な打撃を与えた。

(a)　領土の約3分の1を占めることになるユダヤ人国家。その中に20万人のアラブ人が住み、土地はアラブ人が持っている。

(b)　イギリス委任統治領で、ヤッファからエルサレムまでの鉄道沿いの一帯の土地。ベツレヘムやエルサレムも含まれるでしょう。

(c)　残りの領土は、トランスヨルダンと統合されたアラブ国家となる。

ピール委員会の報告書は、世界シオニスト連盟によって採択されたが、アラブ諸国とフランスをはじめとするヨーロッパ諸国からは非難された。ピール委員会の勧告は、1937年8月23日、国際連盟で採択された。

1937年8月2日のイエランド・アンドリュー高等弁務官暗殺事件は、シオニストによるものとされている。パレスチナ人やアラブ人によれば、イギリス人のアラブ人に対する憎悪を喚起するために組織されたものだという。1937年、ユダヤ人とアラブ人の戦いは、全面戦争に突入した。

このため、ピール委員会の勧告は延期され、ジョン・ウ

ッドヘッド卿を中心とする新たな委員会が任命された。英国政府の戦術は、パレスチナにおけるアラブの大義を完全に放棄するという一つの目標に向かっていたことを知ることが重要である。当時のMI6の秘密文書は、英国議会にさえ開示されていない。彼らは、「パレスチナ問題」の解決は不可能であることを示唆し、さらなるアラブの騒乱を防ぐための隠蔽工作を提案した。アラブの指導者がこの問題を「シオニスト問題」と呼ぶと、ロスチャイルド卿はイギリスのマスコミに、この問題は常に「パレスチナ問題」として表現されるようにと指示を出した。

ティベリアスでは20人のユダヤ人が虐殺され、ベツレヘムとエルサレム旧市街はアラブ軍に占領され、両都市はイギリス軍に奪還されたが、非常に苦労した。イギリス外務省の文書は、明確な意見を表明していないにもかかわらず、町や村への攻撃やユダヤ人の殺害は、ユダヤ人の移民を許可する協定を望まない挑発分子の仕業であると指摘しているようだ。

パレスチナの分割は現実的な解決策ではないとの見解を示したウッドヘッド委員会の報告書は、1938年11月に発表された。それは、アラブ人とユダヤ人の即時会議を呼びかけるものであった。1939年2月、ロンドンで話し合いが始まったが、行き詰まりは解消されず、1ヵ月後に何の成果もないまま解散となった。

そして1939年5月17日、イギリス政府は1949年までにパレスチナの独立国家を目指すという新たな計画を発表した。アラブ人とユダヤ人は、「それぞれの共同体の本質的な利益が守られるような方法で」政府を共有することになるという。

この計画は、ユダヤ人の移民を5年間停止し、アラブ人が継続させることに同意しない限り、いずれにせよ1949年までに7万5千人のユダヤ人の入国を認めるというもので

あった。イギリス政府が目指したのは、ユダヤ人が人口の3分の1程度になるようにすることだった。アラブの土地をユダヤ人に譲渡することは禁止されることになった。

この計画は、イギリス議会では承認されたが、世界シオニスト会議とアメリカのユダヤ人指導者たちからは激しく非難された。パレスチナ人もこの計画を拒否し、ユダヤ人とアラブ人の戦闘が各地で発生した。しかし、数ヵ月後、イギリスがドイツに宣戦布告し、すぐに世界シオニスト会議の支持を得たため、パレスチナのことは後回しになった。

イギリスがドイツに宣戦布告すると、ヨーロッパから多くのユダヤ人難民がパレスチナに向かった。1942年5月、アメリカのシオニスト会議がビルトモアプログラムを採択し、パレスチナの独立を求めた修正ウッドヘッド計画を拒否し、代わりにユダヤ軍とユダヤ人独自のアイデンティティーを持つユダヤ人国家を要求したのである。

その3年後、世界シオニスト会議は、戦争で荒廃したヨーロッパからの難民として、100万人のユダヤ人をパレスチナに受け入れることを要求した。エジプトとシリアは1945年10月、トルーマン大統領にパレスチナにユダヤ人国家を樹立しようとすれば、戦争になると警告した。1946年7月、シオニストの圧力は頂点に達し、エルサレムのキング・デービッド・ホテルが爆破され、91人の死者を出すに至った。国連の報告書では、この攻撃はイルグンのテロリストの仕業であるとされている。アラブ人は、アメリカやイギリスがイスラエル軍を作るためにイルグンやハガナを武装させ、訓練していると非難した。

英国は、1947年2月にパレスチナを放棄し、国連に引き渡した。それは、ローレンスとアラブ人を裏切ったことを認め、パレスチナに対する責任をついに放棄することであった。1949年まで戦線を維持するという自分たちの合

意を放棄したのである。1946年11月29日、国連総会はパレスチナの分割を決議した。ユダヤ人国家とアラブ人国家が存在し、エルサレムは国連の監視下に置かれることになったのだ。世界シオニスト会議では承認されたが、アラブ諸国とパレスチナでは否決された。

アラブ連盟理事会は1947年12月、武力による分割に反対することを表明し、パレスチナ全土でユダヤ人社会への攻撃を開始した。1948年には、MI6によって訓練され、アメリカによって武装されたイルグンとハガナの対抗勢力が台頭した。恐怖が支配し、何十万人ものアラブ人が自分の土地を離れた。アラブ人に対する裏切りと責任放棄の最後の行為として、3万人のイギリス軍の最後の一人が引き揚げられたのである。

1948年5月14日、シオニストの指導者ダヴィド・ベングリオンは、国連決議に反して、イスラエル国にユダヤ人臨時政府の樹立を発表した。国連は、ベングリオンを止める気もなく、止めることもできず、この宣言を放置した。5月16日、米国とロシアは、パレスチナ人、すべてのアラブ諸国、少なくとも8つのヨーロッパ諸国の反逆の叫びを押しのけて、新たに成立したベングリオン政権を承認した。

その月の終わりには、アラブ連盟が新しく誕生したイスラエルに宣戦布告をした。イスラエル軍は、英国ではなく、欧州の米軍向けの在庫から米軍の軍需品によって不法に装備・武装され、優位に立つ。9月17日、国連調停官のフォルケ・ベルナドッテ伯爵は、停戦を確立しようとしていたところをイルグンのテロリストに殺害された。このため、最終的には国連が休戦と一時的な敵対行為の停止を交渉することになった。ベルナドットは、アラブの大義を支持したと非難されているが、記録では中立を心がけていたことがわかる。

イスラエルは1949年5月に国際連合に加盟し、アメリカ、

イギリス、ソ連、フランスに承認された。アラブ諸国は、イスラエルがガリラヤ海からネゲブ砂漠へのパイプラインを開通させ、ユダヤ人入植地と農業に十分な灌漑を提供することを英仏米が支援し、アラブ住民の負担でヨルダン川から一方的に水を奪ったとして、国連に抗議したのである。この「砂漠に花を咲かせる」という大プロジェクトについて、アラブ人は何の相談もなく、「各共同体の利益が守られるような方法で」国を管理するという1939年5月の合意に違反するものだと考えたのだ。

1956年5月9日、アメリカのイルミナティ13大名族の一人であるジョン・フォスター・ダレス国務長官が議会に登場し、「米ソの代理戦争を避けたいので、アメリカはイスラエルに武器を供給しない」と説明したのだ。イスラエルがすでにアメリカによって完全武装され、装備されていたことは強調されなかった。ダレス宣言が達成したのは、アメリカの「中立」の立場を根拠に、ソ連がアラブ諸国への武器供給を停止する理由を与えることであった。当時は、イスラエルに有利な武器のバランスが著しく悪かったのです。

この欺瞞のゲームのもう一つのポイントは、アラブ諸国と友好的と言われながらも、1956年にアメリカのイニシアチブに応えて、アラブの石油禁輸によるイスラエルの防衛力へのダメージを恐れて、ソ連がイスラエルへの石油供給を増やす密約に調印したことである。

ダレスはまたもや心変わりして、「中東の国ならどこでもいいから、援助を申し出れば、制限を回避できる」と国会議員に告げた。1957年3月9日、議会の共同決議により、大統領は2億ドルを上限として、希望する中東の国々に経済・軍事援助を行う権限を与えられた。アイゼンハワー・ドクトリンによれば、この措置は「すべての中東諸国の完全性と独立に対する米国の死活的利益を確保する」ためのものであった。

アイゼンハワー大統領は、1959年12月、チュニジア、モロッコなどアラブ諸国を回る「親善ツアー」と呼ばれる旅に出た。その後、この2つのアラブ諸国は、イスラエルに対するアラブの抵抗を和らげようとしたが、アイゼンハワーの視察と同様、その努力は部分的にしか成功していない。特にシリアは、このツアーを「米国のイスラエルに対する無条件の支援を隠そうとするものだ」と非難した。

それから10年、アラブ人、イスラエル人双方の軍備が増強され、再び戦争が起こるようになった。イスラエル軍はエルサレムを占領し、イスラエル政府に遵守を求める安保理決議が何度も出されたにもかかわらず、エルサレムを国連の管理下に戻すことを拒否した。1967年6月10日、ソ連はイスラエルへの石油供給を増やした1956年の協定を解除しないまま、イスラエルとの国交断絶を発表するという見え透いた行動に出たのだ。フランスの有力2紙が指摘するように、もしソ連がイスラエルに誠実に反対していたなら、イスラエルの国連加盟に拒否権を発動できたはずだが、そうしなかった。

ソ連はイスラエルとの国交を断絶することで、米国がイスラエルにF-4ファントム戦闘機50機を供給する道を開いたのである。ドゴール大統領は怒り、フランスからイスラエルへの財政・軍事援助を今後一切禁止する法令にサインした。この勅令は約2年間、厳格に執行された。

1969年7月3日に開かれた国連安全保障理事会は、イスラエルによるエルサレムの占領継続を最も強い言葉で非難し、イスラエルがエルサレムからの撤退を要求する過去の決議に従わないことを嘆いた。パキスタンの元総会議員によれば、「イスラエル代表団は、その日のうちに米国の国連大使と会談し、この決議には「歯が立たない」「イスラエルを罰する積極的な試みは、米国と安保理に

よって阻止されるだろう」と絶対の保証を与えたので、まったく動じなかった」そうだ。しかし、安保理が開かれたとき、アメリカも一緒になってイスラエルを非難した。それが、今回の企画です。

この章の最後に、アラブの盟主であるメッカのシェリフ・フセインに対するイギリスの外交的な裏切りについてまとめておくのが適切であろう。

> 1920年8月、イブン・サウド・ベン・アブドゥル・アジズはアシールを征服し、併合した。

> **1921年11月2日**、イブン・サウドはハリを占領し、ラシード朝の旧体制に終止符を打った。

> **1922年7月**、イブン・サウードはジャウフに侵攻し、旧シャラン王朝に終止符を打った。

> **1924年8月24日**、ワッハーブ派とイブン・サウードはヒジャーズ地方のタイフを攻撃し、9月5日には同地に侵攻した。

> **1924年10月13日**、イブン・サウードはメッカを占領した。シェリフ・フセインとその息子アリは、逃亡を余儀なくされた。サウジアラビアはこのようにして聖地を簒奪した。この行為は、イラン、イラク、その他の地域の何百万人ものムスリムにとって、今日まで深く心に残っている。イギリスの援助がなければ、イブン・サウードはメッカを制圧することはできなかっただろう。イギリスの寡頭政治体制は、預言者ムハンマドに対する憎悪を長年表明しており、サウードの勝利に大きな満足感を得たことは間違いないだろう。

> **1925年1月から6月にかけて、**ワッハーブ派は都市国家ジェッダを包囲した。

> **1925年12月5日**、メディナはイブン・サウドに降

伏し、12月19日、フセインの息子シェリフ・アリは退位させられた。

> **1926年1月8日**、イブン・サウドはヒジャーズ王とネジド国のスルタンに任命された。

> **1927年5月20日**、イブン・サウドを代表とするアブドゥル・アジーズ家とワッハーブ家はイギリスと条約を結び、両家の保有する全領土の完全な独立を認め、サウジアラビアを名乗ることを許可されました。

フセイン政権下のアラブ国民国家の援助がなければ、またワッハーブ家、アブドゥル・アジーズ家によるアラブ都市国家の征服がなければ、トルコ人をエジプトとパレスチナから追い出すことはできず、同国へのユダヤ人移民は完全に停止しないまでも、厳しく減少していたであろう。1973年、シリアのハーフェズ・エル・アサド大統領が述べたように。

　　"英国はシオニストの短剣をアラブ諸国の心臓に刺した"

シェリフ・フセインのアラブ軍との固い約束を台無しにし、パレスチナへのユダヤ人移住を認めないというアレンビーとホワイトホールの偽りの約束を受け入れた罪悪感から、安らぎを得ることができないまま、故ローレンスの友人たちはホワイトホールの広間を歩き回るのだという。

VI.タヴィストックと「オペレーション・リサーチ」：宣戦布告されていない戦争

タヴィストック人間関係研究所の創設者ジョン・ローリングス・リースは、人間の思考を破壊し、コントロールするシステムを開発し、オリンピアンズとして知られる300人委員会が望む方向へ人間を誘導することを目指したのだ。そのためには、対象者の大半に自動化マインドを導入する必要があると言わざるを得ません。これは、国内外において非常に重要な意味を持つ目標です。

リースの目的は、すべての人間の生命をコントロールすることであり、大量虐殺であれ大量奴隷制であれ、望ましいと思われる場合には破壊することである。私たちは今、その両方を目の当たりにしているのです。一つは、2010年までに5億人以上の死者を出すという「グローバル2000」大量虐殺計画、もう一つは、経済的手段による奴隷制である。どちらのシステムも、今のアメリカではフル稼働で並走しているのです。

リースは、1921年にタヴィストックに関する実験を開始したが、すぐに彼のシステムが国家レベルでも軍隊レベルでも適用できることが明らかになった。リースは、彼が予見した問題の解決には、宗教や道徳的な価値観にとらわれない冷酷なアプローチが必要だと主張したのだ。その後、彼はもう一つの分野であるナショナリズムをリストに加えた。

リースは、1860年にフランスの作家ジャコリオが言及した「9人の無名人」の仕事を研究していたことが知られている。ジャコリオの発言の中には、「9人の無名戦士」が、エネルギー放出、放射線滅菌、プロパガンダ、心理戦など、今世紀には全く考えられなかったようなことを知っていたという事実があった。ジャコリオは、心理戦の技術は、すべての科学の中で、大衆の意見を形成するための最も効果的で危険な技術であり、誰でも全世界を支配することができるようになる、と宣言した。この発言は、1860年のことである。

イギリスの政治家が、国の経済問題を新たな戦争で解決しようとすることが明らかになると、リースは8万人のイギリス軍新兵をモルモットにすることを命じられた。オペレーション・リサーチとは、イギリスの外敵に対して、海・空・陸の防衛システムという限られた軍事資源を最大限に活用するための軍事管理（ロジスティック）の方法論を開発することを本質とする彼のプロジェクトの名称である。

このように、当初のプログラムは軍の管理プログラムであったが、1946年までにリースはオペレーションズ・リサーチを民間の管理プログラムとして適用できるところまで発展させた。リースは、ソーシャル・エンジニアリングに関する限り「到着」していたが、彼の仕事はタヴィストック研究所の極秘ファイルに隠されていた。技術的には、私が持っているリースのタヴィストック・マニュアルは、対象国の民間人に対する正真正銘の宣戦布告である。リースは、「政府、グループ、権力のある人」が国民の同意なしにその方法を用いるときはいつでも、これらの政府またはグループの人たちは、征服が動機であると理解し、彼らと国民の間には程度の差こそあれ内戦が存在していると理解すべきであると述べた。

リースは、ソーシャルエンジニアリングによって、迅速

に情報を収集し、関連付ける必要性が高まっていることを発見しました。リースの初期の発言に、「状況工学によって社会の動きを予測し、先手を打つ必要がある」というものがある。ジョージ・Bによる線形計画法の発見。1947年のダンツィヒは、リースとその社会的いじり屋にとって、大きな飛躍のきっかけとなった。これは、リースがアメリカ国家と戦争をしている時のことである。この戦争は、現在も続いているが、1948年にバーディーン、ブリテン、ショックレーの3人がトランジスタを発明したことによって、大いに有利になった。

そこでロックフェラー家が介入し、タヴィストック社に巨額の助成金を与え、リースはオペレーションズ・リサーチの手法を用いて、アメリカ経済の研究を進めることになった。同時に、ロックフェラー財団は、ハーバード大学に4年間の助成金を与え、独自のアメリカ経済モデルを構築させた。1949年のことである。ハーバード大学では、タヴィストック・モデルに基づく独自の経済モデルを進めていた。

リースは、ハーバード大学への協力の条件として、タヴィストックの手法をずっと踏襲することだけを挙げていた。彼らは、プルデンシャル保証爆撃調査に基づいて、ドイツの戦争マシンを降伏させる手段として、ドイツ労働者の住宅を飽和爆撃することになった。これらの方法は、民間に適用することができるようになった。

リースは、アメリカが第一次世界大戦に参戦したことを、20世紀の始まりとして捉え、詳しく研究している 。リースは、アメリカがいわゆる「孤立主義」から脱却するためには、アメリカの考え方を根本的に変えなければならないと考えていた。1916年、ウッドロウ・ウィルソンは、腐敗した堕落した政策で、アメリカをヨーロッパの問題に引きずり込んだ。ウィルソンは、建国の父による「外交問題に干渉してはならない」という警告にもかか

わらず、アメリカ軍をヨーロッパの戦場に送り込んだ。3
00人委員会は、米国を永遠にヨーロッパと世界の問題に
関与させ続けることを決意しているのだ。

ウィルソンはヨーロッパを変えなかったが、ヨーロッパ
はアメリカを変えた。ウィルソンができると思っていた
権力からの政治の追放は、権力は政治であり、政治は経
済力であるから、不可能であった。これは、政治の歴史
の中で最も古い記録、すなわち5千年前のシュメールやア
ッカドの都市国家の記録から、ヒトラーやソビエト連邦
に至るまで、ずっと続いていることである。経済は自然
のエネルギーシステムの延長線上にあるのですが、エリ
ートたちはこのシステムを自分たちのコントロール下に
置くと言い続けてきました。

経済がエリートの支配下に置かれるためには、予測可能
で完全に操作可能でなければならない。これが、リース
のオペレーションズ・リサーチの社会力学に基づいた、
ハーバード・モデルの目指すところである。リースは、
人口集団の完全な予測可能性を達成するためには、社会
の構成要素を奴隷のくびきで支配し、自分たちの苦境を
発見する手段を奪わなければならないことを発見した。
そうすれば、彼らは団結したり一緒に自分を守る方法を
知らず、どこに助けを求めればいいのか分からなくなる
。

タヴィストックの方法論は、アメリカ全土で見ることが
できる。人々は、自分の苦境を理解するためにどこに向
かえばよいのか分からず、政府という最悪の場所に助け
を求める。1948年に始まったハーバード大学経済研究プ
ロジェクトは、リースの原則をすべて具現化したもので
、プルデンシャル社の爆破事件調査やオペレーションズ
リサーチから発展したものであった。エリートたちは、
コンピュータ時代の到来によって、一国の経済と人口を
コントロールする手段が手に入ったと考えた。それは、

人類にとって祝福であり、恐ろしい呪いでもあった。

すべての科学は手段でしかなく、人間は知識（情報）であり、支配に終始する。このコントロールの受益者は、300年前に300人委員会とその前身が決定した。タヴィストック社がアメリカ国民に仕掛けた戦争は、もう47年も前のことだが、一向に収まる気配がない。エネルギーはこの地球上のすべての生命の鍵である。委員会は、嘘と力による外交の手法によって、ほとんどのエネルギー資源を支配している。

委員会は、欺瞞と隠蔽によって、経済用語で表現される社会的エネルギーも掌握している。もし、一般市民が会計の本当の経済的方法を知らないでいられるなら、市民は経済的な奴隷のような生活を強いられることになるだろう。このようなことが起こってしまったのです。私たち人民は、私たちの生活を経済的に支配することに同意し、エリートの奴隷となったのです。かつてリースが言ったように、知性を使わない人間は、知性を全く持たない間抜けな動物以上の権利を持たないのです。経済的な奴隷制度は、秩序が維持され、支配階級が奴隷の労働の成果を享受するために不可欠である。

リースと社会科学者、社会工学者のチームは、まずアメリカ国民の社会的エネルギー（経済）、精神的環境、身体的弱点を知り、次に理解し、最後に攻撃することでアメリカ国民に働きかけた。先ほど、コンピュータは人類にとって恵みであり、呪いでもあると言いました。良い面では、コンピューターの活用によって、ハーバード・モデルが経済奴隷の設計図であることに気づき始めた新興の経済学者がたくさんいることである。

この新しいタイプの経済プログラマーが、アメリカ国民にそのメッセージを素早く伝えることができれば、（奴隷制の）新世界秩序はまだ阻止することができるのだ。これは、メディアや教育を通じて破壊し、私たちの思考

に影響を与え、重要でない問題で私たちの注意をそらし、本当に重要な問題は無視するという大きな役割を担っているところである。1954年、300人委員会が命じた大規模な政策研究集会で、経済専門家、政府高官、銀行家、商工界のリーダーたちに、アメリカ国民に対する戦争を強化しなければならないことが明らかにされた。

ロバート・マクナマラもその一人で、「平和と秩序は制御不能な人口によって脅かされているのだから、国家の富は手に負えない大衆から取り上げ、自制心のある少数派に支配させるべきだ」と宣言した。マクナマラは、過剰人口を猛烈に攻撃し、「我々の住む世界が変わり、統治不能になる恐れがある」と述べた。

"人口増加
"という最も重大な問題から始めることができるのです。他のところでも指摘したように、核戦争そのものを除けば、これは今後数十年の間に世界が直面する最も深刻な問題である。もし現在の傾向が続くなら、世界全体が置き換えレベルの出生率、つまり一家庭あたり平均2人の子供に到達するのは2020年頃となる。つまり、現在の43億人の世界人口が、最終的には100億人程度で安定することになるのです。

"スタビライズド
"と呼んでいますが、どのようなスタビライズが可能なのでしょうか？地球上の10人に9人の人間がいることになる発展途上国で、このような状況が生み出すかもしれない貧困、飢餓、ストレス、過密、フラストレーションのレベルが、社会の安定をもたらすと考えることができるだろうか。あるいは、軍事的な安定性？

"誰しもが住みたいと思うような世界ではない"。そのような世界は必然なのでしょうか？いや、しかし、100億人の世界を回避する方法は2つしかない。現在の出生率がもっと下がるか、現在の死亡率が上がるか、どちらかでなければならない。それ以外の方法はない。

"死亡率を上げる方法は、もちろんたくさんあります。熱核時代には、戦争は非常に迅速かつ決定的にこれを達成することができます。飢饉と病気は人口増加に対する自然界の古くからのブレーキであり、どちらも消滅したわけではない」。

1979年、マクナマラは世界の有力銀行家に向けてメッセージを繰り返し、国務省高官トーマス・エンダースは次のように発言している。

「私たちの仕事の根底には、ひとつのテーマがあります。人口増加を抑えなければならない。私たちのやり方で、きれいな方法でやるか、エルサルバドルやイラン、ベイルートで起きているような混乱が起きるかだ。いったん人口増加がコントロールできなくなると、それを減らすために権威主義的、さらにはファシスト的な政府が必要となる。内戦は助けになりますが、非常に大規模なものでなければならないでしょう。早く人口を減らすには、すべての男性を戦闘に引きずり込み、妊娠可能な年齢の女性を相当数殺さなければならない。"

エリートが住みたくないと思うような世界の問題解決は、大量虐殺である。ローマクラブは、人口過剰の5億人を解消するプランの作成を命じられた。この計画は「グローバル2000」と呼ばれ、アフリカとブラジルでエイズウイルスを蔓延させることで発動された。グローバル2000は、ジェームズ・カーター大統領によって、アメリカの政策として正式に受け入れられました。

会議メンバーは次のように合意しました。

"社会の下層階級の要素を完全な管理下に置き、幼いうちに訓練し、職務につかせなければならない。これは、教育の質によって達成できるもので、貧しい者の中の貧しい者でなければならない。下層階級は、自分たちの立場を受け入れるように訓練されなければなら

ない、彼らがそれに挑戦する機会を持つずっと前に。

"厳密には、子供は政府の管理する保育園で　　"孤児"になる必要があります。このような最初のハンディキャップがあると、下層階級は人生の中で与えられた地位から離れることはほとんど望めない。私たちが考えている奴隷制の形態は、良好な社会秩序、平和および平穏に不可欠なものです。

"私たちは、社会科学者を通して、個人の社会的エネルギーの源泉（収入）を知り、それを理解し、操作し、取り組むことで、社会における個人の活力、選択肢、機動力、ひいては肉体、精神、感情の強さと弱さに取り組む手段を持っているのです。一般市民は自分たちのメンタリティを改善しようとしない。増殖する野蛮人の群れと化し、地球上の害悪と化している。

"羊たちが娯楽を通じて問題から逃れ、現実逃避しようとする経済的習慣を測定することによって、オペレーションズ・リサーチの手法を応用し、経済を破壊して国民の完全な支配と服従を確保するために必要なショック（創造された出来事）の起こりうる組み合わせを予測することが絶対に可能である。その戦略には、増幅器（広告）の利用も含まれており、テレビで10歳の子供にもわかるように話すと、その人は提案されたことによって、次に店頭でその商品を見たときに、衝動的に買ってしまうのだそうです。

21世紀の世界には、情熱的な部族主義や、南から北へ、農場から都市への大移動といった一見難問が山積しているが、権力の均衡が安定をもたらすだろう」（e）。第一次世界大戦後のギリシャとトルコの間のような大規模な人口移動と大量殺戮が起こるかもしれないのだ。アレキサンダーやモハメッドのような統合者が必要な混乱の時代となるでしょう。

"隣り合わせに暮らす民族間の紛争が発生し、その激しさにおいて、他の紛争よりも優先されるであろう大

きな変化は、政治的対立が地域間ではなく、地域内に起こるということである。これは、世界政治の転換につながる。米国とソビエト連邦が海を越えて戦った10年を経て、列強は自国の国境にある、あるいは国境内にある勢力から自国を守ることに重点を置くようになるだろう。

"アメリカ国民は経済のことを何も知らず、ほとんど関心がない。したがって、彼らは常に戦争に熟しているのである。宗教的な道徳観があっても戦争を避けることはできないし、地上の問題の解決策を宗教に見出すこともできない。経済評論家が、予算や購買習慣を破壊するような衝撃波を送ると、彼らは唖然とします。米国民は、我々が彼らの購買習慣をコントロールしていることをまだ理解していない。"

さあ、いよいよです。国家を部族ごとに分断し、国民に生活のために戦わせ、地域紛争を心配させることで、挑戦するどころか、現状を把握する機会もなく、同時に世界の人口を激減させることです。これは、国が小さな部族に分かれている旧ユーゴスラビアで起こっていることであり、両親が働いている平均的な家庭が、生活していけないアメリカでも起こっていることである。このような親は、自分たちがどのように騙され、経済的な奴隷にされているかに注意を払う余裕がないのです。全部仕組まれているんです。

今日、私たちは、-
時間があれば-、米国が緩やかな解体の途上にあること、それはタヴィストックによる米国国家に対する「コントロール」の無言の戦争の結果であることを見ることができる。ブッシュ大統領も大失敗だったが、クリントン大統領もさらに大きなショックを受けるだろう。このように計画は描かれている。私たち国民は、アメリカをあるべき姿にするための制度や能力に対する信頼を急速に失いつつあり、現在の姿とはかけ離れている。

私たちは、実質的な補償ではなく、より大きな富の約束のために実質的な富を手放したのです。私たちは、バビロニアの「資本主義」というシステムの罠にはまりました。このシステムは、資本主義ではまったくなく、実際には負の資本で表現される貨幣に見られるように、資本の外観に過ぎないのです。これは欺瞞的であり、破壊的である。米ドルは通貨の体裁をとっているが、実は借用書であり、奴隷制の借用書である。

私たちが知っているお金は、戦争と大量虐殺によって均衡を保つことになる-
それは私たちの目の前で起こっている。モノとサービスの総和が実質資本であり、この水準までは貨幣を印刷できるが、それ以上はできない。ひとたびモノやサービスのレベルを超えてお金が刷られると、それは破壊的で引き算の力になる。戦争は、人為的に膨張させた貨幣と引き換えに、国民がおとなしく本当の価値で見捨てた債権者たちを殺すことによって、システムの「バランスをとる」唯一の方法である。

エネルギー（経済）は、地球上のすべての活動のカギを握っています。それゆえ、すべての戦争は経済的な起源を持つという主張がよくなされるのである。一つの世界政府、すなわち新世界秩序の目的は、必然的にすべての商品とサービス、原材料を独占し、経済の教え方を支配することにあるに違いない。米国では、私たちは常にワン・ワールド政府が世界の天然資源を支配するのを助け、そのために収入の一部を提供しなければなりません。これを「対外援助」といいます。

Tavistock   Operation
Researchプロジェクトでは、次のように述べています。

> 私たちの研究によって、人をコントロールする最も簡単な方法は、人を無規律にし、基本的なシステムや原則に無知なままにしておくこと、そして人を混乱させ

、比較的重要度の低い事柄に気を取らせ続けることであることがわかった…」。

"長距離浸透
"という直接的でない方法に加え、精神活動を不活性化し、数学、論理学、システムデザイン、経済学の低質な公教育プログラムを提供し、技術的創造性を阻害することによっても達成できるのです。

「私たちのファッションは感情的な刺激を求め、直接的（テレビ番組）であれ、広告であれ、自己満足を煽る増幅器の使用を増やしています。タヴィストックでは、これが、電子メディアや印刷メディアにおけるセックス、暴力、戦争、人種対立などの絶え間ない攻撃と侮辱（マインド・レイプ）によって最もよく達成されることを発見しました。この永続的なダイエットは、「心のジャンクフード」と言えるかもしれません。

"歴史と法律を改正し、国民を逸脱した創造物に服従させることが最も重要であり、個人のニーズから構築され捏造された外部の優先事項への思考の転換を可能にします。混乱には利益がある、混乱が大きいほど利益が大きいというのが一般的な考え方です。その一つの方法として、問題を作り、解決策を提案することがあります。

"国民を分断し、大人の注意を現実の問題からそらし、比較的重要度の低いテーマで思考を支配することが肝要である
"と。若者は数学を知らないままでなければならない。経済学や歴史を正しく教えることは決してあってはならない。どのグループも、質問と問題が延々と続くので、じっくり考える時間がない。ここで頼りになるのが、小学6年生の精神力を超えてはならないエンターテイメントだ。

"原始経済を支えるエネルギー源は、原材料の供給、社会構造における一定の場所、一定の地位、一定のレ

ベルを引き受けて働く人々の意欲、すなわち、構造の
さまざまなレベルで仕事を提供することである。

"各階級はこうして自分の所得水準を保証することで
、すぐ下の階級を支配し、階級構造を維持する。その
代表例がインドのカースト制度である。カースト制度
では、上位のエリートを脅かすような上昇志向は制限
され、厳格な統制が行われている。この方法は、安心
・安定とトップの政治を実現するものです。

"エリートの主権が脅かされるのは、コミュニケーシ
ョンや教育を通じて下層階級が情報を得、上層階級の
権力や財産を妬むようになったときである。彼らの中
には、教養を身につけ、エネルギー経済に関する真の
知識によって、より高みを目指そうとする者もいる。
これは、エリート階級の主権に対する真の脅威となる
。

"エリート層が精力的な（経済的）支配を達成するた
めには、下層階級の台頭を十分に遅らせ、同意による
労働がより少ない経済源となるようにしなければなら
ないということです。この経済的支配が可能な限り達
成されるまでは、人々が働き、他人に自分の面倒をみ
てもらうことに同意することが考慮されなければなら
ない。このままでは、エネルギー源（経済的富）のエ
リート支配への最終的な移転に支障をきたす。

"一方で、経済的増幅のプロセスにおいてエネルギー
を解放するためには、国民の同意が不可欠な鍵である
ことを認識することが不可欠である。そのためには、
エネルギーを放出することに同意する仕組みが不可欠
です。子宮のないところでは、隠れ家、保護装置、シ
ェルターなどの形で、人工的な安全を提供しなければ
ならない。このようなシェルは、安定した活動と不安
定な活動のための安定した環境を提供し、攻撃的な活
動に対して防御的な保護を提供するシェルターでの生
存という、進化の過程のためのシェルターを提供する

ことになるでしょう。

"エリート   "と   "下層
"の両方に当てはまるが、この2つの階級の問題解決へ
の取り組み方には明らかな違いがある。私たち社会科
学者は、人々が政治的な構造を作り出す理由は、幼少
期の依存関係を永続させたいという潜在的な欲求を持
っているからだということを非常に説得力のある形で
示しました。

「簡単に言えば、潜在意識下の欲求が求めるのは、生
活からリスクを取り除き、食卓に食べ物を並べ、物事
がうまくいかないときに慰めの言葉をかけてくれる地
上の神なのです。問題解決やリスク排除のための地上
の神への要求は飽きることがなく、そのために政治家
という地上の神の代用品が生まれたのである。国民の
「保護」に対する飽くなき要求は、約束によって満た
されるが、政治家はほとんど、あるいは全く実現しな
い。

"日常を邪魔する人間を支配したい、服従させたいと
いう欲求は、人間には遍在している。しかし、彼らは
そのような行動が引き起こす道徳的、宗教的問題に対
処することができないので、我々が総称して政治家と
呼んでいるプロの「ヒットマン」にその任務を託して
いるのである。

「政治家に仕事を依頼する理由はさまざまだが、基本
的には次のような順番になる。

  ➢ 管理せずに欲しいセキュリティを手に入れる

  ➢ 行動することなく、望ましい行動を考えるこ
    となく、行動を得ること。

  ➢ 自分の意図に沿った責任を回避するため。

  ➢ 学習に必要な規律を行使することなく、現実
    の利益を得ること。

"政治的なサブ国家　　　　"と　　　　"従順なサブ国家"という2つのサブカテゴリーに国家を簡単に分けることができるのです。政治家は準軍事的な職に就いており、一番下は警察、次が検察である。大統領クラスは国際的な銀行家が仕切っている。従順な亜流国家は、同意によって、つまり税金によって、政治的なマシンを財政的に支えるのである。亜流国家は政治的亜流国家に付着したまま、亜流国家はそれを糧にして強くなり、いつの日かその創造主である国民を食い尽くすほど強くなる。"

拙著『300人委員会』で紹介したシステムと合わせて読むと、タヴィストックの「オペレーション・リサーチ」プロジェクトがいかに成功したか、しかもアメリカにおいていかに成功したか、比較的容易に理解することができる。最近の統計では、小学校6年生の75％が「算数テスト」と呼ばれるものに合格できなかったという。数学のテストは簡単な初歩の算数で、これで何かわかるはずです。数学は全くテストに含まれていない。警戒すべきなのか？あなたが判断してください。

VII.隠密行動

ジェームズ・ボンド」の物語に登場する秘密工作。何度も言うように、ジェームズ・ボンドは架空の人物だが、映画シリーズで描かれている組織は、「M」ではなく「C」と呼ばれていることを除けば実在するのである。イギリスの秘密諜報機関、セキュリティサービスは、「ジェームズ・ボンド」に描かれているものです。MI5（内部安全保障）、MI6（外部安全保障）と呼ばれる。この2つを合わせると、世界で最も古い秘密諜報機関である。また、スパイ技術や新技術の開発でも最前線にいる。どちらの機関も議会を通じて英国国民に説明責任を負っておらず、様々な隠れ蓑の裏側で極秘に運営されている。

これらの機関の始まりは、エリザベス1世の時代にさかのぼり、創設者はエリザベスの国務長官であったフランシス・ウォルシンガム卿とされており、その後も様々な名称で存在している。この章の目的は、これらの極秘スパイ機関の歴史を書くことではなく、本章の主旨である経済的・政治的理由による隠密行動と暗殺の背景を説明することである。

ここで忘れてはならないのは、ほとんどの場合、諜報活動は国際法で禁止されているということだ。とはいえ、諜報活動を禁止する法律があっても、それを施行するのは非常に難しいことです。というのも、当事者は活動を秘密にするために極端な努力をする用意があるからです。ジェラルド・フォード大統領が出した「政治的暗殺に関与または共謀すること」を禁止する大統領令は、CIAによってほとんど無視されている。

ブッシュはイラン/コントラ秘密作戦で何が起こっていた
のか知らなかったという言い訳は、そのような弁明への
支持を弱めるために作られたヒューズ-
ライアン修正条項のために維持することはできない。こ
の修正案は、CIAをはじめとする米国の情報機関の責任と
説明責任を問うために作られたものだ。

> "...大統領がそのような各作戦が米国の国家安全保障に
> とって重要であると判断し、上院外交委員会および下
> 院外交委員会を含む議会の適切な委員会に適時に報告
> しない限り、および報告するまで、"です。

その場合、秘密作戦は違法となる。したがって、レーガ
ン大統領やブッシュ大統領がイラン／コントラ作戦を知
っていたなら、あるいは知らなかったなら、それに従事
した人々は違法な行動をとったということになる。

イラン/コントラ秘密作戦では、レーガン、ブッシュ両大
統領が「知らない」と主張する中、ジョン・ポインデク
スター提督が「落とし前」をつけた。これは、2人の大統
領が軍や情報部門をコントロールできていなかったこと
を意味し、衝撃的である。もしポインデクスターが証言
台で、イラン／コントラ作戦の詳細をブッシュに知らせ
なかったと言わなかったら、弾劾訴追の手続きになった
だろうし、それをブッシュが強力な保護を受けても避け
ることはできなかっただろう。このとき、ブッシュはリ
ー・ハミルトン下院議員の手腕に助けられた。彼の行っ
た諜報活動の調査はあまりにひどいもので、レーガンや
ブッシュを含む犯人を完全に白日の下にさらす結果とな
ったのである。

ジェームズ・ボンド」以外では、おそらく最も有名なMI6
諜報員はシドニー・ライリー、ブルース・ロックハート
、ジョージ・ヒル大尉で、彼らはロシアに出向してボル
シェビキの敵討ちに協力すると同時に、イギリスの黒人
貴族に膨大な経済・原料利権と、ウォール街の金融業者

にケーキの一切れを確保するために活動しました。おそらく最も知られていない（しかし最も効果的な）MI6のエージェントは、文学界ではその「羊のような」名前でよく知られているイギリスの著名な作家、サマセット・モームであっただろう。

他のMI6職員と同様、モームの本名は在職中も明かされず、亡くなるまでそのままであった。シドニー・ライリーは3つの秘匿名と8つの別名を持ち（11冊のパスポートを持っていた）、本名はシグムンド・ゲオルギエヴィチ・ローゼンブルムであった。

ボルシェビズム、社会主義、マルクス主義、共産主義、フェビアニズム、トロツキズムなどの名称はさておき、ボルシェビキ革命は、ロシアの経済的利益と支配のために300人委員会がロシア国民に押し付けた外国イデオロギーであったことは事実である。

レトリックや用語を取り除けば、「共産主義」という概念も理解しやすくなる。チャーチルが言ったように、取り返しがつかなくなる前に、「ロシアは髪の毛をつかまれ」、地獄からそのまま独裁国家に引きずり込まれたのだ。

エリザベス1世の時代、彼女のコントローラーであったセシル家が、フランシス・ウォルシンガム卿とスパイシステムを構築し、イギリス国内の財産保護と世界中の貿易を監視したように、近代イギリスの王と女王はその伝統を受け継いできたのである。これらのスパイ組織の動機は、まず経済的なもの、次に国家主権的なものであったと言える。この間、何世紀も何も変わっていないのだ。

それは、アルフレッド・ミルナー卿を筆頭とするイギリスの闇貴族、ロンドンの投資銀行家、ボストンのアメリカのバラモン、ロックフェラー、J・P・モルガン、クーン・ロープといったウォール街の金融界の大物たちに、

ロシアの石油やその他の巨大な鉱物資源を手に入れるためであった。軍事力によって達成され、維持されるイギリスの略奪品の分配は、中国との巨大で信じられないほど有利なアヘン貿易の黄金時代の伝統となった。

アメリカの旧来の「貴族」に相当する家系は、この言いようのない取引に眉をひそめるほどであった。現在では、最高の学校に通っているという外見で判断されるため、知る由もないでしょう。

この兄弟は油の膜に覆われ、中国のアヘン貿易の悪臭と汚物を浴びている。アヘン貿易は、数百万人に死と不幸をもたらす一方で、彼らが所有する銀行を猥雑な富で満たした。

ジョン・パーキンス、トーマス・ネルソン・パーキンス、デラノ、キャボット、ロッジ、ラッセル、モルガン、メロンなど、中国アヘン貿易の泥棒たちは、まるでアメリカの社会簿の1ページのようである。アヘンの富に汚染されていない「エリート」一族は一人もいないのだ。

ミルナー卿は、バクー地域の油田をイギリスとロックフェラーの投資のために確保するため、MI6のシドニー・ライリーを派遣した。ブルース・ロックハートは、レーニンとトロツキストを管理するミルナー卿の個人的な代理人であった。当時の議会記録である「ハンサード」には、ライリーの活躍について情報を得ようとする議会の憤りや不満の表現が多く見られる。ロイド・ジョージ首相（ドウィフォー伯爵）と閣僚の間で行われた内輪の議論や、国会議員を相手にした議場での公開討論では、激しいやり取りが繰り広げられた。そして、ライリーの帰国と、ロシアでの活動の責任を問うことを要求した。

しかし、それもむなしく、ライリーはアンタッチャブルで、責任を取らないままであった。おそらく史上初めて、イギリス国民は議会の上に見えない力があることを漠

然と意識するようになった。英国国民は、ライリーがMI6の代表であり、議会で選ばれた代表者よりもはるかに大きな力を持っていることを知らないし、知ることもできないのだ。秘密の壁を破ろうとする者はどこにもたどり着けず、すべてが終わった後に行われるレイリーがイギリスに戻るのを待つことになる。

ライリーは、親友でボルシェビキ秘密警察の恐るべきテロ組織のトップであるフェリックス・ドゥゼルジンスキー伯爵（共にポーランドの同地出身）と共に、国境を越えて逃亡しようとしたライリーの銃殺を演出したと言われている。レーニンの暗殺を計画していたラトビアの市民グループの書類に、ライリーの名前が発見されたというのが、その偽装工作だった。ライリーは、ソ連で密かに豪華絢爛な生活を送っていたが、計画を完遂するため、オランダの貨物船で逃亡した。ライリーは、1917年、ワシントンの英国MI6の責任者であるウィリアム・ワイズマン卿にスカウトされる。ライリーは、上司であるマンスフィールド・スミス・カミング卿から「決して信用できない不吉な男」と評された。

1917年にサマセット・モームがMI6の依頼でペトログラードを訪れたのは、その典型的な例である。ロックハートは、ボルシェビキに反対する「暫定」政府を指導することになっていたアレクサンドル・ケレンスキーの臨時政府を支援するためにペトログラードに送られた（南アフリカの反逆のリーダー、デクラークは、「南アフリカの白人のケレンスキー」という表現がぴったりで、彼の任務はマンデラと彼の暗殺団に国を乗っ取らせる「暫定」政府の形成であるためだ）。

英国議会も国民も知らなかったのは、ケレンスキー政権は失敗するようにプログラムされているということだった。彼の仕事は、ボルシェビキ政権に対する真の反対勢力が英国と米国から来るように見せかけることだったが

、実際にはその反対だったのである。ウィリアム・ワイズマン卿にも選ばれたモームは、ケレンスキーに会うために、15万ドル（そう、ほとんどがアメリカのお金だった）を持って日本経由で出かけたという手の込んだ設定である。モームは1917年6月17日に出発し、10月31日にケレンスキーと面会した。

ケレンスキーはモームに、ロイド・ジョージ首相に武器と弾薬を切実に求めるメモを届けるよう依頼した。面白いことに、ケレンスキーはペトログラードのイギリス領事を完全に無視した。領事は、自分の背後で何かが起こっていると感じ、ロイド・ジョージに怒りの苦情を送ったが、謝罪も説明も受けなかった。かつてヒル大尉自身が言ったように、『ボルシェビキ革命がシオニストに触発され、指示されたと信じる人たちは、自分たちの側に真実があったのかもしれない』のだ。ワイズマン、モーム、ヒル、ライリーはユダヤ人だが、ロックハートは純粋なアングロサクソン人だった。

ケレンスキーのメモに対するイギリス首相の返答は、「それはできない」という非常に素っ気ないものだった。モームはロシアに戻らず、1917年11月7日、ケレンスキーはボリシェヴィキに倒された。ヒル大尉はMI5、次いでMI6に配属された。彼はペトログラードに派遣され、トロツキーに空軍の設立を助言することになる。

この作戦の目的は、ロシアをドイツと戦わせ続けることであり、イギリスは商業的、財政的に大きな成功を収めているため、ドイツを倒したいと考えていたのである。同時に、ロシアはボルシェビキの大軍に長くは対抗できないほど弱体化することになった。ご存知のように、このごまかしは完璧に成功しました。ヒル大尉は、ボルシェビキの秘密警察・軍事情報機関であり、GRUの前身であるCHEKAの設立に大きく貢献した。

ヒルの功績の1つに、ルーマニアの王冠宝飾品の「譲渡」

がある。武器と訓練の専門家であるヒルは、イギリスとアメリカが本当にボルシェビキの支配と戦っていると世界に信じさせるための壮大な計画に、非常に積極的な役割を果たしたのである。(後年読んだ資料では、OSSのアレン・ダレスがドゴールに糾弾され、ニコライ2世とロシア国民に対する大クーデターを露骨に思い起こさせたという。

1918年6月23日、ボリシェヴィキと戦うロシア軍を支援するため、アメリカのフレデリック・プール少将の指揮の下、英仏米の連合軍がムルマンスクに上陸したのも、この欺瞞の不可欠な部分であった。8月2日に連合軍がアルハンゲリスクに入り、戦闘があったとき、フランス人は本当にボルシェビキを攻撃するために来たのだと思っていた。実際のところ、遠征軍の目的は3つあった。

(a)イギリスとアメリカがボルシェビキと戦っていると見せかけるため
(b)この地域にあるロシア軍の大量の武器弾薬を保護するため
(c)レーニンが外国の軍隊を撃退するために戦う祖国の救世主であると見せかけ、怪しげな国民を支持に変えるため。

実際には、英米軍はレーニンを助けるためにいたのであって、赤軍と戦うためにいたわけではありません。連合軍は弾薬庫を確実にボルシェビキに引き渡し、進撃してくるドイツ軍に占領されないようにするためである。数年後、ジョージ・マーシャル国務長官は、中国の蒋介石元帥に対してこの手を使い、毛沢東に中国を共産主義国家に変えるための巨大な兵器を残したのである。第三の目的は、レーニン支持に躊躇していたロシア人を本格的な支持者に変えることであった。レーニンはムルマンスク上陸作戦を利用して、ロシア国民に伝えた。

「いいか、英米の帝国主義者は

　　お前からロシアを奪おうとしている母なるロシアを守
　るために、私たちの闘いに参加してください。"

白ロシアのデネキン将軍とウランゲル将軍が赤軍に対し
て大きな成功を収め、バクー地区から押し出し、シドニ
ー・ライリーがイギリスとアメリカ（特にロックフェラ
ー）の石油利権のために行っていた仕事を脅かしたとき
、1917年にケレンスキーと企てた同じロイド・ジョージ
のもとに「アメリカの私人」ウィリアム・ブリットが加
わり、実質的にはロックフェラーとウォール街銀行家の
使者として働いていたのである。彼らは共に、それぞれ
の国に対して反逆行為を行ったのだ。

1919年1月、ピーター・デネキン将軍はグルジア、アルメ
ニア、アゼルバイジャン、トルキスタン（石油地帯）で
ボルシェビキを破り、同月末にはボルシェビキをコーカ
サスから追い出し、ほぼモスクワの門まで前進させた。
そして、ブリットとロイド・ジョージは、武器、軍需品
、資金の供給を停止して、白ロシアを切り崩したのであ
る。9月にMI6から送られたロイド・ジョージの信号によ
り、英米軍はアルハンゲルスクを放棄し、1919年10月12
日にムルマンスクを発った。

この絶妙なタイミングでの操作にご注目ください。遠征
軍が行ったのは、アルハンゲリスクでの軽い戦闘とボル
シェビキ軍に対するいくつかの小競り合いを除けば、ウ
ラジオストクの通りを行進して、レーニンの主張を支持
したことだけであった。1920年11月14日、それは終わり
、最後の白ロシア軍はコンスタンティノープルに向けて
乗船した。

アメリカもイギリスも、何が起こっているのかわからな
いまま、パズルの最大のピースの1つが見事に完成したの
だ。西側諸国は、共産主義の復活からロシアを「救おう
」としている「元共産主義者」ボリス・エリツィンを、
一種のロシアの英雄として紹介し、多かれ少なかれ同様

の手順が今日のロシアで実行されているのだ。1917年当時も今も、アメリカ国民はロシアで何が起こっているのか、まったくわからない。

ロックハートの作戦を邪魔するようになったレーニンの暗殺未遂、ロックハートの逮捕とボルシェビキのマキシム・リトヴィノフとの交換、モスクワのボルシェビキ法廷で下された欠席裁判での死刑宣告など、筋書きはこれだけでは終わらない。こうしてMI6は、現在でもそうであるように、最も巧妙な方法でゲームを行うのである。しかも、レーニンの死因は梅毒であり、ドーラ・カプランにやられた傷ではない。

ヒル隊長の活動については、詳しく説明したほうがいいかもしれない。ロンドンのホワイトホール公文書館で調べた資料から、MI5の2世であるヒルの活躍ぶりがよくわかった。ヒルの父親は、ニコライ2世の時代、テッサロニキとつながりのあるユダヤ商人界で非常に活躍していたようだ。

ロンドンに住んでいたヒルの息子ジョージは、ボルシェビキを支持するウォール街やロンドン市の金融業者のためにMI5の運び屋をしており、資金はロンドンの劇場の寵児マキシム・ゴーリキーを通じて流されていた。1916年、彼はMI6に昇進し、MI6のトップであるマンスフィールド・カミング卿によってサロニカに派遣された。ヒルはサロニカからカミングに、来るべき革命の準備を進めるボルシェビキの進捗状況を伝えたが、それはすでに10年先のことだった。1917年11月17日、カミングはヒルをモスクワに送り、パルヴス（アレキサンダー・ヘルプランド）の推薦で、直ちにレオン・トロツキーの個人秘書となった。ヒルは、軍事情報計画を立案し、それが受け入れられ、ヒルとトロツキーが創設者となったGRUの基礎となった。

CHEKAは、引き続きドゼルジンスキーの支配下にあった

。ホワイトホールの文書によると、その後、エルサレムからの要請で、ヒルは中東に送られ、ユダヤ人のイルグンとシュテルン一味を組織して訓練することになったが、その幹部と隊員の大半はボルシェビキのロシア出身であった。ヒルがイルグンのために設立した諜報機関は、後にイスラエルの諜報機関に採用され、モサドになった。

イギリスのシークレットサービスは、秘密工作の最もエキスパートである。戦時中のMI6のトップであったスチュワート・メンジース卿は、アレン・ダレスには秘密工作を本当に理解する洞察力が欠けていると言ったことがある。いずれにせよ、MI6は、CIA（中央情報局）の前身であるOSSを結成し、訓練していたのである。秘密工作は、おそらく諜報活動の中で最もセンセーショナルな部分と言える。一般的には、世界中の経済活動を監視し、どのような行動を取るべきかを決定する政府の一部とされる国家政策決定者のために報告書を作成するなどのかなり日常的な活動が含まれる。

MI6とCIAは、法律で内政干渉や市民へのスパイ行為を禁じられており、その機能は外交問題に限定されている。しかし、この3年間でこの境界線は非常にあいまいになり、深刻な懸念材料となるはずですが、残念ながらこれを阻止するための前向きな措置はとられていません。隠密行動は、外交と欺瞞の間の綱渡りであり、時にその歩みが滑ると、イラン／コントラ事件のように隠密行動が否定できない場合、非常に恥ずかしい結果になることがある。

隠密行動には、諜報機関が特定の対外目的を達成するためのプログラムを開発することが必要である。これはしばしば外交政策に影響を及ぼすが、これはインテリジェンスの領域ではない。例えば、ブッシュ大統領は、イラクのフセイン大統領を文字通り壊滅させたいと考え、経

済と軍事の両面から秘密裏に行動を起こすというパラノイアを表現している。

フセインを殺すためにブッシュは、革命司令部の本部にウイルスを小瓶に入れて送るなど、あらゆる手を尽くして失敗し、総額4千万ドルが無駄になった。ついにブッシュはフセインへの憎しみに負けて、「核兵器工場」や「対空拠点」への攻撃という薄っぺらい口実で、バグダッドとバスラに40発の巡航ミサイルを落としたが、どれもこれも明らかに不合理であった。

巡航ミサイルは、イスラム教指導者の会議が行われていたバグダッド中心部のアル・ラシード・ホテルを意図的に攻撃するタイミングを計ったものである。アルラシード号（ミサイルは発射から目標地点に到達するまでロシアの衛星で追跡された）の攻撃には、複数のイスラム教指導者を殺害し、彼らの国をイラクに敵対させ、フセイン大統領に対する反動でイラク指導者の転覆を助けるという狙いがあったのだ。

ブッシュにとっては不運なことに、ミサイルは建物の前方20〜30フィートに落下し、3階までのドアや窓を粉々にし、受付係が死亡してしまったのだ。イスラム教の代表者たちは誰も怪我をしなかった。国防総省とホワイトハウスが発表した「イラクの対空砲でミサイルが曲げられた」という弱く幼稚な言い訳は、フランス秘密情報局（DGSE）が「この報告は本物か、民間の秘密諜報機関の仕事か」と疑うほど不合理なものだった。

ロシア軍は人工衛星のデータに自信を持ち、アメリカ政府の説明は間違っている、それを証明する証拠があると言った。ミサイル1発につき100万ドルとすると、ブッシュの偏執的な行動は、アメリカの納税者に4000万ドルもの損害を与えたことになる--
しかも、4000万ドルという隠れた価格も。将来の大統領たちが、任期最後の日に、ブッシュが示した衝撃的な例

に倣おうとするのを抑制するメカニズムが早急に必要であることは明らかである。

秘密行動は、しばしば政府が自国民に対して行うことがあります。アルガー・ヒスとロックフェラー家のケースを考えてみよう。石油会社は「アメリカに対して特別な義務を負っていない」と言ったように。これは、ロックフェラーとイギリスの石油会社がボルシェビキと交わした取り決めとの関連で言えることだ。アメリカは結局、ロックフェラーとアルマンド・ハマーに石油利権を与えたボルシェビキへの褒美として、社会主義・共産主義を推進することになったのです。これは、「石油産業は必ずしも米国に忠実ではない」という彼らの主張が証明されたことになる。

1936年、アルジャー・ヒスは、フランシス・B.ウッドロウ・ウィルソンの義理の息子、セイレが国務省に入省する。RIIAとCFRは、ヒスを、アメリカのためになろうがなるまいが、言われたことをやる信頼できる人物と判断したのだ。実は、ヒスはセイヤではなくロックフェラーの第一候補だったのだが、ロックフェラーは陰に隠れていた。セイヤーがアプローチした1936年のこの時期には、ヒスはすでにソ連のスパイ活動に深く関わっており、その事実はハーバード大学の法学部の教授にもよく知られていた。

ヒスが国務省の政務担当副長官に昇進した時、チェンバーズとレバインという男が、ヒスがソ連のために積極的に働いていると言って、ヒスの正体を暴いたのである。チェンバーズの訴えの相手は、マッキンタイアだったが、上司であるルーズベルトには情報を伝えなかった。その代わりに、当時国務省の安全保障担当国務次官補だったアドルフ・ベル（Adolph A. Berle）にチェンバーズを横流しした。バールはこの話をルーズベルトに持ちかけたが、大統領から突然解雇され

た。

しかし、Berleは、その情報をDean Achesonに伝えたが、Hissには何も起こらなかった。彼は、釈明を求められることもなく、ルーズベルトの他のスタッフと同じように、ロックフェラー・CFRの傀儡として、ルーズベルトに推されたのである。1944年、ヒスは極東局長特別補佐官に昇進し、アジアにおけるソ連の拡張主義的な計画に貢献できる立場になった。

ロックフェラーの傲慢さを示すために、ヒスが国務省の新星である間、FBIは彼のことをファイルしていたのだ。彼は、カナダのオタワにあるGRU（ソ連軍情報機関）の事務所に勤務していたソ連の亡命者イゴール・グゼンスキーに引き渡された。国務省の職員は、ルーズベルト大統領と同様、ヒスとソ連との関係をすべて知っていたが、彼を追い出すことは何もしなかった。

ロックフェラーが国連を計画していた時、スターリンと、ロックフェラーの石油会社にソ連の石油を提供する代わりに、国連はロシアの問題に干渉しない、という取引に合意したのだ。また、ボルシェビキはサウジアラビアに干渉したり、イランに入ろうとしたりしない。ロックフェラーの代理人として国連に任命されたのが、アルジャー・ヒスである。直属の上司はネルソン・ロックフェラーであり、ジョン・フォスター・ダレスに命令を下した。ルーズベルトもダレスもFBIもロックフェラーも、ヒスがソ連と組んでいることを知っていた。

スタンダード・オイルが介入した結果、国連の管理機構はアメリカの手から離れた。事務総長には、誰でも好きな人を任命できる権限が与えられていた。その裏切り行為に対して、ヒスはカーネギー国際平和基金の特別職を与えられ、年俸2万ドルという、当時としては非常に良い収入を得ることができた。ヒスを法の上に置くというものだった。

実際、ヒスは法律の上に立っていた。反逆罪と裏切り行為から逃れることができたからだ。ヒスは反逆罪ではなく、偽証罪で告発された。しかし、すぐに有力者たちが彼を擁護するために駆け寄ってきた。最高裁判事のフェリックス・フランクフルターは、ヒスに潔白の証明書を与え、ロックフェラーは10万ドルもの弁護料を支払った。

チェンバースと対決した当時、ヒスは、国連協会執行委員、太平洋関係研究所事務局長、CFRの主要メンバー、カーネギー財団理事長として活動していた。ヒスの家」は石油産業で成り立っており、ヒスのように石油産業が権力を濫用したケースはないのである。ヒスが裁判にかけられた時、石油業界は政府を全く恐れなかった。実際、石油業界はビジネスマンをほとんどクビにし、ヒスがつまずかなかったらクビにしていただろう。ヒス事件は、政府が自国民を敵に回した良い例である。

イランでは現在、米国が国内の現地グループや亡命先と連携して、合法的な政府に対する諜報活動を展開している。米国はイラン政府の軍備増強に警鐘を鳴らし、イランへの武器輸送を特別に監視下に置いている。

また、ヒズボラの活動や、イスラエルを敵視する集団に安全な場所を提供するイランの姿勢から、両国の間には大きな悪意が残っている。その結果、中東の安定を脅かす危険性が出てきたのです。イランは、米国と中東の同盟国であるサウジアラビア、エジプト、イスラエルに対して敵対心を強めています。これらの国に問題が生じていることは明らかであり、イスラエルの情報機関が、イランはCIAの予測よりもずっと早く核保有国になると言っているのも、そのためだろう。一方、イラン側は、これはイスラエルが言うところの「兄がフセインにしたように我々を攻撃する」ための策略に過ぎないと主張している。

イラン政府は現在、西ヨーロッパ全域に諜報員のネットワークを持っており、特にドイツに強い。これらのエージェントはサウジアラビアでも活動しており、王室はテヘランから最大限の侮蔑を浴びている。イラン政府は、スーダンにある10のイスラム原理主義者キャンプの主要な資金提供者であり、後方支援者である。このことについては、エジプトのホスニー・ムバラク大統領が1992年12月に米国務省に苦情を申し入れている。この訴状は公表されていません。

スーダンにある10のトレーニングキャンプは

> **イクリム・アル・アスワット**革命司令部のメンバーであるスレイマン・マホメット・スレイマン大佐が運営する、10のキャンプの中で最も大きなキャンプである。ケニア、モロッコ、マリ、アフガニスタンからの原理主義者たちが訓練している。

> **ビラル**紅海に面したポートスーダンにあるこのキャンプは、ムバラク政権に反対するエジプト原理主義者の重要な訓練拠点となっています。テンダのジハード首長の下には、エジプト人医師16人を含む108人の訓練生がいることが判明している。

> **ソワヤ**ハルツーム近郊にあり、1990年に再編成され、現在は人民防衛軍の名でアルジェリアやチュニジアの原理主義者を訓練している。

> ワド・メダーニこのキャンプには、アブドゥル・ムヌイム・チャッカ大佐の指揮のもと、ケニア、マリ、スーダン、ソマリア出身のアフリカ原理主義者が収容されています。

> ドンコラスーダン北部に位置し、1988年にエジプトを脱出した故マジット・アス・サフティが創設したエジプト原理主義者「アル・ナジュンミン」の本営である。このキャンプには、エジプト人グ

ループ「Shawkiun」のメンバーや、「Al Afghani」グループのアルジェリア人40人も収容されています。

➢ **ジェヒッド・アル・ハク**ここでは、サディク・アル・ファドル中佐の指揮のもと、PLO、ハマス、ジハードが訓練を行っています。

➢ オムドゥルマンこのキャンプでは、イスランブリーグループに属する100〜200人のエジプト人原理主義者が訓練を行っており、ムバラク政権を終わらせることを決意した他のグループよりも過激とみなされている。

➢ **アブラカム**。このキャンプは、アフガニスタン人、パキスタン人、イラン人など最大100人の訓練拠点となっています。

➢ **ハルトゥーム・バーリ**おそらく10カ所の収容所の中で最も大きく、人民防衛軍のムハンマド・アブドゥル・ハフィス大尉の指揮下で訓練を受ける「贖罪と移民」グループのチュニジア、アルジェリア、エジプト人原理主義者300人が収容されている。

➢ **バルバッタ**の壺スーダン南部に位置し、イランとスーダンの専門家による爆発物や武器の使用に関する訓練を受ける軍のエリートたちの拠点となっている。

キャンプは、ハルツームのエジプト大使館に近いアラブ人民イスラム会議の事務所で調整されています。この施設は非常に近代的で、最新の通信機器を備えており、議会は他国のイスラム原理主義運動の指導者と連絡を取ることができる。GCHQはキプロスからこの重要な事務所の通信を監視しており、その中にはエジプトのジハード・ムフティー、シェイク・オマル・アブドゥル・ラーマ

ンへの通信も含まれていることが分かっている。

シェイク・ラーマンは、故アンワル・サダト・エジプト大統領の暗殺を共謀した罪で無罪となった。釈放後、米国に渡り、ニュージャージー州のモスクから原理主義的な活動をコーディネートしている。米国がパキスタン政府に圧力をかけ、国内のイスラム原理主義者を取り締まるために、米国がパキスタンから追い出した数百人のアラブ人に資金を提供したと言われている。パキスタンに対する秘密行動はさまざまな形で行われたが、汚職は重要な要素であった。

現在進行中の最もクレイジーな秘密行動の一つは、ヨルダン川西岸、ガザ、イスラエルを中心としたものである。CIA、ハマス、シリア、イランが関与している。ハマスとは、イスラエルを苦しめている原理主義的な集団です。テヘランは、リヤドが残した松明を引き継いだのだ。アメリカは、サウジアラビアに対して、イスラム原理主義の狂信者が将来的に脅威となる可能性があることを、外交を駆使した秘密行動として確立していたのだ。

イラン政府は、MI6が故ホメイニ師から教わった技術をハマスに適用し、非常に効果的であることを証明している。PLOへの侵入に慣れているイスラエル情報部は、ハマスが別格であることに気づいた。イスラエルの国境警備隊員、ニシム・トレダノのケースがいい例だ。トレダノは1992年12月14日に殺害され、イスラエルの国内安全機関であるシンベスは、いまだに犯人の手掛かりをつかんでいない。

1993年1月3日にエルサレムの自宅アパートで殺害されたShin Bethのエージェント、ハイム・ナハムの事件も未解決である。ベイルートの情報筋によれば、イスラエル情報部は困惑しており、ハマスの指導者と疑われる415人のパレスチナ人を追放しても、ハマスが追放前と同じレベルで

活動することを妨げていないと内心認めている。イスラエルは、ハマスがイランのMI6モデルに基づいていることを発見した。細胞内に小規模で広く分散したグループがあり、それらの間に組織的なつながりがないため、破るのが困難な戦線を呈している。

ハマスの中心人物といえば、アズディン・アル・カッサムが最有力だ。情報筋によると、約100の細胞があり、それぞれが5人のメンバーで構成されているという。これらの細胞はすべて自律的なものですが、タレック・ダルカムニを含む7人のグループが活動を調整するのに役立っているかもしれません。ダルカムニは、1989年からイスラエルの刑務所にいるシェイク・アーメド・ヤシンの後任だと考えられている。

ハマスの誕生は、シリアのダマスカスで外交的に活動するイラン政府によって認可された秘密行動の結果であった。1987年3月、ガザ地区でイランとシリアの関係者が参加する会議が開かれ、そこでインティファーダの蜂起が誕生した。イスラム舞踏会（Maijlis as-Shura）は、Mohammed NazzalとIbrahim Goscheを、在シリアイラン大使Ali Akhartiに面会させた。

シリアの情報機関のトップであるアリ・ドゥバ将軍も同席していた。これは、外交ルートや民間を利用した秘密作戦がどのように行われるかを示す、かなり良い例である。

1992年10月21日に会合を成功させた後、マジリス代表団は、主要な原理主義者であるアブ・マルズクを伴ってテヘランに移動し、アフメド・ジャブリルのPLFP、レバノンのヒズボラ、アル・ファタハ、ハマスの他の原理主義指導者と会合した。イラン政府高官との話し合いの結果、イランが資金、物流、軍人を提供し、スーダンのキャンプで原理主義者を訓練することで合意した。

ムハンマド・サイアム（ハルツーム）、ムサ・アブ・マルズク（ダマスカス）、アブドゥル・ニムル・ダーウィッチ、イマド・アル・アラミ、アブドゥル・ラジズ・アル・ルンティッシ（ガザ）（イスラエルによって追放された415人のパレスチナ人の一人）、イブラヒム・ゴシェとモハメド・ニザム（アンマン）、アブ・モハメド・ムスターファ（ベイルート）など12人で統治評議会が設立されました。このグループは、イランの国王を倒すのに使われたMI6の手法で訓練されており、今日まで、ハマスに浸透しようとすることは困難であることが証明されている。

イランは、人質事件当時の合意がワシントンによって破られたとされるとき、テヘラン政府が米国の親イスラエル政策とみなすものに対して、積極的に反対する段階を踏み出しました。ヒズボラを使った対米秘密行動は、アメリカの世論に圧力をかけ、反イスラエルに転化させることを目的としていた。イランはここで、イラン国王を倒した人たちが受け継いだタビストック式の人間関係の方法論を使った。

タヴィストックの創設者で優秀な技術者であったジョン・ローリングス・リースは、「オペレーションズ・リサーチ」の軍事管理技術を応用して、「個人単位から数百万単位までの社会のコントロール、すなわち個人とそれらが集合的に構成する社会と国家のコントロール」に適用できるようにしたのである。そのためには、高速なデータ処理が必要であり、そのために1946年にジョージ・B.が発明した線形計画法が開発されたのである。ダンツィヒ重要なのは、1946年はタヴィストックがアメリカ国家に宣戦布告した年であることだ。これによって、総人口規制への道が開かれたのである。

ホメイニ師のテヘラン政府は、ヒズボラと呼ばれる秘密行動組織の創設を許可した。その後、ヒズボラを通じて

、多くのアメリカ人や外国人がベイルートなど中東の各地で誘拐され、秘密の場所に拘束された。5人セル制は完璧に機能した。MI6もCIAもヒズボラの暗号を解読できず、人質は何年も放置され、米国は敗北を認め、ヒズボラとの交渉に入ることを余儀なくされた。

ヒズボラが拘束していた最後の人質を解放した直後に、米国が推定120億ドル相当のイランの銀行口座と金融商品を凍結解除するという合意が成立した。また、米国は、国王が発注し、支払い済みで、納入していない推定3億ドル相当の軍備を公開することになる。さらに、イランを湾岸協力会議に参加させ、イスラエルに関する審議に参加させる。また、米国は、国境内でイランに対する秘密活動を行わないこと、テヘランに避難しているヒズボラの誘拐犯を処罰しようとしないことを約束する。

しかし、テヘランは、ワシントンが約束を一つも守らず、不誠実に行動していると指摘した。銀行口座は解放されず、国王が支払った軍備はイランに返還されず、CIAは事実上、国内での秘密活動を強化し、イランは湾岸協力会議からいまだに排除されたままである。テヘランは、最後の人質が引き渡された後の1992年から始まったテヘランでのテロ攻撃の増加を怒りのままに指摘する。

パスダラン司令官は、ムジャヘディンの指導者マスード・ラジャヴィとババク・ホラムディンの周囲に王党派のネットワークを構築し、パスダランの兵舎や図書館などの公共施設への攻撃、故ハシェミ・ラフサンジャニの葬列への攻撃、アヤトラ・コーミニの墓への冒涜を組織的に行ってきたのはCIAだと非難している。これらの攻撃は、アメリカのメディアでは報道されていない。公式には、米国とイランの外交関係は良好とされている。

ハマスに戻ること。イランとシリアは外交チャンネルを使って、フランスに影響を与え、ハマスに秘密裏に支援しようとした。フランスとシリアの仲介役を務めていた

レバノンの大富豪ロジェ・エデは、ローラン・デュマ外務大臣に接近した。シリアはデュマに、新しいレーダー設備の購入について圧力をかけた。ダマスカスは、フランスの巨大コングロマリットであるトムソンに売却すると言ったのだ。イスラム原理主義者の大義名分がエリゼに好意的に受け止められなければ、シリアの対仏債務の支払いが遅れる可能性があると報じられたのだ。しかし、フランス政府は公式にはハマスへの支援を断固として行わない姿勢を崩していない。レーダーとのコンタクトは、アメリカのレイセオン社に任された。債務の支払いは遅れ、フランスは大きな不便を強いられた。対外的には、シリアとフランスは友好的な外交関係を保っている。

イランは、1941年と1951年に、モハメド・モサデグ博士を失脚させるために、MI6とCIAがイラクに対して行った粗暴な秘密行動に遡り、イギリスとアメリカの情報機関との間で解決すべき古い因縁を持っている。この章に属することではあるが、アチソン、ロックフェラー、ルーズベルト、トルーマンがいかにイランを堕落させたかという話は、ロックフェラーの中東石油取引についての章にある。

CIAとMI6は、国王がイランに利権を持つアメリカやイギリスの石油会社の武装強盗に反対し始めたとき、イランで2度目のチャンスを得たのである。そして、石油会社はカーター大統領と取引し、モサデグ作戦のカーボンコピーが開始されたのである。60人のCIAと10人のMI6がテヘランに派遣され、国王を弱体化させて失脚させ、最終的には暗殺させることを目的としていた。

秘密行動とは、必ずしも政府の支援を受けた諜報活動やテロ集団のことを指すわけではない。特に通信監視やモニタリングの分野では、技術的な協力という形をとることもあり、実際に行われています。一般に地味な存在で

あるため、この種の「スパイ活動」はあまり注目されないが、欺瞞による外交の最も明確な例の1つである。

世界最大かつ最も包括的なリスニングポストは、イギリスとキューバの2ヶ所にあります。イギリスのチェルテンハーンにある政府通信本部（GCHQ）は、スパイの分野では最悪の部類に入ると思われる。米国憲法は自国民へのスパイ行為を禁じているが、国家安全保障局（NSA）はGCHQと緊密に連携し、両国の国民を欺きながら、世界規模の監視活動を続けているのだ。米国議会は、何が起こっているのか気づかないか（考えられない）、あるいは最も可能性が高いのは、NSAで毎日起こっているこれらの違法行為を止めるには、あまりにも威圧的であることだ。

英国政府は、チェルトナムの施設のほか、ロンドンのエドベリーブリッジロードの電話盗聴施設からも国民の会話を聞いている。外交レベルで交わされた協定もあり、署名国の国民を欺くことに変わりはない。UKUSAは、欺瞞による外交の典型的な協定の一つである。UKUSAは軍事情報レベルしか働かないと言われているが、私の情報源によれば、それは事実ではない。元々はイギリスとアメリカの外交協定だったが、NATO諸国やカナダ、オーストラリアにも協定が拡大された。

しかし、近年ではスイスやオーストリアも含まれ、英国のEECパートナーや日本、南アフリカ、イランなどでも、営利企業とのやり取りが監視されていることが明らかになっています。MI6には、海外経済情報委員会（OEIC）と呼ばれる経済情報収集のための別部門がある。実は、この部門の拡大が、MI6をクイーン・アンズ・ゲートを見下ろすブロードウェイ・ビルから、ロンドンの地下鉄ノース・ランベス駅近くにあるセンチュリー・ビルへの移転を必要とした理由である。

米国には現在、情報セキュリティ監視局（ISOO）という

新しい情報収集機関があり、産業、貿易、また産業セキュリティに関して英国のカウンターパートと協力している。ISOOは、米国にあるInternational Computer Aided Acquisitions and Logistic Support Industry Steering Groupと連携しています。その活動は、商業技術の規制に関するものです。

300人委員会はこれらの組織を支配しており、次世代の256バイトアルゴリズムを搭載したイギリスとスイスの携帯電話に対し、イギリスとアメリカのセキュリティサービスの「スパイ要件」に従うよう強制する決定を下した、目に見えない強力な力なのである。電話の盗聴がしやすい56バイトのアルゴリズムを持つASX5版のみが許可されることはほぼ確実です。これは、政府が密かに人口をコントロールするために用いる手法の一つである。

1993年1月、NSAとGCHQの代表者が会議を開き、より複雑でないAS5Xバージョンだけを認可することを発表した。米国議会との議論もなく、米国憲法が要求するオープンフォーラムもなかった。侵入困難なA5携帯電話がすでに存在する場合は、「技術的な調整」のためにリコールされます。技術的な調整内容は、256バイトのA5チップを509バイトのA5Zチップに置き換えたことです。こうして、アメリカ国民は、さまざまな、しかし相互に関連したレベルでの欺瞞的な外交に騙され、違法なスパイ活動がますます容易になるのである。

公衆電話でさえ、セキュリティ・サービスの監視下に置かれている。例えば、ニューヨークでは、「犯罪撲滅」を名目に、公衆電話に着信できないような仕掛けが施されていた。ニューヨーク市警は、例えば公衆電話が麻薬取引に使われるのを防いだり、組織的な犯罪者が内輪で会話するのを防いだりすることができると考えたのだ。なかなかうまくいかなかったが、成功例もある。

最新の技術では、すべての公衆電話に特別な番号を付与

しています。ヨーロッパの一部の国では、公衆電話の末尾が98または99になっています。これにより、公衆電話が「安全な」会話に使われた場合、すぐに「追跡」が可能となり、公衆電話からの通話だけが「安全」でなくなるのです。犯罪が進行中であったり、誘拐犯が身代金を要求しているような実際のケースでは、確かに非常に有効な手段ですが、犯罪が絡んでいないケースでは、個人のプライバシーはどうなるのでしょうか？罪のない市民の電話の会話が盗聴されているのか？その答えは明確に「YES」です。

国民はアメリカで何が起こっているのかを知らないし、議会もその任務に失敗しているように見える。この国で大規模に行われている潜在的に有害な監視はどれも合法ではないので、欺瞞はチェックされずに続いているのである。議会は、外国のスパイ活動を監督することになると行動が遅くなり、国内の市民に対するスパイの拡散に対して行動する気が全くないようだ。

米国憲法が保障するプライバシーの権利に対する議会の無関心と、対外的な問題が議論されるたびに表明される懸念は、奇妙なコントラストをなしている。CIAのジェームズ・ウールジー・ジュニア長官は、高度な地対空ミサイルなどを保有する国に対するCIAの評価からなる「脅威分析リスト」を議会に提出した。ウールジー氏は議会で、シリア、リビア、イランが「ステルス」航空機を探知し、湾岸の米海軍を脅かすことができる巡航ミサイルを実用化していると述べた。

パキスタンはこのような巡航ミサイルを保有していることも知られており、戦争になれば、インドに対して使用する可能性が最も高い。米国政府は、インドとパキスタンを互いに翻弄するような外交策略を長年求めてきた。米国は、パキスタンがロケット弾を使ってシリアやイランを助け、イスラエルに対抗することを恐れている。「

ジハード」が勃発すれば、その可能性は極めて高い。米国は、パキスタンが核兵器を使用する「ジハード」でイランと手を組むことを考慮しないよう、あらゆる外交的策略と秘密行動を使って説得している。

隠密行動は、諜報活動を受動的なものから能動的なものへと変化させ、外交を装った武力行使と密接に関連した性質を持つことが多い。いずれの場合も、国境内にある外国の政府または集団に対する手段の行動である。大統領令12333号の秘密活動や特別活動の定義は、2つの理由で無意味であり、価値がない。

> "特別活動とは、海外における国家の外交政策目標を支援する活動で、米国の役割が明白でなく、公に認められないような方法で計画・実行されるもの、およびその活動を支援する機能をいう。ただし、米国の政治過程、世論、政策、メディアに影響を与えることを目的としたものではなく、外交活動や情報の収集・作成、関連支援行動は含まれない。"

まず、大統領令は明らかに違法である。なぜなら、大統領令は布告であり、布告は王によってのみなされるものだからである。アメリカ合衆国憲法には、大統領令を許すものは何もない。第二に、上記のガイドラインが適法であったとしても、それを遵守することは不可能である。例えば、米国がイランの国王の失脚を引き起こしていないとか、イランでCIAが米国の政治プロセスに影響を与える役割を担っていないなど、よほど無知な人だけが信じることだろう。今の時代、大統領令12333に従えば、CIAは破産してしまうだろう。

しかし、先に紹介したCIAやMI6が自由に使える秘密兵器は他にもあり、どんなに高い制限を提案されても、書面での制限を回避することができる。タヴィストックで開発されたシステムは最も広く使われており、先に示したように、人々をコントロールする究極の目的である集団

社会支配、集団大量虐殺のための最高の武器である。

暗殺は秘密活動の一部である。他の手段では解決不可能と思われる外交・内政問題を解決する手段として、殺人を認める政府はないだろうけれど。秘密活動の直接の結果として起こった暗殺をすべて列挙するつもりはないが、それには別の本が必要である。そこで、外交や政治的な文脈で最近行われた、よく知られた暗殺事件に限定して説明する。

サラエボでフェルディナント大公夫妻を殺害した銃声は世界中に響き渡り、第一次世界大戦の原因として一般に受け入れられているが、これは事実ではなく、一般大衆に用意された認識である。タヴィストックは今、「用意された認識」を正しく行っています。銃撃にはイギリスとロシアの諜報機関が深く関わっていた。イギリスの場合は、ドイツと戦争を始めたいというのが動機であり、ロシアを巻き込むということは、ロシアを戦争に巻き込んで、来るべきボルシェビキ革命のために弱体化させようということであった。

黒人公民権運動の指導者マーティン・ルーサー・キングJr.の暗殺事件は、秘密の活動と腐敗の臭いがするので、もっと詳しく調査されるべき事件である。アメリカ国民、特に一般市民は、ジェームズ・アール・レイがキング牧師を殺害するために発砲したと確信している。これが「用意された認識」です。問題は、1968年4月5日午後6時1分、レイがモーテルの部屋で、窓際で、銃を手にしていたことを、まだ誰も証明できていないことだ。

レイはメンフィスで出会った銃を売る謎の人物、ラウールにハメられたと無実を主張する。4月5日午後5時50分頃、レイはラウールから200ドルを渡され、映画を見に行くように言われ、ラウールとガンランナーが到着すると、自分（レイ）がいるときよりも自由に話ができるようになった、と言っている。レイが「落ちこぼれ」であると

いう主張を検証する上で、以下の点に注意してほしい。これらを総合すると、レイを支持し、キングの「用意された認識」の根拠を弱めているように見えるだろう。

1) キング牧師を監視していたメンフィスの警察官たちは、キング牧師が現れたロレイン・モーテルのバルコニーの下に立っていた。その中の一人、ソロモン・ジョーンズは、バルコニーの向かい側と真正面の茂みの中に、顔に白いシーツをかぶった男を観察したと報告している。この男は、ニューヨーク・タイムズ紙の記者アール・コールドウェルも目撃している。コールドウェルは、「彼は前かがみの姿勢でいた。男の手には銃がなかった...」ジョーンズもコールドウェルも、目撃したことについてどの警察署からも質問を受けたことがない。

2) レイからマスタングのパンク修理を依頼されたメカニックのウィリー・グリーンは、キングが撃たれる数分前にレイと話したことをはっきりと覚えている。事件のあったガソリンスタンドは、レイが滞在していたメンフィスのサウス・メインにあるアパートから4ブロックのところにある。レイが同時に2つの場所にいたことはありえない。

3) 銃声の進入角度は、ジョーダンとコールドウェルが言及した茂みからの発砲と一致する。レイの窓から発砲したのとは矛盾している。

4) キング殺害に使われたとされる銃は、窓から発射されたのであれば浴室の壁にめり込んでいるはずです。バスルームは他に広くないのに、FBIがバスルームを調べたところ、銃の尻の傷はおろか、壁にも跡がなかった。

5) 保安官代理が銃声がしたと思われるアパートに駆けつけると、玄関には何もなかった。保安官代理のヴァーノン・ドローハイトは、銃声が聞こえてから2分もしないうちにドアの前にいた。彼は捜査員に、ドアの近くには

何もなかったと言った。しかし、ドロハイトがこのアパートのすぐ隣にあるジムのグリルに入った数秒の間に、誰かがレイのサイズ違いのボクサーと双眼鏡が入った小包を残し、ドア近くの歩道には彼の指紋が拭き取られたショットガンが置いてありました。

レイは、発砲するために立っていたはずの浴槽から飛び出し、双眼鏡と銃の指紋と掌紋をきれいに拭き取り、数本の缶ビール（これもきれいに拭き取った）と一緒にバッグに入れ、廊下を急いで85フィート下り、階段を降り、少し離れた場所に駐車していたマスタングに乗り込むことができたはずですが、その間、ドルーハイト代理はアパートのドアから離れました。

6)　レイはラウールからもらったという200ドルだけで、どうにかカナダとイギリスに渡航できたが、逮捕された時、レイは1万ドルの現金を持っていた。レイが使った名前の1つは、エリック・スターボ・ガルトというカナダ人で、極秘ファイルに名前が載っていたレイに酷似している。レイは、カナダでガルトを見つけたのは自分の力であり、誰からも指示や金銭をもらっていないと述べた。レイが使っていたのは、同じカナダに住むジョージ・レイモンド・スニードやポール・ブリッジマンという人たちの名前だった。

7)　メンフィスの下宿屋の台帳は行方不明で、見つかっていない。レイとキング殺害を結びつける唯一の証人は、酔っぱらいのチャールズ・Qだった。Stephens氏の妻は、夫は銃撃時に酒に酔っていて何も見ていないと供述している。最初は何も見ていないと言ったが、夜になってから2番目のバージョンに変更した。

"犯人を見た　　　　　　　　　　　　　黒んぼだ"
"トイレから逃げるのを見た..."タクシー運転手のジェームズ・マクグロー氏によると、スティーブンスさんは4月5日の午後、酒に酔っていたという。ベッシー・ブリュー

ワーはスティーブンスが考えを変えるのを聞いて、"彼は酔っていて何も見ていない"と言ったそうです。報道カメラマンのアーネスト・ウィザースは、スティーブンスが何も見ていないと言ったという。

どの捜査機関もスティーブンスに関心を持たなかったが、警察が突然、レイの写真を見せて記憶を呼び覚ました。その時、Stephensは、下宿屋から走ってくるのを見たのはRayだと主張した。FBIはスティーブンスを「保護」するために31,000ドルのホテルに入れたが、誰からかは明かさなかった。しかし、スティーブンスの妾であったグレース・ウォルデンは、正体不明のメンフィス市役所職員によって、不思議なことにメンフィスの精神病院に無理やり連れていかれてしまったのだ。ウォルデンはレイに不利な政府の唯一の証人の証言を阻止できたか？

ウォルデンは施設に拘束され、彼女の弁護士はFBI、メンフィス警察、郡検察官を相手に、共謀してウォルデンの公民権を奪ったとして訴えを起こした。彼女は、スティーブンスが酒を飲んで気を失いかけていたときに銃声がしたと言っている。銃声を聞いた直後、銃を手にしていない白人の男が下宿の浴室から出て行くのを見た、という。

8) レイの裁判が茶番であったことは、議論の余地がない。彼の弁護士であるパーシー・フォアマンは、多くの専門家弁護士の意見では、そして私の意見では、ユダに変身してレイに有罪を認めさせたのです。フォアマンは、殺人で起訴された1500人の弁護を担当し、そのほとんどに勝利していた。専門家によると、もしパーシーが証拠不十分でレイに有罪を認めさせなければ、レイは無罪になっただろうとのことだ。レイに有罪を認めさせることで、フォーマンは考えられないことを成し遂げた。レイは、再審請求、テネシー州控訴裁判所への控訴、テネシ

一州最高裁判所への控訴、そして最後に最高裁判所による再審請求の権利を放棄したのだ。

キング牧師を殺した犯人の全貌が明らかになることはないだろうが、その点では、ジョン・F・ケネディの殺人事件と強い類似性を持っている。キングの死にはあまりにも多くの疑問があり、元ニューオリンズ検事の故ジム・ギャリソン氏も、デビッド・フェリーに何度も電話をかけたロコ・キンボール氏から聞いた話から、キング事件とケネディ事件には関連があると思うと述べている。キンブルは、レイにアメリカからモントリオールまで来てもらったという。レイはそれを否定する。もう一つ、ケネディとキングの殺人の共通点は、どちらも政府の非常に高いレベルの高官によって検証された可能性が高い秘密作戦であったということだ。

レイは、ミズーリ州刑務所を脱走したラウールとカナダのモントリオールで出会ったという。（脱走の経緯も謎である）。ラウールはレイを誘惑して、いろいろなところで仕事をさせ、アラバマに戻るように仕向けたらしい。モントリオールで偽の身分証明書を探していたレイは、ラウールに紹介され、レイが仕事をすることを条件に、彼の要求に応じることができると言った。レイズは、何度か打ち合わせをした後、ラウールのもとで働くことに同意したと述べている。

何度か国境を越えて（メキシコにも行った）旅行した後、ラウールはアラバマに行くことを望んだとレイは言う。長い話し合いの末、レイは州に行くことを真剣に悩んだというが、最終的にはバーミンガムに行った。レイはいくつかの仕事をこなした。中身がわからない小包を配達したり、バーミンガムからラウールに頻繁に電話をかけて新しい仕事をもらったりした。

レイによると、ラウールはその時、最後の仕事が迫っており、その報酬は12,000ドルだと言った。レイさんの話によ

ると、「望遠鏡のついた、とても強力な鹿のライフルを買ってほしい」と頼まれたそうだ。

9)　レイによると、ラウルは一緒にエアロマリン・サプライにショットガンを買いに行き、その後ラウルは一人で店に戻ってショットガンをレミントン30.06に交換したと言う。

10)　メンフィス警察は、不思議なことにキングの保護を取りやめた。彼が撃たれる約24時間前に、7人編成の部隊は撤退した。メンフィス警察のフランク・ホロマン長官は命令を否定し、そのような命令が出されたことも知らなかったと述べた。1968年4月5日の朝、メンフィス警察の4つの特殊部隊が立ち退きを命じられた。メンフィス警察では、この命令がどこから来たのか、誰も知らない。

メンフィス市警のエドワード・レディット刑事は、無線メッセージに誘われるまま職を離れたが、このメッセージは後に嘘であることが判明した。レディットによると、彼はキングが宿泊していた通りの向かいの見晴らしの良い場所からロレイン・モーテルを監視していたところ、メンフィス警察のE.H.アーキン警部補から無線で連絡を受けた。
アーキンはレディットに監視を中止して本部に戻るようにと言った。

到着したシークレットサービスは、レディットにリバーモントのホリデイ・インに出頭するように命じた。レディットは、地元のクランズマン[8]、キングの側近のメンバーをすべて知っている唯一の警察官であると主張して、これを拒否した。

しかし、メンフィス警察署長のフランク・ホロマン氏はこれを却下し、2人の警察官を伴ってレディットを自宅に連れ込み、衣類と洗面用具を取り戻させたのである。二

---

[8]クランズマン、NDT

人の警察官がレディットさんの家の玄関に座ったのは、警察の手順からすると異例なことである。レディットさんが帰宅して10分も経たないうちに、ラジオの緊急特別放送でキング牧師殺害が告げられた。

11)　ガルトのBOLOには、1964年と1965年にニューオリンズでダンスのレッスンを受けたと書かれていたが、実はレイは当時ミズーリ州刑務所にいたのだ。FBIが他のすべての法執行機関をこの事件から切り離した後に現場に到着したラムゼー・クラーク司法長官は、「我々が持っているすべての証拠は、これが一人の男の仕業であるということだ」と述べた。まだ調査の初期段階であるにもかかわらず、なぜこのような遠大な結論を急いで発表したのだろうか。レイがマーティン・ルーサー・キングを殺したという考えに対して、証拠が多すぎるということは、読者も認めるところだろう。

ジョージ・ブッシュ大統領も特筆に価する。ブッシュは歴代の大統領の中で最も優れた大統領であり、それを証明する具体的な事例がたくさんある。アメリカ人の問題は、アメリカ政府が外国政府よりも正直で、道徳的で、オープンな取引をしていると信じていることだ。私たちは子供の頃からそう教えられてきました。ジョージ・ブッシュは、この認識が100％間違いであることを証明した。

湾岸戦争のシナリオは、実は1970年代に開発されたものです。James McCartneyが「A Secret US Agenda」とレポートしたいくつかの新聞記事によって、ほぼ明らかになった。マッカートニーによると、アメリカの秘密政府は1970年初め、中東政策の基本として、この地域の石油の支配権をアラブ人から奪い取ることを決めたという。この地域に米軍の実質的なプレゼンスを確立するための口実が必要であった-
ただし、イスラエルにはない。

1975年1月、ユダヤ系の雑誌『コメンタリー』に寄稿したロバート・タッカーは、米国は他国に武力介入することへの消極性を克服しなければならないと述べ、この文脈で特にペルシャ湾地域を挙げた
タッカーは、必要なのは中東の石油支配を確立するための先制攻撃であり、危機が発生してから行動を起こすのではないと述べた。

1973年10月から1975年12月まで駐サウジアラビア大使を務めたジェームス・アキンズ氏の信条に従ったブッシュ氏が、この図々しい考えの立案者の一人であったらしい。このエイキンズの考え方は、レーガン-
ブッシュ政権の政策の基礎となった。興味深いことに、エイキンズが書いた表向きの脚本は、ジョージ・ブッシュがアメリカをイラクに対する違法な戦争に駆り立てた時に、まさに踏襲されたのである。

その後の調査で、エイキンズはキッシンジャーが書いた「エネルギー安全保障」というタイトルの台本を読んだだけだったことが分かった。キッシンジャーは当初、サウジアラビアへの直接攻撃を主張していたが、計画を修正し、サウジアラビアの代わりに小国を代用することにした。

キッシンジャーは、予防的措置として中東の石油を押収すれば、アメリカ国民に受け入れられるし、議会にも簡単に売り込むことができると考えた。ワシントンの情報筋によると、このアイデアはブッシュに快く受け入れられた。ブッシュは騙しの経験が豊富で、CIA時代には、彼の天性とも言える食欲を刺激していたという。キッシンジャーの「エネルギー安全保障」計画は、ブッシュによって取り上げられ、イラクに適用された。アル・サバがルメイラ油田から石油を盗み、盗んだ石油をOPEC価格より安く売ってイラク経済を破壊したことをめぐるイラクとクウェートの確執は、CIAがキッシンジャー・アソシエ

イツと組んで仕組んだことだと強く考えられている。

エイプリル・グラスピーの裏切り行為によってイラクを公然の紛争に追い込むことで、ブッシュは自分の計画が実現するのを見た。エイプリル・グラスピーは議会に対する嘘で裁かれるべきだったが、それは起こりそうもないことだ。しかし、ブッシュ大統領は、ヨルダンのフセイン国王が、この勝負に水を差すようなことを言い出した。私の情報源によれば、後にABCのピエール・サリンジャーが確認したことだが、フセイン国王は、米国が誠実に行動しており、イラク・クウェート危機を武力紛争ではなく、平和的手段で解決することを歓迎すると考えていたようだ。

ブッシュ政権の誠実さを信じて、サダム・フセインはバグダッドに電話をかけ、アラブ諸国による仲裁にこの紛争を委ねるようフセイン大統領に依頼する。フセイン国王はサダム・フセインに、そのような動きにはワシントンの祝福があると確約する。8月3日、仲裁案にチャンスを与えるため、クウェート国境に向かうイラク軍の進軍は停止された。しかし、サダム・フセインにはもう一つ条件があった。エジプトの独裁者ホスニー・ムバラクが、仲裁案を受け入れることであった。

フセイン国王はムバラクを呼び、ムバラクはこの計画を快諾した。フセイン国王は、ブッシュ大統領に電話をかけた。ブッシュ大統領は、王立国際問題研究所から米軍によるイラク攻撃を求める最後通牒を届けるために派遣されたマーガレット・サッチャーに会いに、アスペンに向かう途中、空軍第1軍でこの電話を受けたのだ。サリンジャーが一部確認した情報筋によると、ブッシュはフセイン王のイニシアチブに熱狂し、ヨルダンの指導者に米国は介入しないと約束したという。

しかし、フセイン国王が話を切り上げると、ブッシュはムバラクに電話をかけ、アラブ間の仲裁協議には一切参

加しないようにと言ったのである。ブッシュはサッチャーに電話して、フセイン国王との会談を報告したという。フセイン国王は、ミュンヘンの時のチェンバレンと同じように、イラクとクウェートの紛争の平和的解決は、米英政府が最も望んでいないことだと知ることになる。

サッチャーの了解を得たブッシュは、再びムバラクに電話をかけ、アラブの調停努力を頓挫させるために全力を尽くすように命じたといわれている。その見返りは、ブッシュがエジプトの70億ドルの対米債務を違法に「免除」した時であることは、今となっては周知の通りだ。ブッシュは、エジプトの債務を帳消しにする憲法上の権限を持っていなかった。ムバラクは、この調停案を激しく非難した。ブッシュは、イラクに対して脅迫を始めた。フセイン国王がフセイン大統領に、「イラク軍がクウェートに国境を越えたのは、お互いに失望した」と話してから、わずか数時間後のことである。

イラク戦争開始における米英の役割は、欺瞞による外交の典型的なケースである。中東和平と言いながら、私たちが無意識に信頼している政府は、1970年代からイラクとの戦争の準備をしていたのである。湾岸戦争は、キッシンジャーの方針に従って意図的に引き起こされたものである。このように、キッシンジャーは政府関係者ではないにもかかわらず、アメリカの中東外交に大きな影響力を持った人物であった。

パンナム103便爆破事件も、秘密活動のひどい例である。すべての事実はまだわかっていないし、これからもわからないかもしれない。しかし、これまでにわかっていることは、CIAが関与しており、少なくとも5人のCIA高官エージェントがトラベラーズチェックで50万ドルを持って搭乗していたことである。爆弾の入った袋を積み込むところをCIAが撮影したという情報もあるが、他の情報源からはまだ確認されていない。

VIII.パナマの真実

最近の例では、カーター-
トリホス間のパナマ運河条約が最もひどい例であろう。
この条約は、それが起草され、交渉されたとされる当時
に受けたよりも、もっと綿密な精査を受けるに値する。
これまで十分に、あるいは適切に検討・対処されてこな
かった、そして今、これまで以上に増幅される必要のあ
る重要な意味を強調したいと思います。その一つは、近
い将来、主権者である私たちが、国連の管轄下に置かれ
る危険性があることです。カーターのパナマ運河の取引
のような滑りやすい取引は、何も知らなければ手渡され
る可能性がある。

あまり知られていないのは、イギリス政府が所有する石
油会社アングロ・ペルシャンが、アメリカ領土を挟む運
河の利権について、アメリカがコロンビアと交渉してい
たのと同時に、コロンビア政府から利権を買おうとした
ことである。英国の外交官アービング・フレデリック・
イエーツは、運河建設用地の買収という米国の計画を阻
止するために、コロンビアとの取引に成功しかけた。イ
エーツは、モンロー・ドクトリンを発動させる外交事件
によって、土壇場で阻止された。

パナマ運河の建設用地を米国がどのように取得したかと
いう歴史を簡単に振り返ることは、その後の出来事を理
解するのに役立つかもしれない。

1845年から1849年にかけて、コロンビア政府は米国と条
約を結び、米国にパナマ地峡の通過権を認めました。185

5年、パナマは憲法改正により連邦政府の地位を獲得しました。1903年の革命以前、パナマはコロンビアの一部でした。1850年4月19日、イギリスとアメリカはクレイトン・ブルワー条約に調印し、提案された運河に対して独占的支配権を得たり維持したりしないことに合意し、その中立性を保証することとした。当時は、コロンビアの石油が主な課題でした。1900年2月5日、イギリスとアメリカの間で最初のヘイ・パウンセフォーテ条約が締結された。この条約は、運河の共同建設に伴うイギリスの財産権を放棄するもので、イギリス議会に提出されたが否決された。

1901年11月に第2次ヘイ・パウンセフォーテ条約が締結され、運河の建設、維持、管理の独占権が米国に与えられることになった。1903年1月23日、コロンビアとアメリカはヘイヘラン条約に調印し、アメリカによる運河地帯の買収を規定した。コロンビアの上院はこの条約を批准しなかった。

1903年11月18日、アメリカとパナマ新政府との間でヘイ＝ブヌア＝ヴァリラ条約が締結され、パナマは将来の運河の両側5マイル幅の地域を永久に譲り受け、その全権はアメリカに委ねられることになりました。米国は、運河区域を要塞化する権利も手に入れ、その対価として1千万ドルを支払い、さらに年間25万ドルのロイヤリティを支払うことに同意したのである。1903年1月にクレイトン＝ブルワー条約から解放された米国とコロンビアは、計画中の運河の両側の幅5マイルの領土に米国の主権を認めるヘイ＝ヘラン条約を交渉し、1904年2月26日に調印されました。運河の両側の幅5マイルの土地は、現在ではアメリカの主権的領土であり、全州が批准した憲法修正案以外では、割譲も譲渡もできないことを、最も重要な点として指摘しておく必要がある。

コロンビアの批准は遅れ、11年後の1914年4月6日にトン

プソン-
ウルティア条約が締結され、米国はコロンビアとの間に
生じた紛争に遺憾の意を表明し、コロンビアに2500万ド
ルを支払うことに同意し、コロンビアは条約を批准する
ことができました。1914年9月2日、運河地帯の境界が定
められ、さらに主権的な保護権がアメリカに与えられた
。その後、パナマ運河地帯はアメリカの主権地域となっ
た。

1921年4月20日、トンプソン-
ウルティア条約が調印された。条約の条件は、コロンビ
アがパナマの独立を承認することでした。それまで争わ
れていた国境が確定し、パナマとコロンビアの間でさま
ざまな協定が結ばれ、国交が確立されたのです。米国上
院はさらに7年間批准を遅らせたが、1928年4月20日、ト
ンプソン-
ウルティア条約を若干の修正を加えてようやく批准した
。コロンビア議会も1928年12月22日にこの条約を批准し
た。

それ以前の1927年、パナマ政府は条約締結時に米国に主
権を与えていないことを宣言していた。しかし、国際連
盟はこの明らかに不合理な論争に耳を貸さず、フロレン
シオ・ハルモディオ・アロセメナ大統領がパナマ政府の
国際連盟への訴えを退けたことで、パナマ運河地帯の領
土に対する米国の主権は疑う余地もないことが再確認さ
れたのである。

憲法が政治家によって踏みにじられようとしている今日
、すべてのアメリカ人にとって最も重要なことは、コロ
ンビアとパナマとの交渉を通じて、合衆国憲法が細心の
注意を払って尊重されていることに注目することである
。条約は上院で起草され、大統領が署名した。批准に先
立ち、協定の検討のために適切な期間が与えられました
。

後ほど、パナマに関する米コロンビア条約が憲法に則って処理されたことと、カーター政権がパナマの独裁者オマール・トリホスに米国の主権者の財産を与え、さらにそれを受け取るために金を払った、ずさんで、ごまかしが多く、ねじれた、不正直で、違憲に近い不正な行為を比較したいと思います。

1921年に米国が犯した唯一の大きな過ちは、「米国の領土になれば州になる」と定めた憲法に従って、運河とその土地を米国の主権者の所有地と即座に宣言せず、米国の州にしたことである。パナマ運河地帯を国家にしないということは、ロックフェラーの国際銀行家たちが、正当な所有者である主権者アメリカ国民からパナマ運河地帯を奪うことを招くことであり、この行動は嘘による外交を装ってカーター大統領によってあらゆる段階で支持された。

失敗から学ばなければ、同じことを繰り返す運命にあると言われています。ボルシェビキ革命、第一次世界大戦、パレスチナ、第二次世界大戦、朝鮮戦争、ベトナム戦争におけるアメリカの役割を検証すると、この格言は今日のアメリカにもこれまで以上に当てはまる。カーター政権と上院外交委員会が作った違法な前例が、近い将来行われるであろう国連との条約交渉などにおいて、私たちに不利に働くようなことがあってはならないのです。憲法を破壊するこれらの試みは、我が国の軍隊を国連の指揮下に置くという形で行われるかもしれない。

パナマ運河の主権者である我々国民からの盗みに成功した前例は、ソマリア、ボスニア、南アフリカで起こっているように、人命と金銭的に大きな犠牲を伴う戦争、憲法で大統領に与えられていない権限の奪取、秘密の高級並行政府による憲法無視につながる行動の拡大につながったのである。

だからこそ、パナマ運河のためにこれ以上の贈与が行わ

れないようにすることが必要であり、この大規模な覆面詐欺を繰り返さないためには、1965年から1973年の間に起こったことを見るしかないと思うのだ。

何が起きたのかが分かれば、再発防止につながる。

カーター政権がいかにして主権者であるアメリカ国民を欺いたかを理解するためには、少なくとも合衆国憲法についての知識が必要である。憲法を解釈するためには、私たちは政府の形態を知り、その外交政策が建国の父たちが憲法を形成するために用いたヴァッテルの「国家法」にしっかりと根ざしていることを理解することも必要である。また、条約や憲法との関係についても理解する必要があります。このような重要な問題を明確に理解している議員や下院議員は、ほんの一握りしかいない。

米国を「民主主義国」と呼ぶ誤った情報提供者を常に耳にする。特に、活字メディアと放送メディアは、国民を欺くために意図的に欺き、この嘘を永続させることに不愉快な思いをしている。米国は民主主義国家ではなく、立憲共和国、南部連合共和国、連邦共和国、あるいはその3つの融合国家である。このことを理解しないことが、混乱の第一歩となる。

マディソンは「我々は民主主義国家ではない」と指摘した。南北戦争を引き起こしたのは、政府の形態をめぐる論争であった。もし連邦からの分離独立がなかったら、戦争はなかったかもしれないし、ほとんどの場合、戦争はなかっただろう。リンカーン大統領は、アメリカ合衆国をバラバラにして2つの国にし、国際的な銀行家が常に互いに対抗できるようにしようという英国発の陰謀があると考えたのだ。南北戦争は、一度主権を握った国は常に主権者であり、南部は連邦から脱退することはできないと主張するために戦われた。主権と主権的領土の問題は、南北戦争によって一応の決着がついた。

立憲共和制では、州に居住する国民が主権者である。下院と上院は、彼らの代表者あるいは代理人であり、それがどのように機能するかをよりよく表現している。このことは、権利章典の10修正条項で説明されている。

> "憲法によって合衆国に委任されていない権限、または憲法によって合衆国に禁止されていない権限は、それぞれ合衆国または人民に留保される"

大統領は、宣言された戦争中（それ以外はありえない）を除いて、王でもなければ、軍隊の総司令官でもない。大統領をはじめ、多くの役人があからさまに憲法を破っている。その最たるものが、カーター大統領と57人の上院議員が、嘘の外交を装って、パナマ運河に対する国民の主権を譲り渡し、事実上、米国に帰属する主権的領土を処分しようとしたことであった。

合衆国憲法のもとでは、合衆国の領土は疎外されることはない。この発言の典拠は、Congressional Record Senate, S1524-S7992, April 16, 1926にある。建国の父たちは、全州が批准した憲法改正案以外では、米国の領土を他国に譲渡したり譲ったりして、領土を疎外することはできないという決議を採択した。

憲法には政党の問題を扱ったものはない。これまで何度も言ってきたように、政治家が誕生したのは、私たち主権者があまりにも軟弱で、自分たちで仕事をするのが面倒だから、代理人を選び、彼らにお金を払って仕事をさせ、ほとんど監視の目が届かないようにしたからである。それが今日の下院と上院の姿です。私たち国民に監視されていないエージェントが、合衆国憲法を踏みにじりながら走り回っているのです。

カーター大統領が制定したパナマ運河条約は、ロックフェラーの石油政策と石油産業の章で取り上げたイラン／コントラ事件やティーポットドーム事件よりもはるかに

大きなスキャンダルであった。誰が法律を作るのか?上院と下院が法律を可決し、大統領が署名すると法律となる。条約は法律の一部なのか?まず、条約とは憲法上（第6条第2項、第3条第2項）、上院が条約を起草し、下院で可決され、大統領が署名した後に成立する法律と定義されていることを理解しよう。

下院は、条約が下院の規制する国際商業および州間商業の範囲に含まれることを理由に条約を無効化する権限を持ち、条約締結において重要な役割を果たしている（第1条第8節第3項「外国との商業および複数の州間の商業を規制すること」）。憲法は、13　　　、14　　　、15の修正条項で、立法府が条約を結ぶと述べており、リノヴィッツやバンカーが米国を代表していると主張しながら、私人であったわけではありません。第1条第7項

> "下院と上院で可決された法案は、合衆国大統領に提出されるものとする..."

カーター、ブッシュ、そして今のクリントンは、全権を持つ王であるかのように振る舞っているが、実際はそうではない。カーターが国際法を扱い、主権者である国民の所有権をトリホスに譲り渡し、ブッシュが宣戦布告なしに戦争に突入し、今度はクリントンが布告（行政命令）を使って立法化しようとしているのである。憲法はこれらの問題に関して明確である。憲法上、国際法を扱う権限が与えられているのは一箇所だけであり、それは議会である。ですから、どのような状況であっても大統領の明示的な権限ではありません。(第10部第1条第8項)

カーターやブッシュがやったこと、そして今クリントンがやろうとしていることは、300人委員会の欲望と目標に合わせて憲法を縮小し弱めることです。
思い浮かぶ例としては、中絶と銃規制があります。カーターは、この削減と弱体化をパナマ運河の取引で達成した。カーターは、パナマにあるアメリカの財産の主権を

自分が持っていると簒奪し、主張したことで偽証罪に問われたのである。

パナマ運河をめぐる交渉という名目で、デビッド・ロックフェラーと麻薬銀行の代理人として行動するカーターの権力は、憲法上の他のいかなる権力にも明示的にも黙示的にも付随するものでもない。しかし、カーターは、その後継者であるブッシュやクリントンと同様に、憲法を違反し、踏みにじることで逃げ切った。

建国の父たちによって我々の外交政策が基礎づけられたヴァッテル国際法を正しく読めば、連邦政府や議会の権限に、主権者であるアメリカ国民に属する主権領域の譲渡、売却、その他の処分を与えることは決してないことがわかるだろう。条約締結権は、ヴァッテル国際法に含まれるものを超えることはできない。

権利章典第9条と憲法を注意深く読めば、大統領、下院、議会、上院のいずれも、全州が批准した憲法修正案による場合を除き、米国の主権領土を譲渡、売却、その他の処分をする権限はないことが明らかである。したがって、この協定に署名した57人の上院議員の全員が、その宣誓を破ったことになり、その中にはカーター大統領も含まれている。彼らの反逆的な行動の結果、米国は防衛の重要な要素であるパナマ運河の支配権を失ってしまった。

カーター大統領が不正に成立させた、いわゆるパナマ運河条約について、その事実を教えてください。条約交渉の意味を見てみよう。交渉することは、交渉者の側に譲歩する目的があることを意味する。第二に、交渉する人は、交渉の対象となる財産、金銭、その他を所有しているか、所有者から正式に代理交渉の権限を与えられている必要があります。また、人が何かを贈与する場合、贈与されたものに対して法律上の「対価」が必要です。一方にしか配慮がないのであれば、条約は成立せず、条約

合意も存在しないことは法律上明らかです。

先ほども申し上げたように、条約を交渉する際には、交渉当事者に法的な権利があることが非常に重要です。パナマ運河条約では、交渉担当者は憲法上、交渉する権利を持たなかった。エルズワース・バンカーもソル・リノヴィッツ（米国大使とされる）も交渉する資格はなかった。第一に、条約文書は上院が起草したものではないし、第二に、バンカーとリノヴィッツが行ったとされる交渉には客観性が全く欠けていたからだ。

リノヴィッツもバンカーも、パナマ運河条約に直接の利害関係はなかったはずだが、このプロジェクトには非常に大きな経済的利害関係があり、条約が成功することは、彼らの個人的な経済的利益につながるものであった。それは、この条約が無効とされるに十分な理由であった。バンカー／リノヴィッツの人事で憲法が踏みにじられた。第11条第2部第2節には、リノヴィッツとバンカーは「上院の助言と同意」を得なければならないとあるが、両者とも受け取ってはいない。

リノヴィッツは、パナマに広い銀行コネクションを持ち、以前はパナマ政府のために働いていたマリン・アンド・ミッドランド銀行の取締役であった。マリン・アンド・ミッドランド銀行は、麻薬のマネーロンダリングで世界的に有名な香港上海銀行に買収された。ミッドランド銀行の買収は、連邦準備制度理事会の前議長ポール・ボルカーの明確な許可を得て行われた。ボルカーは、買収の目的がパナマのロックフェラー系銀行に、パナマで儲かるコカイン取引の足場を与えることであることを十分知っていたにもかかわらず、である。香港上海銀行によるミッドランドの買収は、米国の銀行法上、犯罪に近い極めてイレギュラーなものであった。

バンカー一家はトリホスと取引をしており、それ以前にもアルヌルフォ・アリアスやパナマの元大統領マルコ・O

・ロブレスと取引をしていたのである。米国の二人の交渉担当者がこれらの関係を断ち切ったと言われても気にしない。もろくも透明なごまかし（6ヶ月の待機期間）が行われたことも気にしない。憲法は第11条第2節第2部に、大統領は「上院の助言と同意を得て」大使または公使を任命すると書いている。リノビッツとバンカーをめぐる利益相反を回避するために使われた、待機期間についての言及もない。すべてはアメリカ国民を欺くための重大な行為だったのだ。

リノヴィッツとバンカーの任命は、欺瞞と不誠実さに汚染され、大統領が我々主権者と持つべき神聖な受託者としての信頼を破ったのだ。憲法を無視して上院外交委員会が起草したことのない条約の「交渉人」にリノヴィッツとバンカーを任命したことは、決して巧みなことではなかった。委員会のメンバーは、麻薬銀行家が選んだエルズワースとリノビッツを「交渉役」として同意した時点で、全員弾劾され、おそらく反逆罪で起訴されるべきだったのだ。

さて、ここでバンカーとリノビッツが交渉した内容を紹介しよう。パナマ運河とその領域は交渉の余地がなく、米国の主権的な領土であり、議会で可決され全州が批准する憲法修正案以外では処分することができないのだ。さらに、二人の大使の信任状があったとしても、元老院によって確立されたものではなかった。カーターと彼の不正なウォール街の共犯者たちは、バンカーとリノヴィッツがアメリカのために合法的に行動しているとアメリカ国民をだまし、実際にはアメリカの法律を犯していたのである。

ウォール街の銀行家たちが考えた戦略は、アメリカ国民を疑心暗鬼に陥れ、物事を不明確にすることで、「これならカーター大統領を信用できるだろう」と言わせることであった。そのために、ウォール街の銀行家とロック

フェラーは、政治ジャーナリスト、新聞編集者、主要テ
レビ局、そして特に2人のアメリカ上院議員から金をもら
い、維持し、指示する軍隊によって、見事に支援された
のである。

デニス・デ・コンシーニ上院議員は、条約に留保をつけ
たが、それは憲法を守らない上院議員を正当化するため
の粉飾に過ぎない。この「留保」はオマール・トーリホ
スが署名したものではないので、何の効力もなかったが
、この行為によって、アリゾナの有権者は、デ・コンシー
ニが条約に全面的に賛成していないという誤った印象
を持ったのである。安直な政治的奇策であった。アリゾ
ナの有権者は、条約に圧倒的に反対していることをデ・
コンシーニに伝えていた。

では、何が「交渉」されたのか。法律上、条約交渉に含
まれなければならないやりとり、考慮事項は何だったの
か。意外と知られていないのが、「なかった」という事
実です。パナマ運河地帯の主権は、すでに主権者である
われわれ国民が持っていた。トリホスとパナマ政府は何
の見返りもなく、米国に何の見返りも与えなかったのだ
。したがって、この交渉は明らかに一方的なものであり
、トリホス・カーター条約は無効となる。

どちらか一方に配慮がなければ、条約は成立しません。
契約には、契約を合法化するための対価として、そうで
なければ成立しないような形だけの支払いが含まれてい
ることが多い。契約を合法化するためだけに、対価とし
て10ドル程度を支払うこともある。というくらい、シン
プルなものでした。Torrijosは、米国に配慮することはな
かった。

上院外交委員会がロックフェラーの傭兵が何をしてもい
いと宣言したとき、そのメンバー全員が私たち国民を裏
切ったのだから、罷免されるべきであった。

上院が不運なパナマ運河条約を批准する前に、少なくとも2〜3年は研究する必要があったはずだ。アメリカとコロンビアが1903年の条約を批准するのに要した時間を考えてみよう。上院外交委員会がカーター-トリホス条約を性急に検討したのは、まったくもって不適切だったのだ。実際、上院自身が条約を起草せず、交渉が終わってから条約を見たのだから、審議に付すべきでなかったのである。これは、憲法と真っ向から矛盾している。

このように、カーター大統領が取り消した条約への調印は、自国民を傷つけ、麻薬銀行とウォール街の関係者を利することを目的とした、大統領による茶番と欺瞞であったのだ。いつまで存在しても、カーター・トリホス条約は今日まで無効のままだ。この文書には、米国憲法の下での条約制定に関する15以上の重大な違反が含まれており、おそらくさらに5つの違反がある。

カーター-トリホス条約を有効にするには、議会で可決され、全州で批准された憲法修正案だけが必要だったのだ。しかし、この条約は非常に欠陥が多く、もし裁判所が我々国民に対する義務を果たすつもりであれば、最高裁によって覆される可能性もあったのだ。

条約の定義はすべて、条約は双方に何かを与えなければならないことを示している。パナマ運河は、すでにアメリカの所有物だった。それは間違いないのですが、もう一度その位置づけを確認しておきましょう。1903年の条約は、一方が土地を与え、もう一方が現金を受け取るというもので、双方が署名した。米国は、自分たちが支払った領土が主権を持つことを周知しているのです。パナマ運河に関するカーター・トリジョス公聴会では、運河が1903年以来、米国の主権領土であるという事実に異論を唱える討論は一つもなかった。

このとき、1903年の条約文言を紹介することは非常に重要である。

> "パナマ共和国によるいかなる主権的権利、権力または権限の行使を完全に排除するために...パナマ共和国によるいかなる主権的権利、権力または権限の行使を完全に排除するために位置し、あたかも合衆国の領土であるかのように行使するものとする"...。

これは、1903年11月18日から永久にパナマ運河地帯をアメリカの主権領土として確立する条約であることに疑いの余地はない。

この論文で何度か主権について触れてきました。主権についての良い定義は、ジョージ・ランドルフ・タッカーの国際法に関する著書にある。主権についてのもう一つの良い説明は、マルフォード博士の著書「Sovereignty of Nations」にある。

> "国家の主権、すなわち政治的主権の存在は、普遍的なある種の徴候や注記によって示される。それらは、独立、権威、至高、統一、威厳である [...]。分割された主権は、その必要なすべての概念に含意され、有機的意志におけるその実体と相容れない至高性の矛盾である。無欠点である。それは、法的形式や法制上の工夫によって無効にしたり回避したりすることはできず、退位させたり自発的に取り戻したりすることもできないが、権力と行動の継続を意味する...国家のすべての構成員とすべての機関および役職を通じて作用する..."...

カーターがロックフェラーと製薬銀行のために行おうとしたことは、1903年のパナマ条約を「法的形式と法的装置によって」変更することであった。しかし、1903年のパナマ条約は、そのような法的手段によって「無効化され回避される」ことはあり得なかった。カーター氏に残されたのは、無効であるにもかかわらず、本物の条約、

つまり新しい法的拘束力のある条約であるかのように見せかけた詐欺的な文書であったが、当時もこれからもそれはありえない。

ロックフェラー系麻薬銀行がパナマへの投資を保護する方法を考え始めた1960年代、コロンビアのコカイン取引は活況を呈していた。香港で中国政府が島の支配権を要求し、英国が何世紀にもわたって行ってきたヘロイン貿易のシェアを拡大しようとする騒動が起き、コカインがブームになったため、ウォール街の国際銀行家たちは、麻薬資金洗浄の新しい天国としてパナマに注目するようになったのです。さらに、コカイン取引で発生した巨額の資金がパナマの銀行に流れ込んでいるため、その保護も必要だった。

しかし、そのためには、パナマをウォール街の銀行の代表がコントロールしなければならず、それは簡単なことではないだろう。ルーズベルト大統領は、1903年のパナマ運河条約を弱めるために、コロン地域を割譲し、その後貿易の拠点となり麻薬密売の中心地となったことが歴史的に知られている。ドワイト・アイゼンハワー大統領は、1960年9月17日、パナマ運河の主権を弱めようとした2番目の米国高官で、運河地帯でパナマ国旗を米国旗と一緒に掲揚するよう命じました。アイゼンハワーは、CFRとロックフェラーに代わって、この反逆的な行動を実行に移したのである。しかし、アイゼンハワーの反逆行為でも、1903年の条約を「無効化し回避する」ことはできなかった。アイゼンハワーには、外国政府の国旗を米国の領土に掲揚することを命令する権利はない。それは、憲法を守るという彼の宣誓に対する明白な違反であった。

ルーズベルトとアイゼンハワーの裏切り行為に勇気づけられたパナマ大統領ロベルト・F・チアリは、パナマ運河条約の改定を米国に正式に要請した。アイゼンハワー旗

事件から1カ月後のことである。もし、私たちの憲法が何かを意味するならば、上下両院で可決され、全州で批准されない限り、米国ではそのような行動は不可能であるということです。1964年1月、有償扇動者が暴動を起こし、パナマはアメリカとの国交を断絶した。ウォール街の銀行家の典型的な演出である。

そして1964年4月、リンドン・ジョンソン大統領は（上下両院の同意なしに）米州機構（OAS）に「米国はパナマとの運河紛争に関わるあらゆる問題を見直す用意がある」と伝え、国交が再開された。ジョンソン大統領には、国際法を扱う権限も、1903年の条約を「いかなる法理論的プロセスによっても」変更するようなことも、一切できなかった。

ジョンソンは、1903年の条約に関する新たな交渉の開始を可能にする方策を積極的に模索した。ジョンソンには条約交渉権がなく、彼の行動は運河領の主権をさらに攻撃し、ロックフェラーを中心とするウォール街の銀行家の大胆な行動を促した。ジョンソンの行動が違憲であったことは明らかである。なぜなら、ジョンソンはパナマ運河の主権地域を対象とする条約を交渉しようとしたのであり、どの大統領にもその権限はない。

カーター-
トリホスのパナマ運河条約は、パナマがウォール街の銀行に約80億ドルの借金をしたために結ばれたものだ。この惨めなごまかしは、主権者であるアメリカ国民に、パナマがウォール街の銀行家に借りたものを返させるために行われたものである。私たち国民がウォール街の銀行家たちに騙されたのは、今回が初めてではありません。1921年から1924年にかけてドイツが売り出した賠償金債権に1億ドルを支払うことを余儀なくされたのは、アメリカの納税者であったことは記憶に新しいところである。カーター・トリボス条約の場合と同様に、ウォール街の銀

行家たちはドイツ国債に深く関与しており、その代表的なものはJ.P.モルガンとクーン・アンド・ローブ・アンド・カンパニーであった。

ロックフェラーによって周到に練られたシナリオに従って、1968年10月、アルヌルフォ・アリアスはオマール・トリホス大佐率いるパナマ国防軍によって追放された。トリホスは直ちにパナマのすべての政党を廃止した。1970年9月1日[er]、トリホスはジョンソンの1967年の草案（1903年の条約を改定するとされていた）を、運河のパナマへの完全な割譲と管理まで踏み込んでいないとして拒否した。

ウォール街の共謀者たちが隠れ蓑にして前進するための舞台は整い、彼らはパナマ運河をトリホスの手に渡すための措置を取り始めた。トリホスは、アルヌルフォが脅したようにパナマの麻薬マネーロンダリング銀行の蓋を剥がさないことをロックフェラーが知っている人物である。トリホスは、その代わりにパナマ運河地帯をパナマに返還することを約束した。

この新しい条約はパナマの支配権をトリホス政府に与えるもので、ジョージ・ブッシュを除けば、今世紀の大統領の中でおそらく最も憲法違反の記録を持つ大統領として歴史に名を残すであろうカーター大統領が署名したものである。カーター-
トリホス条約の不正を検証するとき、故大物下院議員ルイス・T・マクファーデン氏の言葉が思い出される。1932年6月10日、マクファーデンは、連邦準備制度理事会を「世界が知る限り最も腐敗した機関の一つ......」と糾弾している。カーター-
トリホス条約は、世界が知る限り最も腐敗した条約の一つである。

米国のコカイン取引は極東のヘロイン取引をはるかに凌駕しており、パナマは麻薬資金洗浄のための世界で最も

保護された銀行避難所の一つになっている。昔の酒屋が、今の麻薬王になったのだ。隠蔽の仕組みが当時よりずっと高度になっていることを除けば、何も変わっていないのだ。今日では、役員室やロンドン、ニース、モンテカルロ、アカプルコの高級クラブにいる紳士のようなものです。オリガルヒは、宮廷の使用人とは慎重な距離を保ち、宮殿と権力の中でアンタッチャブルで平穏な生活を送っている。

麻薬取引は、密造酒取引と同じように行われているのですか？[9]不吉な男が100ドル札を詰めたスーツケースを持ち歩いているのか？しかし、それはごくまれなケースです。麻薬取引に関わる金融取引は、主に国際銀行やその金融機関の積極的な協力によって行われています。麻薬資金を洗浄する銀行を閉鎖すれば、麻薬取引はなくなり始めるだろう。ネズミの穴を塞げば、ネズミの駆除がしやすくなります。

これがパナマで起こったことです。そのネズミの穴を塞いだのが、マヌエル・ノリエガ将軍である。国際的な銀行家はどうすることもできなかった。麻薬資金を洗浄する銀行を叩くと、その反動は長くは続かない。麻薬取締局（DEA）の試算では、1日に2億5千万ドルがテレタイプで送金され、その50％は麻薬取引による銀行間マネーであった。ケイマン諸島、パナマ、バハマ、アンドラ、香港、米国がこのトラフィックの主役であった。

スイスの銀行がそのほとんどを扱っているが、1970年代からパナマの銀行を経由するものが増えている。

米国で麻薬資金の洗浄を担当している銀行家にとって、パナマは勝者であることが次第に明らかになってきた。このような理解から、マネーロンダリングは、自分たちがコントロールできる資産をパナマに置く必要性に関心

---

[9]"Bootlegging"、オリジナルのNDTで。

を持つようになった。アルヌルフォ・アリアスは、パナマシティで銀行を捜索し始めたとき、彼らを混乱させた。DEAは、米国からパナマに年間60億ドルが流れていると推定している。東海岸リベラル派の「マフィア」300人委員会の弁護士であるクーデルト兄弟は、アルヌルフォ・アリアスがパナマの銀行を潤すコカイン取引に脅威を与えないようにするための措置を取り始めたのである。

クーデルト兄弟がトリホスとのパナマ交渉の責任者に選んだのは、先に紹介したソル・リノヴィッツという身内の人間だった。クーダート・ブラザーズの共同経営者であり、ゼロックス、パンアメリカン航空、マリン・ミッドランド銀行の取締役でもあったリノヴィッツは、ロックフェラーが考えていたパナマ運河地帯全体の買収を実現するために必要なすべての資格を持っていたのである。オリンピアン」（300人委員会）の使者は、オマール・トリホスの中に、国際銀行家の目的に適うものを見出したのだ。

前述したように、パナマは、トリホスが政権を握り、すべての政党を廃止するのに十分なほど不安定な状態にあった。アメリカのマスコミは、トリホスを熱烈なパナマ人であり、1903年にパナマ運河を米国に譲渡したことでパナマ国民が不当に扱われたと強く感じている人物であると、熱狂的なパナマ人であるかのように報道した。トリホスがつけていた「Made by David Rockefeller」のマークは、アメリカ国民には周到に隠されていたのだ。

上院外交委員会、特にデニス・デ・コンシーニ上院議員とリチャード・ルーガー上院議員の裏切りによって、パナマはトリホス将軍と300人委員会の手に渡り、アメリカの納税者に何十億ドルもの負担を強いることになったのだ。しかし、トリヨスは、他の多くの人間と同様、自分の創造主である「オリンピアン」を見失っているようだ

った。

もともとキッシンジャーとリノヴィッツによってその職に選ばれたトリホスは、国務長官であれ国防長官であれ、アメリカの秘密並行政府に仕えるすべての人々と同様に、パナマ運河が主権者であるアメリカ国民からウォール街の銀行家、麻薬王とその幹部たちに譲渡される間、うまく振る舞ったのだ。そして、師匠たちが悔しがるほど、トリホスはウォール街の腹話術師の操り人形であり続けるのではなく、ナショナリストとしての自分の役割を真剣に考え始めたのだ。

パナマはキッシンジャーのトロイの木馬の目を通して見なければならない。つまり、キッシンジャーが将来何千人ものアメリカ兵を送り込む中継地として、中米の極めて重要な地点として見なければならないのである。キッシンジャーの命令は、中米で再び「ベトナム戦争」を始めることだった。しかし、鳥海は別の考えを持ち始めた。彼は、コンタドーラグループへの参加を選択した。完璧ではなかったが、コンタドーロ夫妻は麻薬王と戦う覚悟を決めていた。そのため、トリホスは主人たちの悩みの種となり、「永久に動けなくなる」ことになった。

1981年8月、トリホスは殺害された。彼が乗っていた飛行機は、アリストテレス・オナシスの息子を殺した飛行機と同じように装備されていたのだ。操縦桿は、飛行機のリフト（上昇と下降を制御する）をパイロットが望む方向とは逆に操作するように細工されていた。トリホスを乗せた飛行機は、離陸後上昇することなく、文字通り地面に墜落してしまった。

パナマの銀行はデビッド・ロックフェラーが所有するウォール街の銀行の支配下に置かれ、彼らはパナマを汚れた麻薬資金の便利な保管場所と見て、すぐに世界のコカイン銀行の中心地に指定され、香港はヘロイン銀行の中心地であり続けました。ロックフェラーは、世界銀行と

マリン・アンド・ミッドランド銀行（リノヴィッツが取締役を務めていた銀行）の元取締役、ニコラス・アルディート・バーレッタに銀行事情を掌握するよう依頼した。

バレッタは、パナマの銀行部門を再編し、麻薬のマネーロンダリングにとってより安全な銀行法に変更することだった。バレッタは、疑われない程度の立派な人物で、世界有数の麻薬資金洗浄銀行である香港上海銀行（後にアメリカのミッドランド・マリン銀行を買収）とのつながりもあり、膨大な麻薬資金の取り扱い経験もあった。

米国麻薬取締局（DEA）の資料によると、1982年までにパナマ国立銀行は1980年比で500%も米ドルの流出入を増やしていた。1980年から1984年にかけて、60億ドル近い未送金が米国からパナマに流れた。コロンビアの麻薬取締局の推定では、1980年から1983年の間にコカインによって生じた現金は250億ドルに達し、そのほとんどがパナマシティの銀行に預けられたものである。トリホスが退陣して半年後、麻薬銀行家が推す強者、パナマ国防軍のルエベン・パラデス将軍が登場した。

しかし、前任者と同様、パラディスは自分のボスが誰なのか分かっていない気配を漂わせていた。パナマがコンタドーラ組に加わるという話をし始めたのだ。キッシンジャーは1983年2月にパレードにメッセージを送ったに違いない。将軍は十分に賢明で、コンタドーラをパナマから追い出し、キッシンジャーとウォール街の国際銀行家を全面的に支援することを約束し、一転した。

パレードは、トリホスによって追放されたアルヌルフォ・アリアスと親交を深め、彼の指導力に風格を持たせることに腐心した。ワシントンでは、パレードはキッシンジャーによって「確信犯的な反共産主義の米国の友人」として紹介された。オチョア・エスコバルのコカイン一族が25歳の息子を無慈悲に処刑しても、パナマをコカイ

ン取引に開放し、その銀行を保護したのだ。

FDPでパラデスの後継者だったマヌエル・ノリエガは、麻薬取引から手を引こうとしていたパナマ国防軍の腐敗に危機感を募らせた。ノリエガはパラデスに対するクーデターを計画し、パラデスはパナマ国防軍によって倒され、ノリエガはFDPの司令官となってパナマを支配することになった。ノリエガは数年前からCIAとDEAの下で働いており、キッシンジャーやロックフェラーからは「会社人間」と見なされていた。

ノリエガについて、ウォール街やワシントンで疑惑が生じ始めたのはいつ頃か。1987年5月にDEAが公表したPDFとDEAの合同麻薬作戦（コードネーム「オペレーション・フィッシュ」）の見事な成功の直後だったと思う。DEAは「オペレーション・フィッシュ」を「連邦麻薬取締局の歴史上、最大かつ最も成功した潜入捜査」と呼んでいる。

1987年5月27日、麻薬取締局長のジョン・ローンがノリエガに宛てた手紙からもわかるように、麻薬銀行家たちはノリエガを恐れるに足る理由があると感じていた。

> "先日終了した「オペレーション・フィッシュ」はご承知の通り、成功裏に終わりました。国際的な麻薬取引業者やマネーロンダリング業者から、何百万ドル、何千ポンドもの麻薬が押収された。フィッシュ作戦」に対するあなたの個人的な取り組みと、パナマ共和国の他の当局者の有能でプロフェッショナルで疲れを知らない努力は、この捜査が最終的に良い結果を得るために必要不可欠でした。世界中の麻薬密売人は、彼らの違法行為による収益や利益がパナマでは歓迎されないことを知っています。

ノリエガに宛てた2通目の手紙の中で、ローンはこう書いている。

> "この場をお借りして、パナマで行われた、告発され
> た麻薬密売人の数多くの国外追放、コカインと前駆物
> 質の大量押収、パナマ領内でのマリファナの撲滅に反
> 映されている、貴殿の精力的な麻薬密売防止政策に改
> めて深く感謝いたします。"

米南部軍司令官ポール・ゴーマン将軍は、上院外交小委
員会の公聴会で、ノリエガが不正を働いたという証拠は
見たことがなく、ノリエガが麻薬王とつながっていると
いう確たる証拠もない、と述べた。委員会自身は、それ
に反する信頼できる証拠を提示することができなかった
。委員会は、ノリエガの最も強力な敵がファースト・バ
ンク・オブ・ボストン、クレディ・スイス、アメリカン
・エキスプレス、バンク・オブ・アメリカであるという
告発を調査せず、アメリカ国民を失望させたのだ。

全米麻薬国境取締システム（NNBIS）のフロリダ・タス
クフォースを率いるアダム・マーフィー氏は、こうあっ
けらかんと言い放った。

> 「NNBISと南フロリダ・タスクフォースでの在職期間
> 中、ノリエガ将軍が麻薬取引に関与しているという情
> 報を得たことは一度もなかった。実際、私たちは、麻
> 薬戦争における米国との協力という点で、パナマを常
> にモデルとして掲げてきました。大陪審の起訴は、有
> 罪判決ではないことを忘れないでください。そして、
> もしノリエガ事件が裁判になったら、私はその陪審員
> の所見の証拠を見るだろう。しかし、そうなるまで、
> 私には将軍の関与の直接の証拠がないのである。私の
> 経験では、その逆です。"

フィッシュ作戦」は、ノリエガが推進したパナマ法29条
の成立によって初めて可能になったことは、これまで報
道されていない。これを報じたのはパナマ最大の新聞「*L
a
Prensa*」で、パナマ国防軍が反麻薬広告キャンペーンを
展開しており、「パナマの銀行センターが荒廃する」と

苦言を呈している。

当たり前だ。オペレーション・ピスケス」はパナマの18
銀行の54口座を閉鎖し、1千万ドルの現金と大量のコカイ
ンを押収しました。この後、さらに85の銀行の口座が凍
結され、その預金はコカイン密売による現金で占められ
ていた。アメリカ、コロンビア、キューバ系アメリカ人
の主要な麻薬密売人58人が逮捕され、麻薬密売の罪で起
訴された。

しかし、ノリエガが誘拐され、マイアミの連邦裁判所に
引きずり出された時、ノリエガの市民権を見事に侵害し
たウィリアム・ホエブラー判事は、これらの手紙とノリ
エガの反麻薬的役割を示す他の何百もの文書を証拠とし
て認めることを拒否した。そして、アメリカではあえて
「正義」を口にし、大統領は「麻薬との戦い」を口にす
る。ノリエガ将軍が誘拐され、米国に収監されたことで
、麻薬戦争は終結した。

フィッシュ作戦」をきっかけに、パナマとワシントンで
ノリエガ将軍の信用を失墜させるためのキャンペーンが
一斉に展開された。国際通貨基金（IMF）は、ノリエガ
が「独裁的行動」を止めない限り、つまりノリエガが麻
薬銀行やコカイン商人と戦うのを止めない限り、パナマ
への融資を取り消すとまで脅しました。1986年3月22日、
ノリエガはテレビ演説で、パナマがIMFによって首を絞
められているとパナマ国民に告げた。IMFは、ノリエガ
を追放しなければパナマにひどい緊縮財政が待っている
と警告し、組合に圧力をかけてノリエガを政権から追い
出そうとした。

パナマ、コロンビア、カリブ海諸国に対するIMFの立場
は、世界銀行高官のジョン・ホールドソンが明らかにし
た。彼は、コカイン「産業」は生産国にとって非常に有
利であり、「彼らの立場からすれば、これ以上の製品は
見つからなかっただけだ」と述べている。IMFのコロン

ビア事務所は、IMFの関知するところでは、マリファナもコカインもラテンアメリカ経済に必要な外貨をもたらす他の作物と同じだと公然と述べているのだ。

そして、ウォール街の銀行家とその同盟者であるワシントンは、ノーマン・ベイリー博士をパナマとアメリカの「市民グループ」を支援するために注目するようになった。シビックグループは、ノリエガを排除しようとするウォール街の銀行家たちの試みを支援し、パナマの公共の利益になるように見せかけるために結成された。シビックグループを支えてくださったのは、以下の方々です。

パナマにて	米国では
アルビン・ウィードン・ガンボア	ソル・リノヴィッツ
セザール＆リカルド・トライバルドス	エリオット・リチャードソン
ロベルト・アイゼンマン	ジェームズ・ベーカー3世
カルロス・ロドリゲス・ミラン	ロナルド・レーガン大統領
ジュリアン・メロ・ボルブラ中佐	アルフォンス・ダマート上院議員
ロブレス兄弟	ヘンリー・キッシンジャー
ホセ・ブランドン	デイヴィッド・ロックフェラー
ルイス・ガリンド	ジェームス・レストン

スティーブン・サモス

ルーベン・ダリオス将軍の
パレード

ギジェルモ・エンダラ

ジョン・R・ペティ

シスネロス将軍

ビリー・フォード

IMFのキャンペーンが失敗すると、国務省のクーデルト兄弟、ニューヨークタイムズ、キッシンジャー・アソシエイツ、ワシントンポストが、世論をノリエガに向けるために米国と世界のマスコミに全面的な中傷キャンペーンを開始した。その際、共謀者たちは、麻薬密売人、麻薬銀行家、麻薬ディーラー、様々な犯罪者たちの支援を求め、獲得したのです。証拠がなくても、ノリエガの不正や麻薬密売人を告発できる人なら誰でも歓迎された。パナマの麻薬銀行への年間60億ドルの現金の流れは、保護されることになった。

1987年6月、ワシントンD.C.で開催された「シビック・クルセイド」は、彼の名誉を傷つけるキャンペーンを調整するための主要な手段であった。主な後援者、資金援助者は、クーデター兄弟、リノヴィッツ、三極委員会、ウィリアム・コルビー（主にCIA）、キッシンジャー・アソシエイツ、米国国務省国際問題担当副補佐官のウィリアム・G・ウォーカーであった。自称「ノリエガに反対するパナマの国際的代表」であるホセ・ブランドンが、組織の運営に採用されました。

宣伝は、パナマの元高官であるノーマン・ベイリー博士の手になるものであった。ベイリー博士は国家安全保障会議に雇われており、その職務には麻薬資金の動きを研究することが含まれていた。もちろん、麻薬資金がパナマの銀行を出入りする様子を直接体験することができたのである。ベイリーはニコラス・アルディート・バーレッタの親友であった。ベイリー博士がノリエガと衝突したのは、ノリエガがパナマ国民にさらなる緊縮財政を強

いることになるIMFの「条件」を強制しようとしたとき
である。ベイリー氏のパートナーは、コルビー・ベイリ
ー・ワーナー法律事務所のウィリアム・コルビー氏であ
った。ノリエガの本気度が明らかになった時、パニック
に陥った銀行家や麻薬王が頼ったのがこの会社だった。

シビック・クルセイドで就任したベイリー氏は、"友人の
ニッキー・バレッタがパナマの大統領を辞めたときから
、私はパナマとの戦争を始めた
"と語っている。ベイリーがパナマの銀行機密法を知った
のは、それを導入したバレッタからというユニークな立
場であった。なぜ、ベイリーがバレッタの失脚に怒った
のか？なぜなら、麻薬王とその盟友である銀行家たちか
ら、自分たちの「パナマの男」を奪うことになり、パナ
マを出入りする金とコカインの円滑な流れに大きな打撃
を与えることになったからである。バレッタは、IMFの
砲手でもあり、東側のリベラル派のエスタブリッシュメ
ント、特にボヘミアンズ・クラブのメンバーの大のお気
に入りであった。ノリエガがバレッタやワシントンD.C.
の体制に真っ向からぶつかったのも、無理からぬことだ
った。

ベイリーが率いる「シビック・クルセイド」は、コロン
ビアのコカイン王からワシントンやロンドンの麻薬取引
エリートまでの輪を閉ざしたのだ。ベイリーがいたから
こそ、低レベルの殺人的なコカインマフィアや、ワシン
トン、ロンドン、ボストン、ニューヨークの社会的・政
治的登録簿に載る立派でアンタッチャブルな名前が生ま
れたのである。

ベイリー氏は、PDFを「西半球で最も重く軍備されてい
る国だから」追放したい、と述べた。ベイリーは、ノリ
エガを追放した後は、文民政権が後釜になると言ってい
た。私たちは、ベイリーの提案するポストノリエガ・パ
ナマを導く人たちに会いに行くのです。シビック・クル

セードを支援するため、1987年11月に上院のスタッフ6名がパナマに行き、4日間滞在した。しかし、パナマを通過する膨大な量の現金やコカイン、そしてノリエガが麻薬取引の禁止に尽力していたことについては、一切触れなかった。明確にはしていないが、上院はパナマに関する声明で、「無秩序が続く」場合、米軍を招集する可能性を示唆した。

その不安の正体は？パナマ国民のノリエガに対する不満の自発的な表明だったのか、それとも、ウォール街の銀行家の計画に合わせて人為的に作り出された状況だったのか……。この問いに答えるには、パナマの「トラブル」でジョン・マイスターが果たした役割に注目する必要がある。マイストはパナマのアメリカ大使館でナンバー2の地位にあった。韓国、フィリピン、ハイチで勤務した経験がある。マイストは、トラブルメーカーだった過去がある。彼がこれらの国に到着した後、すぐに不安と"無秩序"が起こった。ある独立情報筋によると、パナマの街頭抗議行動の90%はマイストの影響力によるものだという。

ベイリーは、マイストへの支持を隠そうともしなかった。ジョージ・ワシントン大学のフォーラムでベイリーが語ったところによると、ノリエガが降伏するのは、パナマ国民が街頭に出て、殴られたり撃たれたりした場合のみだという。ベイリー氏は、このようなイベントでテレビカメラが使えないと、「無駄な努力になる」と付け加えた。

2年後の1988年2月、ノリエガはマイアミの大陪審で起訴された。この司法省の復讐劇は、ノリエガの運命を決定づけ、星条旗時代の古めかしい大陪審制度を廃止する必要性を強調することになったのである。スターチャンバー（大陪審）の手続きは、被告人にとって決して公平ではありません。麻薬王とその銀行家、そしてワシントンD

.C.の政治家たちは、数十億ドルの年収を脅かす存在として、ノリエガを当然ながら排除した。

1986年、第一インターアメリカ銀行の強制閉鎖とカリ・カルテル傘下のイベリアメリカ銀行へのPDFによる手入れをきっかけに、ノリエガ排除の動きが本格化し、警鐘が鳴らされるようになったのだ。300人委員会は、パナマのジャングルにあるコカイン加工工場と大量のエチルエーテルを破壊したことと合わせて、ノリエガの殺害、あるいは拉致して米国に連行することを可能な限り迅速に行うよう命じました。

ケリー上院議員が委員長を務める上院テロ・麻薬・国際作戦小委員会では、ノリエガに対する欠席裁判ともいうべき冤罪の嵐が吹き荒れたが、ノリエガを十分に誹謗中傷することはできなかった。3000億ドルのオフショア麻薬取引の門番は、ノリエガを打倒するために、より早く、より厳しい方法を求めた。上院議員アルフォンス・ダマトは、ノリエガを暗殺するヒットスクワッドを作るという直接行動を提唱しています。ダマートも誘拐を提案しており、ブッシュは彼からアイデアを得たのかもしれない。

そして、ウォール街の圧力に押されて、ブッシュ大統領はパナマ駐留米軍の交戦規定を変更し、以後、PDFとの対決を模索することになった。1989年7月8日、パナマの米軍南方司令官であるシスネロス将軍は、その責任を問われるべき異常な発言をした。

> "OASはノリエガを排除するために十分な行動をとっていない。私としては、そろそろパナマに軍事介入してもいいんじゃないかと思うのですが……。"

いつから軍隊が政治的アジェンダを設定することが許されるようになったのでしょうか？1989年10月から11月にかけて、パナマの米軍はパナマ軍に嫌がらせをし、最終的には道路封鎖で米兵が死亡する悲劇を招いた。兵士た

ちは、PDFが設置した道路封鎖地点で停止するよう命じられた。言い争いになり、兵士たちは逃げ出した。発砲され、米兵の一人が死亡した。

これを合図にブッシュ大統領は、かねてから計画していたパナマ攻撃を開始した。パナマがクリスマスの準備をしていた1989年12月20日の夜、憲法が要求する宣戦布告をまず得ることなく、パナマに対する暴力的な侵略行為が行われました。この攻撃には2万8千から2万9千人の米軍が参加し、7千人のパナマ市民が死亡し、チョリロ地方全体が破壊された。この宣言されていない戦争で、少なくとも50人の米兵が不必要に死亡した。ノリエガは誘拐され、アメリカまで空輸された。この大胆な国際的強盗行為は、今後起こるであろう多くの事件の前触れであった。

ブッシュ政権がなぜパナマに注目したのか？なぜ、ノリエガ打倒の圧力がかかったのか？アメリカは、小さな国のいわゆる独裁者を排除するために、これほどまでに並外れた努力をしたという事実は、私たちに何かを教えてくれるはずです。この武勇伝の背景には何があったのか、非常に興味が湧くはずだ。私たちはもっと警戒し、政府を信用しなくなり、これほど大規模に、アメリカ政府のやることが必ずしも正しいとは思えなくなるはずだ。

ノリエガは麻薬王たちの懐に飛び込んだのだ。彼は、麻薬マネーロンダリング銀行の利益の大部分を犠牲にした。彼は銀行家の評判を落とした。パナマの銀行法に歯止めをかけることで、現状を打破した。ノリエガは、キッシンジャーのアンデス計画を妨害し、中米での武器売却を妨害した。非常に力のある人たちの足を踏みにじったのです。このため、ノリエガ将軍はアメリカの刑務所で余生を過ごすことを宣告された。

多くのアメリカ人は、パナマのことは後回しにしている。ノリエガはしっかりと刑務所に収監され、もはや無法

なブッシュ政権やウォール街の銀行家、そして麻薬カルテルの顧客にとって危険な存在ではなくなった。カーター、レーガン、ブッシュには効果があったようです。あからさまに違法なパナマ侵攻で、50人のアメリカ人と7000人のパナマ人の命が奪われたことは、すぐに忘れ去られる。かつて麻薬取締局の主任捜査官ジョン・ローンが、パナマの麻薬対策チームの中で最も優秀な選手と評した人物も忘れ去られている。パナマを麻薬取引のために開放しておくことで、米国の納税者が負担するコストは、これまで明らかにされてこなかった。

ノリエガの罪は、麻薬取引とそのための銀行について知りすぎていたことであり、1989年には、不正取引とされる資金洗浄を行っていたロックフェラー銀行にとって深刻な脅威となった。だから、彼は始末されなければならなかった。米軍に破壊された近隣地域は、今も廃墟のままだ。パナマでは、侵略者である米軍が去った3年後でも、報道検閲が行われている。1992年8月、パナマ市のマイン・コレア市長は、同市長の行動とパナマの銀行における「特別口座」を明らかにする記事を掲載した『モメント』誌の編集者を攻撃した。

ワシントンの傀儡政権に反対することは許されない。パナマで抗議デモに参加する者は、逮捕・投獄される危険があります。デモを「組織する」ことさえ犯罪であり、主催者は裁判を受けずに刑務所に入れられることもある。これは、ブッシュと、彼に合衆国憲法を無視することを許した下院と上院の人々の遺産である。

パナマでは賄賂や汚職が横行し、ワシントンの代理人である「ポーキー」エンダラの政府高官やパナマ最高裁のカルロス・ロペス長官などには麻薬関連の告発が飛び交っている。ブッシュ政権が残した混乱は調査を要求しているが、残念ながらワシントンの誰もそれについて何もする気がない。シビック・クルスはもういない。市民運

動は、ノリエガがウォール街の銀行家とコカイン取引の
パートナーにもたらす脅威に関するものだけだったよう
だ。

パナマで犯した戦争犯罪でブッシュが裁かれることはあ
るのだろうか？1989年12月のパナマ侵攻で被った損害の
賠償を求める500人のパナマ人家族の非常にささやかな要
求を、米国最高裁が却下したことを考えると、そうでは
ないだろう。ノリエガの弾劾で事態の収拾を保証するは
ずだった麻薬取引はどうなった？実は、どこにも行かな
かったのです。私の情報筋によれば、パナマの自由貿易
地域であるコロンでは、ノリエガ時代の約2倍のコカイン
が扱われているという。情報部からの報告によると、1日
に5～6隻の麻薬運搬船がそこを通過しているそうだ。か
つて麻薬王から報酬を得ていたのは高官だけだったが、
今では誰もがそうだ。パナマの麻薬密売は信じられない
ほどの高みに達している。

パナマの麻薬取引の激増は、それに応じて犯罪も増加し
、1989年にノリエガが捕虜になったときから500％増とな
った。失業した若者たちは、かつて活気にあふれていた
コロンの街を歩き回り、仕事を探す。しかし、何度も断
られ、犯罪に手を染めることになる。PDFが解散し、街
や高速道路は元PDF隊員を含む暴力団の所有物となり、
彼らは「ブラックリスト」に載っているため、仕事を見
つけることができないのだ。コロン自由貿易地域に拠点
を置くいくつかの米国企業は、幹部が誘拐され、身代金
を要求されたため、米国への帰国を余儀なくされた。し
ばしば100万ドルの身代金を要求されたが、ノリエガが支
配していたときには、このようなことはあり得なかった
。

ノリエガの支配下よりも犯罪率が高くなることを恐れて
、私設警備隊の大軍が作られた。ブッシュ大統領は、パ
ナマ国防軍はノリエガ政権の「弾圧の道具」であるとし

、友人のベイリー博士とともに同軍を解体するつもりであることを世界に知らしめたのである。パナマは、かつて統制のとれたPDFを失い、代わりに1万5千人の私設警備員と、政府の各メンバーが私設軍隊を持つようになった。パナマの街は無政府状態であった。

腐敗が蔓延している。破壊された地域の再建に使われるはずだった米国の補助金（米国の税金）は、結局、ワシントンによって権力を握らされた政治家の強欲な手に渡ってしまった。その結果、窓もバスルームもキッチンもない、塗装もされていない、人が住めないブロックハウスのようなコンクリート・アパートが出来上がった。これが、ジョージ・ブッシュの「民主主義」がパナマで成し遂げたことである。

IX.ユーゴスラビアを中心に

セルビアは、第一次世界大戦のきっかけとなった出来事からもわかるように、バルカン半島では常にトラブルメーカーであった。1914年6月28日、サラエボを訪れていたフェルディナンド大公が暗殺された事件である。暗殺者ガヴリロ・プリンツィプは、共犯者と共に、1911年にセルビアが設立し、セルビアの領有権主張の名の下にオーストリアに対する扇動に利用した「連合または死」（ブラックハンド）というセルビア秘密結社の代表として行動していたのだ。

セルビア政府はこの計画を知っていながら、何もしなかった。ヨーロッパはこの犯罪に憤慨し、特にセルビアの長年の忍びない活動に照らして、この犯罪を非難した。1914年7月5日、アレクサンダー・ホヨス伯爵はベルリンに派遣され、こう宣言した。

> "...私は、絶え間ないセルビア人の不安の問題をきっぱりと解決し、オーストリアに正義を要求するためにここに来たのです。"

ホヨスの訪問で明らかになったのは、セルビアが現実問題として、領土を獲得してセルビア王朝を樹立しようとする第一級の問題児であるということだった。

1914年7月23日、オーストリアはセルビアに文書による最後通牒を送った。

1) オーストリアに対するプロパガンダに従事する出版物や組織を解散させること。

2) オーストリアから反オーストリア活動で訴えられた官僚を解任。

3) 学校における反オーストラリアのプロパガンダの中止。

4) オーストリア政府と協力し、フェルディナント大公暗殺の責任を立証。

5) 陰謀の責任者に対する法的手続き

6) 関与が判明しているセルビア人高官2名の逮捕。

7) セルビア政府からの謝罪

この時代の歴史から明らかなように、セルビア人はそれまでバルカン半島では知られていなかったほど狡猾であった。その答えが出る前に、セルビア人はオーストリアとの戦争に動員された。しかし、よくよく考えてみると、それはオーストリアの要求を拒否したものであった。また、セルビアはロシアから「セルビアを攻撃させない」と密かに確約を受けており、私的にはセルビアはイギリス政府から同じ約束を受けていたのだが......。

1914年7月28日、オーストリアはセルビアに宣戦布告し、その後ベオグラードが爆撃され、ドイツはセルビアの占領を要求してきた。その後、多くの国が宣戦布告をした。

1er 8月：ドイツ対ロシア。

8月3日：ドイツ対フランス。

8月4日：イギリス対ドイツ

8月5日：モンテネグロ対オーストリア。

8月6日：セルビア対ドイツ。

8月6日：オーストリア対ロシア。

8月8日：モンテネグロ対ドイツ。

その後、日本はドイツに、セルビアはトルコに、ブルガリアはセルビアに、そして1918年にはグアテマラはドイツに、ニカラグアはドイツとオーストリアに、コスタリカはドイツに、ハイチとホンジュラスはドイツに、と爆発的に宣戦布告が行われた。ロシアは、ボルシェビキ革命のために英国が仕掛けた罠に、ニコライ皇帝がまんまと引っかかってしまったのだ。

1915年5月7日、連合国はイギリスの扇動により、ボスニア・ヘルツェゴビナを最終的に獲得することをセルビアに保証し、その中には「アドリア海への広いアクセス」の保証が含まれていた。このことが、1993年にヨーロッパを再び壊滅的な戦争に巻き込む恐れのあるセルビア人によるこれらの国への侵略の根本原因であった。混乱と恐怖の40年間を通して、アメリカを第一次世界大戦に引きずり込んだ責任者であるエドワード・グレイ卿に代表されるイギリスの黒人属国たちの手腕が見て取れる。今日の出演者は、デビッド・オーウェン卿、キャリントン卿、サイラス・ヴァンス、ウォーレン・クリストファーです。

1916年12月18日、いわゆるウィルソン提案が公表され、その中にイギリス政府がセルビア・モンテネグロの再立国を要求する内容が含まれていた。1916年に米国が英国とともに介入したことに鑑みれば、外交問題評議会のウォーレン・クリストファー国務長官の派遣を通じて、米国をバルカン半島でのより広い戦争に巻き込もうとする現在の動きは驚くにあたらない。これは、すべて以前から行われていたことです。

ユーゴスラビアの歴史を簡単に説明すると、イギリスの寡頭政治的な策略が存在することがわかる。1917年7月20日、国際連合の前身である国際連盟、イギリス、イタリアからの大きな圧力により、クロアチア、セルビア、モンテネグロの3カ国はコルフ協定に調印した。セルビア人

にとって、この協定の調印はバルカン半島におけるセルビア王朝の第一歩を意味し、その中でハプスブルク家は重要な役割を果たすことになる。クロアチア人は、カトリック教会の支援を受けながら、この協定に反対していたが、その実施を阻止することはできなかった。こうして、セルビア王朝のもとでの一つの国家が、少しばかり現実味を帯びてきたのである。

1918年11月3日、グレイ、ハウス（マンデル・ハイス）大佐、ウィルソン大統領らが計画したアメリカの軍事介入により、ドイツは第一次世界大戦の敗北を受け入れざるを得なくなった。イギリス政府の扇動により、ジュネーブで「ユーゴスラビア会議」が開催され、1918年12月4日にクロアチア、スロベニア、セルビア王国が宣言される。

セルビア人は、ジュネーブで署名した内容にもかかわらず、クロアチアの領土に対する権利を主張するため、直ちにクロアチアに対する侵略行為を開始した。1917年11月26日、モンテネグロ人はセルビアとの連合を宣言し、アレクサンドル皇太子はこの新国家を受け入れた。この地域の歴史は、セルビアの崩壊を招いたすべての欺瞞、隠蔽、そして全くの嘘を、英国政府が主導的役割を果たした現在の紛争に至るまで、極めて明確に示しているのである。

私がたびたび指摘してきたように、世界中の自由な人々の敵は共産主義ではなく、ワシントンの秘密で全権を持つ優れた並列政府である。この政府は、実際には常に世界中の共産主義者を同盟国とみなしてきたが、共産主義と社会主義がイギリスとアメリカで作られたことは決して認めていない。

ユーゴスラビアと南アフリカほど、それが顕著な国はない。バビロニア通貨制度は、「資本主義」と偽って呼ばれているが、カール・マルクスの教義よりも西洋文明に

とってはるかに大きな脅威である。なぜなら、それは世界状況を作り出し、それを新世界秩序の主である一つの政府のために操作し、国際銀行家の利益のためにするからである。

この専制的な寡頭制のブロックは、数十年前に、国から主権、文化遺産、天然資源を奪うために作られた。南アフリカの場合、アングロ・ボーア戦争（1899〜1902年）は、オランダ語とキリスト教という民族の宗教をつぶそうと、大量虐殺という形で行われたのである。それに伴い、金、ダイヤモンド、プラチナ、チタン、鉄鉱石などの金属や鉱物が大量に盗まれてしまったのだ。

南アフリカでは、「イスカリオテのユダ」ことピーテル・ボタが一国政府に魂を売り渡し、「ケレンスキー」ことウィレム・デクラークがベネディクト・アーノルドが赤面するような方法で国民を裏切り、不幸の輪が一巡したのだ。南アフリカでは、聖書の教えである人種隔離政策「アパルトヘイト」を口実に、インドでは、イギリス占領下で確立されたカースト分離というはるかに悪い制度が、現在も変わらずに繁栄することを許されている。インドの「アパルトヘイト」は、南アフリカのそれとは比べものにならないほど厳しいものです。

黒人の福祉に対する笑止千万な関心に基づいて、強盗、テロ、爆弾製造、反逆などの罪を犯した確信犯のネルソン・マンデラが、インド人弁護士やユダヤ人共産主義者ジョー・スロボを中心とする犯罪者仲間と同様に、メディアのジャッカルによって突然、国民のヒーローにされたのである。デクラークがマンデラに政権を譲った後の、南アフリカの新政府である。南アフリカの人々は、モスクワが彼らの裏切りにおいて非常に小さな役割しか果たさなかったことに、衝撃と恐怖を感じながら、今ようやく気づいているのである。主役はワシントンとロンドンだった。

超国家政府は、300人委員会の指示の下、クロアチアとボスニア・ヘルツェゴビナで直接、国家の主権を破壊する議題を使用しています。また、米国では、米国憲法を国連憲章に服従させることに忙しく、1945年に米国上院で、実際に条約文書を読んだという記録がある上院議員はわずか5人で、裏切りと裏切られたCFRが導入し可決しています。

1万年の歴史を持つクロアチアが、世界に多大な被害を与えたのと同じ陰謀の犠牲になったのだ。第二次世界大戦でドイツ側についたという口実で、クロアチアは米国メディアの毒ペン・ジャーナリストの掌握を受けるようになる。民主的に選ばれた政府にもかかわらず、国連や欧州経済共同体に受け入れられ承認された主権にもかかわらず、アメリカの秘密政府はクロアチアの破壊に乗り出しました。クロアチアは12月1日^{er}、「連合国」によって押し付けられた統一を渋々受け入れただけだったのです。

イギリスとアメリカが全面的に支援するセルビアの計画は、できるだけ多くの領土を奪い、セルビア人が望むものを手に入れたら、国連に「決定」を仰ぐというものだった。この決定は、セルビア人が保有し、占領している領土を基準に行われる。したがって、セルビア人が逃げ切れる範囲でクロアチア人とイスラム教徒を追い出す必要があるのである。これが「エスニック・クレンジング」の原点である。

ブッシュ大統領は、1991年11月9日、自らの立場を明らかにした。

> "我々はユーゴスラビアで見た"
> "国の誇りが血なまぐさい内戦に国を破滅させることを" "我々は見た"

国家主権は歴史の背景に追いやられ、新世界秩序の確立を優先させる。

ブッシュ大統領がミロシェビッチ大統領にゴーサインを
出してから4日も経たないうちに、キリスト教の指導者の
中で、セルビア人に対して発言する勇気を持ったのは、
ヨハネ・パウロ2世だけであった。プロテスタントの教会
では、多くの指導者が沈黙を守っていた。

"ヨーロッパと世界に恥をかかせるこの悲劇は、止め
なければならない。ここ数日、クロアチア全土で、特
にドブロヴニクとヴコヴァルで、前例のない激しい攻
撃が起きている。ドブロヴニクでは、ホテルや難民や
負傷者でいっぱいの病院などが襲われた。これは侵略
であり、止めなければならない。ユーゴスラビア軍に
は、無防備な市民の命を助けてくれるようお願いしま
す"

ベオグラード政府の対応は、ブッシュ政権が暴力を止め
るために何もしないことを十分承知で、民間の家、教会
、学校、病院への爆撃を強化することだった。

スロボダン・ミロシェビッチは、その最も陰湿な行動の1
つとして、両者を分断する「平和維持軍」の派遣を国連
に要請した。この要求は国連に受け入れられ、国連は軍
隊を駐留させることによって、ユーゴスラビア軍が奪っ
た土地はセルビアに帰属することを黙認することになっ
た。ボスニア・ヘルツェゴビナでも同じような裏切りが
繰り返された。NATOとローデシアの裏切り者であるキ
ャリントン卿は、国連に対して、彼が危機的状況と呼ぶ
場所に兵士を配置するよう要請し、ユーゴスラビアの目
的を完全に達成したのである。

ローレンス・イーグルバーガー、サイラス・ヴァンス、
ブッシュ政権の協力で、ドイツはクロアチアとボスニア
・ヘルツェゴビナの独立を認めると経済報復を受けると
脅されたのだ。イーグルバーガー氏は、ベオグラード政
府との広範な財政的関係を理由にヘンリー・ゴンザレス
下院議員から非難を浴びたが、米国は欧州諸国がクロア

チアとボスニア・ヘルツェゴビナの独立を承認すること
を決して許してはならない、と述べた。1972年にイタリ
アのベラジオで開催された「宗教間平和コロキアム」で
作成された計画に一役買ったバンスは、ボスニアとクロ
アチアの独立を認めるのは「危険すぎる」と発表したが
、バンスはその真意を語らなかった。新世界秩序、つま
り「一つの政府」にとって、それは本当に「危険すぎる
」のだ、と。

ローマ法王ヨハネ・パウロ二世は、「共和国の独立を認
めるメッセージを送る」と発言し、ブッシュの計画にス
トップをかけた。この発表は、300人委員会とワシントン
、ロンドンの機関に衝撃を与え、ドイツにクロアチアと
ボスニア・ヘルツェゴビナを承認するよう説得するのに
役立った。

セルビアの指導者ミロシェビッチは、「ユーゴスラビア
」を放棄し、「大セルビア」を支持するようになった。
セルビアの正規・非正規の軍事ユニットはすべて、米英
が世論の圧力によって彼の極悪非道な行動を阻止するた
めの弱腰の試みを強いられる前に、できるだけ多くの領
土を奪取することに集中するようになった。ミロシェビ
ッチの領土的野心のベースとなったモデルは、1923年の
ローザンヌ会議で英国が策定したもので、ギリシャとト
ルコから民間人を大量追放する計画が合意され、数千人
の死者を出した。また、レバノンが切り開かれた様子を
ほぼ忠実に再現しています。

ブッシュ政権は、セルビアの戦略を十分に理解した上で
、それに従ったのである。バルカン半島では、大量虐殺
と領土の獲得が急速に進んでおり、ミロシェビッチの進
出を直ちに止めなければ手遅れになるというのに、英米
は現在進行中の虐殺を見て見ぬふりをしている。クロア
チアではほとんどの人が追い出されましたが、ボスニア
では、特にイスラム圏で、市民が意図的に虐殺されてい

ます。

難民問題は、第二次世界大戦以来の規模で死に引き継がれつつある。村や小さな町が丸ごと破壊され、その住民は老いも若きも、砲弾や迫撃砲で撃たれたり、故意に撃たれたりしている。フランス情報筋によると

> "ボスニアの68%近くが、人々、教会、学校、家など、全滅の危機に瀕している。これは過去70年間で最悪の形態のテロだ。"

"国連軍 "は？"ボスニア人を守るために何をしているのか "と問うた。そのためにあるのでは？"関係者 "はこう答えた。

> "国連軍は、実際にはセルビア人の味方として働いている。"国連がパトロールするボスニアの占領地内で戦うことはできないはずなのに、セルビア人は国連軍を盾にしているだけなのだ。一方、国連軍はセルビア人が失った領土をボスニア軍が奪還するのを妨げている。国連軍は彼らの邪魔をしているが、セルビア軍が平和維持軍の背後から攻撃するのを防ぐために何もしていない。"と述べた。

セルビア人は「非武装地帯」を利用して、重砲や戦車を持ち込んできた。ボスニアの指導者たちは、国連軍がキャリントン卿のローザンヌ計画を支持していることを確信している。オーウェン卿が「平和」について語る一方で、セルビア人は国連軍をさけているのだ。

セルビアに対するいわゆる「制裁」をあざ笑うなど、これまで米英がやってきたことはすべてミロシェビッチにとってプラスだった。彼はセルビア人に「英米の侵略」の犠牲者だと言うことができたし、歯抜け制裁から何も奪われることはなかったのである。ワシントン・ポスト紙でさえ、制裁は何の効果もないと認め、セルビア人が領土的野心を満たすまで戦闘は止まらないと結論づけた

。

世界的な政治戦略の常として、英国政府は他国に痛みと苦しみを与えることに関して先導的な役割を担っている。キャリントン卿は、元「交渉人」であり、その裏切り行為の記録は1巻の本にもなり、「双方が嘘をついている」と主張する。これは、真実を歪曲するための最も古い手口である。ロンドンのデイリー・テレグラフ紙は、ボスニアにいかなる援助もすべきでない、食料さえも与えるべきではないと書いている。

> "戦い続ける
> "ことが容易になるのです。飢えて傷や病気で死ぬのを放っておくと、すぐにやめてしまうのだ。親切にするためには、残酷でなければならない。他人が苦しむのを黙って見ているのは辛い決断の時もありますが、それでも正しい決断です。"

英国政府はこのことを知るべきだろう。アングロ・ボーア戦争（1899-
1902）で、取るに足らない非正規のボーア軍に勝てなかったキッチナー卿は、ボーアの女性や子どもを一網打尽にして強制収容所に入れ、飢えと病気で死なせるように仕向けた。約2万5千人のボーア人の女性と子供が死んだが、これはアメリカの人口の17〜18%がこの野蛮な行為に屈したことになる。キャリントン卿とオーウェン卿は、ボスニアとクロアチアでキッチナーの戦術を繰り返しているらしい。

ひとつだけ確かなことは、いじめっ子と同じように根っからの臆病者であるミロシェビッチは、自分が逮捕されないこと、英米から報復を受けないことを知らなければ、人命や財産を破壊する勇気はなかっただろう、ということだ。ミロシェビッチは、ボスニア・ヘルツェゴビナを100%占領するまで、戦闘を終わらせるつもりはない。早く止めないと、アルバニア民族の住むコソボに戦闘が

波及する恐れがある。

トルコはすでに、コソボが攻撃された場合、イスラム教徒を助けると公言している。トルコはアルバニアとの協定を利用して、そのような行動を正当化するだろう。そうなれば、アルバニア系イスラム教徒の多いマケドニアに難民が殺到し、ヨーロッパ全体を巻き込む戦争に発展する危険性が一気に高まる。トルコがイスラム教徒を支援すれば、ギリシャが反対し、大規模な戦争へと急速にエスカレートすることが予想されます。

現在、マケドニアは「不実なアルビオン」戦略にさらされている。つまり、1991年9月1日^{er}に民主的に選出され、1991年11月17日に新憲法を受領したマケドニア政府を弱体化するために、できることはすべて行われているのである。私が入手した情報では、ロンドンから政治的孤立が促され、セルビア系住民が助けを求めやすくなり、その結果、セルビア軍によるマケドニアへの攻撃に道が開かれるようです。私の情報筋によると、「ボスニアが終われば、ほぼ間違いなくこうなる。

ボスニアに対するオーエン・キャリントン・バンス和平計画は、不気味な茶番劇である。セルビア人が決めたことを、これ以上犠牲を出すことなく実行するのだ。この計画は、ボスニアの分割を要求しており、セルビア人にボスニアのより大きな分け前を与えるもので、いったん和平が署名され宣言されれば、セルビア人がボスニア人に残されたものを掃討しに戻ってこないという保証はなく、何よりも数世紀にわたるイスラム教徒の存在を終わらせることが重要である。

キャリントン卿は、1992年5月13日のロンドン・タイムズ紙で、ボスニア・ヘルツェゴビナの人々を侮蔑していることを表明した。

"戦う
"というなら、選択肢は2つしかない。戦わせるか、力ずくで引き離すか、どちらかだ」。

これは、ボスニアとクロアチアがセルビアの侵略と戦うことを意味もなく選択し、セルビアが侵略者であり、これは家族の確執、あるいは内戦であると暗示している。これは戦いではなく、クロアチアとボスニアが自分たちの土地が奪われ、民族と文化が消滅するのを防ごうとする試みなのです。

第一次世界大戦以前から、バルカン半島での作戦はイギリスが主導してきたと見て間違いないだろう。MI6は実際に多くの国を動かしていると言われていますが、これは決して誇張ではありません。どのように行うのですか？主に、イギリスの君主（現在のエリザベス女王2世）が許可した秘密情報活動によって。

MI6は君主にしか答えないが、エリザベス2世はMI6に関して他の誰よりも積極的である。もちろん、資金はすべて彼女の財布から出るので、これが可能なのだ。エリザベス女王は毎日、MI6のセクション   "M"からブリーフィングを受けており、その情報量はアメリカ大統領よりも多い。バルカン半島に対する彼女の関心は、英国の作戦として疑う余地のないものである。

1984年初めに始まった現在のユーゴスラビアでの作戦では、英国情報部が完全にコントロールしている。将来を見越して、当時世界で最も良質の火薬を製造していた南アフリカから、ユーゴスラビアに大量の火薬を注文したのである。1984年、南アフリカの生産品の多くがイランに流出したが、その後、ロンドンの誰かの命令で、ユーゴスラビアが自国用に大量に吸い上げ始めたのである。私が入手した情報機関の報告書によると、イラン側、ユーゴスラビア側ともに、金融面はロンドンのアーバスノット・レイサム銀行が担当していた。軍備増強は、ユー

ゴスラビアの「憲法危機」に至るまでの数年間も続けられた。

ミロシェビッチとMI6に訓練された「ボルシェビキ」、そしてセルビア軍の過激派が、セルビア、クロアチア、スロベニア、マケドニア、モンテネグロ、ボスニアで交互に大統領を選出する制度を封じ、「憲法危機」が発生したのは1991年5月15日のことである。これは、クロアチア人のスティープ・メシッチがそのポストに就いたときのことである。

また、この行動により、民衆選挙で要求された4つの独立した共和国を創設するための全政党による憲法協定の調印が阻止された。セルビア、クロアチア、ボスニア、マケドニアは、国家連合になることで合意していた。もし、そうなっていたら、MI6の統制力は相当弱まっていただろう。ミロシェビッチの意図は、MI6の指示で、最強の軍隊を持つセルビアが、自分のものでない領土を奪い取る戦争を始めることであった。

メシッチ氏はベオグラードのラジオで、「これは民族間の紛争ではなく、ボルシェビキとセルビアの拡張主義による危機だ」とミロシェビッチの扇動的な動きを糾弾した。この予言的な言葉は、ほとんどの西側諸国の指導者や世界の人々の頭上を越えていった。彼らにとっては、これは単なる茶碗の中の嵐であって、第三次世界大戦の始まりではなかったのだ。セルビアはモンテネグロの支援を得て孤立し、MI6の妨害も可能なようで、この段階でもすべてが絶望的というわけではない。

300人委員会の長年の習慣で、アメリカはイギリスのために汚い仕事をするために紛争に巻き込まれたのだ。ブッシュは湾岸戦争と同じようにユーゴスラビアに介入した。1991年5月20日、ブッシュは、ユーゴスラビアに対する米国の援助をすべて停止すると発表した。ブッシュは、自分の行動が微妙な状況を不安定にし、武力戦争を誘発

することを十分承知していたが、「ユーゴスラビアがコソボで厳しい弾圧を行っている」というまやかしの理由で、この行動に固執したのである。セルビアは当時、コソボで非セルビア人に対する暴力を始めて3年目であり、このパターンはクロアチアとボスニアに続き、マケドニアでも間もなく実行されることになるだろう。

人為的に作られた危機の理由は何だったのでしょうか。イギリス政府は、ドナウ流域におけるドイツ貿易の拡大と、バルカン半島を支配しやすい小国へと再編することを阻止したかったのであろう。危機が拡大するにつれ、ロシアはバルカン半島が再びヨーロッパの大きな戦争の引き金となる火薬庫になりかねないと警告を発した。モスクワは、ロンドンに向けてのコメントとして、次のように述べた。

"善処"と"内政干渉"は紙一重です。

セルビアに支援されたゲリラは、今や西側諸国にはほとんど関係ないように見えるが、モスクワの祝福を受けてクロアチアを攻撃し始めている。ロシアは独立国家を支援するいかなる動きにも反対すると率直に述べ、モスクワは「紛争の一方に関与することは、ユーゴスラビア内外の他者と対立することを意味し、その対立は全ヨーロッパ的なものになりうる」と警告している。モスクワは、セルビア人への軍事支援を続けていた。

ドイツは「力による国境変更の試みは全く受け入れられない」と述べ、イギリス、ロシア、アメリカが大セルビアを作る手助けをしようとしていると示唆したが、これは非常に事実に即した見解である。ブッシュは、ドイツの声明が出される直前の8月にゴルバチョフに会っていた。しかし、大規模な戦争が始まるという警告があったにもかかわらず、アメリカとイギリスは、自国民に忠告することも、セルビアの拡張主義的な戦争行為を阻止することも何もしなかった。

8月6日、オランダのファンデンブルック外相は、欧州の仲間に警告を発した。

> 「ユーゴスラビアでの我々の任務は失敗した。今のところ、ここでできることは何もないが、会談の失敗の責任はセルビア側にあることを世界に知ってもらいたい。ユーゴスラビアは今、悲劇と破局を迎えている。

ヴァン・デン・ブルック氏が言わなかったのは、セルビアの強硬姿勢は、ロンドン、ワシントン、モスクワの3カ国から密かに支持されているということだ。米国の主なプロッターはバンスと呼ばれています。第三次世界大戦の炎がどんどん上がっているのに、誰もその危険性に目を向けていないようだ。

私に見せてくれた極秘情報は、イギリスとセルビアの拡張主義的な計画を多かれ少なかれ次のように説明している。

セルビア人は攻撃を開始し、クロアチア、スロベニアと新たな国境を引いた。重要な鉄道の中心地であるヴィンコフチの町が攻撃の焦点となる。これにより、17万人のクロアチア人がいなくなり、2万9千人のセルビア人の人口が増えることになる。ロンドンやワシントンからほとんど抗議を受けることなく、最初の「民族浄化」が始まったのである。米英のバルカン半島戦略に従って行われたのだから、抗議の声が上がるわけがない。

MI6が考案した英国の計画は、バルカン半島の1915年以前の国境線に戻ろうとする「大ユーゴスラビア」を支持するものである。1915年はセルビアの対オーストリア戦争に最適な年であり、この戦争によってセルビアの国境はかなり拡大した。MI6が行っているのは、1915年に終わったことを引き継いでいるだけだ。

イギリスの諜報機関は、ミロシェビッチに共産主義者のレッテルを剥がし、直ちにセルビア人の祖国を推進する

よう指示し、アメリカのマスコミもそれを実行した。イギリスの計画実行の第一段階として、カロルバグ、カルロバツ、ヴィロヴィティツァの町は、ヴォイスラフ・セゼリ指揮下のセルビア人非正規兵に侵略された。彼はあらゆる残虐行為を行い、後にロンドンの新聞にこう語っている。

> "...クロアチア人は移動するか死ぬしかない...。我々は領土に他国籍を持ち込まない。本当の国境を守るために戦う。"

CIAは、ブッシュ政権と同様、見て見ぬふりをしたようだ。あの時、アメリカが断固とした行動をとっていれば、これ以上の「民族浄化」は起こらなかっただろう。もし、南アフリカの白人がミロシェビッチの戦術を採用し、大きな暴力と流血をもって黒人部族を故郷に押し戻したとしても、CIAとクリントン政権が見て見ぬふりをすることを想像できるだろうか。

間違いなく世界中が大騒ぎになり、国連やイギリス、アメリカは瞬く間に南アフリカに軍隊を派遣することになるだろう。セルビアや南アフリカとの関係におけるこれらの大国の偽善は非道なものである。

シオニストの圧力のために、セルビアの残虐行為や土地収奪を止めるための行動がとられていないことは間違いないだろう。シオニストは、彼らが「パレスチナ問題」と呼ぶものを解決するために、大量の人口移動の利用を希望している。シオニストの作家ショロモ・タドモルは、そのような考えを示し、マウントバッテン卿が監督したインドからパキスタンが分離した時のヒンズー教徒とイスラム教徒の大量移送をその証拠として挙げている。マウントバッテンは、MI5の判断で暗殺されたとも言われているが、その理由は彼の同性愛行為がエリザベス女王に恥じることになったからだと言われている。「ディッキーおじさん」は、タンスから頻繁に出てきて、MI5から

私生活をもっと慎重にするようにと忠告されても聞き入れなかったと言われている。

セルビアとシオニズムのつながりは、オランダのヴァン・デン・ブルック外相が予言した悲劇に重要な役割を果たす。クロアチアのトゥジマン大統領とドイツのコール首相に浴びせられた「ナチス」という蔑称をはじめ、ドイツとクロアチアに対する野蛮な攻撃は、それを物語っている。私の情報提供者によれば、この問題に対する実行可能な解決策を見出そうとするヨーロッパの努力は、「イギリスとエルサレムの情報筋によって内部から妨害されている」のだという。どうやら、フランス、ロシア、トルコ、アメリカの4カ国でパワーバランスを取るという英国方式が定石であるようだ。

1991年9月までに、セルビア人がクロアチアとボスニア・ヘルツェゴビナを分割し、その後にマケドニアを「民族浄化」するつもりであることが、はっきりとわかったのだ。英国の情報機関の報告書は、バルカン計画が計画通りに進んでいることを明らかにしていた。ブリュッセルの欧州共同体外相がセルビアの侵略を止めるよう要求しても、ミロシェビッチ、ホワイトホール、ワシントンは断固として無視する。

私の情報筋によると、ジェームズ・ベーカー3世とイギリスが同じことをしたとき、ヨーロッパの指導者たちは誰も自分たちの手が縛られていることをあえて明かさなかったそうだ。

ダグラス・ハード外相は、ボスニア・ヘルツェゴビナへの本格的な攻撃開始の許可をミロシェビッチに与えた。

> 欧州の閣僚は、ロンドンとワシントンに支持されていることを知っているセルビア人が我々の提案に従うのを阻止しようとすることが無益な行為であることをよく理解している」。英米の支援がなくならない限り、セルビアの猛攻を止めることはできない」。

英米の暗黙の支持がなければ、ミロシェビッチは25万人近い死者と200万人の負傷者、少なくとも400万人の難民を出した卑劣な残虐行為を敢行することはなかっただろうからだ。ユーゴスラビアにおけるセルビア人の立場は、アメリカとイギリスの支援に支えられている。

歴史は、英国の秘密政府が常に欺瞞による外交でその目的を達成することに驚くほど成功してきたことを示している。パレスチナの交渉は、最初から詐欺的で、イギリスのシオニスト連盟のトップであるロスチャイルド卿が支配していたことを思い起こすと、このようになります。

1991年9月、ユーゴスラビアでの交渉に名乗りを上げたのは、ロスチャイルド卿ではなく、その配下のキャリントン卿で、シオニストであることは確定していた。キャリントンは、ローデシア、南アフリカ、NATO、アルゼンチンの解体で素晴らしい経験を積んでいた。騙しの名人として、キャリントンが1991年9月7日にオランダのハーグで開催した欧州共同体の平和会議は、セルビア寄りの料金設定だった。この会議は、セルビアの侵略を強化し、セルビアが大セルビアに有利なようにユーゴスラビアの国境を引き直すことを可能にする効果があった。

欧州の対ユーゴスラビア貿易の大半はクロアチアを経由して行われている。一見、ミロシェビッチに罰を与えているように見えるが、イギリスがスポンサーとなった大きな棒の重さを感じたのはクロアチアだった。ユーゴスラビアの和平会議は、セルビア人が戦闘を止めない限り開催されないことになっていたが、ミロシェビッチがこの条件を鼻にかけてきたため、EC代表団はとにかく会議を開き、ベオグラードの虐殺者にとって真の政治的勝利となった。

この詐欺的な会議の後、イタリアの外相ジャンニ・デ・ミケリスは、ブッシュの違法なイラク戦争を熱烈に支持

したが、「ユーゴスラビアで本当に戦争をするのか」と質問して、露骨にミロシェビッチを支持した。ザグレブのために死ねるか？確かにそうですね。9月19日、キャリントン卿は、この会議が失敗したことを公式に認めた。もちろん、失敗することを前提にしたとは言っていない。キャリントンがセルビア人と他の政党との会談に前提条件を設けることを拒否していたのに、どうして成功したのだろう。

イギリスとアメリカが後援したこの会議は、セルビア人侵略者がより多くの土地を奪い、より多くのクロアチア人、イスラム教徒、ボスニア人を殺すために必要な時間を与えることを意図していたのです。まさにその通りである。また、ユーゴスラビア空軍は、初めて民間の町に空襲をかけた。キャリントン卿が一度もミロシェビッチ大統領を叱責することなく、会議中ずっと戦闘が続いた。キャリントンが「平和」を唱え、ローデシア軍が戦火を収めている間、共産主義者のロバート・ムガベは、キャリントンが批判することもなく、孤立したコミュニティの女性や子供たちに殺戮を続けていたのである。

私の情報筋によると、キャリントンは、ドイツが一歩踏み外してクロアチア人とボスニア人に真の支援を提供した場合、「経済報復をする」と脅していたそうだ。キャリントン卿は、国連「平和維持」軍について、自ら密かに決断を下した。会議終了後、コール首相はジョージ・ブッシュに会いたいと言ってきた。ベオグラードに対する軍事介入や金融制裁の話が出ないことを条件に、彼の要求は受け入れられた。ブッシュが合意したのは、クロアチアとセルビアの間に平和維持軍を配置し、セルビアによるクロアチア領の占領を事実上認めることだけであった。

イギリスから警告を受けたミロシェビッチは、セルビアに対するそのような些細な動きさえも拒否し、「いかな

る外国の軍隊の存在も認めない」と言い放った。コール氏は、「ドイツが波風を立てれば、バルカン半島で大きな戦争が起こり、それがヨーロッパに一気に広がる可能性がある」と警告された。ブッシュが認めたくなかったのは、そのような戦争がすでに始まっていて、それを防ぐことはできないということだ。

外交官が話している間にも、クロアチア人、イスラム教徒、ボスニア人は血を流し続けていたのだ。さらに、ブッシュ大統領は、イルミナティの長年のメンバーであり、300人委員会の幹部でもあるサイラス・バンスを、新たな和平交渉の仲介役として派遣し、茶番劇に拍車をかけたのである。10月9日にベオグラードに到着したバンスは、現在のユーゴスラビアでの行動の基礎を築いた1972年の宗教間平和コロキウムのオリジナルメンバーであり、メディアで最大限に報道された。

バンス氏の訪問で分かったことは、アメリカ国務省がユーゴスラビアにいるアメリカ人に国外退去を求め、ザグレブの大使館の領事スタッフを減らしたことである。バンスのセルビア人に対する武器禁輸は、これも完全な詐欺だった。ベオグラード政府は大砲用の火薬を大量に蓄えており、自国の盛んな武器産業がアメリカの提唱する禁輸によって害されることはないと知っていたからだ。経済封鎖と同様に、武器禁輸の影響を大きく受けたのは、クロアチア人、イスラム教徒、ボスニア人であった。これほど残酷な欺瞞外交はないだろう。

1991年11月6日、ドイツのヘルムート・コール首相は、もう自分を抑えきれなくなった。キャリントン卿とジョージ・ブッシュによる箝口令を無視し、コール氏は連邦議会で、スロベニア、クロアチア、ボスニア・ヘルツェゴビナの独立共和国を直ちに承認しなければならないと述べたのだ。コール氏は、ミロシェビッチ大統領が欧州和平案を3度目で拒否したことに端を発している。

私の情報筋によると、コール氏はキャリントン卿の戦術に激怒していた。彼の親セルビア宣言はますます図々しくなっていた。キャリントンは、アルバニア人が支配するコソボ地域を尊重するようセルビアに要求することはない、とミロシェビッチに伝えていた。キャリントンは、セルビア軍にコソボへの攻撃とマケドニアへの進軍を許可したのである。コールは、ドイツの銀行にあるすべてのユーゴスラビア資産を凍結し、ドイツの投資家にベオグラードの銀行に資金を引き出させる可能性について、情報参謀たちと内々に話し合っていたのである。

また、私の情報筋によると、コール氏の密談がキャリントンに「リーク」されたとき、彼は非常に怒り、ミロシェビッチに何が起こるかわからないと警告したそうだ。そして、ミロシェビッチは、ユーゴスラビア中央銀行に対し、外貨の最大95%（約50億ドル）をスイスの銀行口座に預けるよう緊急命令を出したのである。この措置は、キャリントンがベオグラードに密告した数時間後に取られたものである。

クロアチア、スロベニア、ボスニア・ヘルツェゴビナという独立国に与えたダメージに満足できなかったブッシュは、おそらく王立国際問題研究所の指示で、ハーグに出向いたのだ。11月9日には、欧州共同体の代表者たちを前に演説を行った。宣言する

> 「新しいヨーロッパには、こうした古い反感の跡はありません。今、ユーゴスラビアで見られるのは、国の誇りが内戦でいかに国を分裂させるかということです。

そして、ブッシュは、クロアチアが独立を望んでいることを非難した。

さらにブッシュ氏は、クロアチアへの攻撃を続ける。

> "...民主主義の構築と市場改革という急務が進む一方で

> 、自由の勝利を苦い収穫とする見方もある。この観点
> から、共産主義の崩壊は、古い民族的な憎しみ、恨み
> 、そして復讐というパンドラの箱を開けてしまった...
> ヨーロッパ全体が、憎しみに駆られ、より崇高な目的
> に無関心な古い敵である民族主義の危険に目覚めてし
> まったのである。このナショナリズムは、不寛容や猜
> 疑心、さらには人種差別や反ユダヤ主義を教える、古
> くて陳腐な偏見を糧にしている。"

ブッシュの演説の肝は、独立の志を反ユダヤ主義と同列
に扱うことである。どのようにリンクしているかは、暗
号用語や諜報機関の専門用語に精通していない人にはわ
からないだろう。このメッセージの背景には何があった
のでしょうか。暗号解読の専門家である私の情報筋によ
ると、このメッセージはドイツ向けのもので、クロアチ
ア、スロベニア、ボスニアを支援しようとするドイツの
試みを「ナチズム」と同一視する民族主義の台頭と間違
われないようにという警告であったという。

カナダ議会でも、政府は白紙に戻すことを義務づけられ
た。1991年11月18日、バーバラ・マクドゥーガル外務大
臣は、クロアチアとボスニア・ヘルツェゴビナの独立共
和国を承認しないことを発表せざるを得なくなった。議
場の両側から怒号が飛び交う中、マクドゥーガルは、キ
ャリントンとバンスから、共和国の承認は悪い決断であ
ると説得されたと明言した。そして、この2人の「交渉人
」なる人物が、実に邪悪で、欺瞞的で、裏切り者である
ことが明らかになり、激しい応酬が繰り広げられたので
ある。信じられないことに、マクドゥーガル氏はこう宣
言している。

> 「...この時期にクロアチア、ボスニア、スロベニアを
> 承認することは、交渉プロセスの終わりを意味し、問
> 題は力と暴力による解決に委ねられることになるでし
> ょう。

これこそ、セルビア人の政策であり、彼らが常に望んできたことである。

一方、ユーゴスラビアに対する武器禁輸は、セルビア人がスウェーデン商人から火薬を受け取ったり、ユーゴスラビアで生産していない武器を受け取ったりと、冗談のような状態が続いていた。軍備増強に終わりはない。イスラム教徒は武器を受け取らず、ボスニア人はイラン経由で少量のライフルと手榴弾を受け取っただけだった。これらの兵器はセルビアの大砲や戦車には敵わない。重武装したセルビア軍は、「死の収容所」作戦を続けた。クロアチアとボスニアは、7000丁のライフルと3カ月分の弾薬を受け取り、セルビアの155ミリ砲、迫撃砲、重機関銃、擲弾筒、戦車、装甲人員輸送車と対戦しました。

ジュネーブ条約はセルビア人によって完全に反故にされた。しかし、米国はそのことに文句を言うことはできない。1万2千人のイラク兵を生き埋めにした野蛮な残虐行為に匹敵する事件を私は知らない。セルビアの重砲は、教会（おそらく第一の標的）、病院、学校、保育園にまで、殺人的な弾丸を降らせた。セルビア人が、できるだけ多くの民間人を恐怖に陥れ、殺害し、傷害を負わせることを意図していたことは疑いようがない。

ボスニア・ヘルツェゴビナの未来は間違いなく非常に暗い。セルビア人侵略者はすでに国土の78%を占め、日々手ごわい攻撃で目の前のすべてを押し進めているが、国連は脇道を急ぎ、無実の人々の恐怖と大量虐殺を防ぐために何もしていないのだ。関係者が教えてくれた。

> 「国連は）完全に信用を失い、セルビア人の残虐行為から市民を守るどころか、何もしてくれない。特にボスニアでの国連ミッションは、見せかけで恥ずべきものだ。"

クロアチア、ボスニア・ヘルツェゴビナ、スロベニアですでに起こった大混乱に満足せず、1992年5月2日にポル

トガルで開かれた欧州共同体の閣僚理事会は、直ちにマケドニア共和国の独立を承認しない宣言を発表したのだ。これは事実上、マケドニアがセルビア人の次の侵略の標的になるように、ユーゴスラビアの外から不安定化させる勢力が参入した3度目の出来事だった。

マケドニアは他のバルカン諸国と同様、独立する権利を持っています。領土、主権在民、主権在民の議会を持ち、1991年9月18日に行われた国民投票で独立への圧倒的な支持を表明している。1990年11月に議会が選出され、その1年後に新憲法が公布され、受諾された。

では、なぜ欧州理事会はマケドニアの独立を認めたくないのだろうか。その理由は、ギリシャが「マケドニア」という名称を嫌っており、将来的に紛争の原因となる可能性があるためだそうです。一方、マケドニアは共和国ではなく、ユーゴスラビアの不可欠な一部であるという理由で、セルビア人の侵略の扉は大きく開かれている。マケドニアは、米英仏の暗黙の了解のもと、クロアチアやボスニア・ヘルツェゴビナのような運命をたどることになると思います。フランスのミッテラン大統領は、たとえレームダック大統領であっても、ユーゴスラビアで重要な役割を果たすと決意している。

こうして、マケドニアでの民族浄化の舞台は整ったが、今度はそれが激化してアルバニアやハンガリーにも広がり、ロシアが介入する可能性が高く、米国も巻き込んでの欧州大戦争が始まることを意味する。我が軍は、人員、装備、財政コストにおいて主な負担を負うことになる。

こんなことは絶対に許されない。メディアの欺瞞にもかかわらず、アメリカ国民はどうにかして起きていることに目覚めなくてはならない。戦争を止めるために使える代替案は他にもたくさんある。このような手段は、イランの国王を打倒し、南アフリカに厳しい圧力をかけ、暴

力が終わった後のイラクを破壊するのに成功したのである。

米英が持つ主要な武器の1つは、金融支配である。セルビア人は数日のうちに、ユーゴスラビア通貨での取引を禁止し、ユーゴスラビアの資金をどこまでも凍結し、セルビア・ユーゴスラビアと取引する国に厳しい制裁を加えることによって、その侵略をやめさせることができるだろう。これらの措置は、厳格に適用されれば、地上軍にできることよりもはるかに多くのことを行うことができ、迅速に実施することが可能です。バルカン半島に地上軍を投入することは、ヨーロッパの大規模な戦争の始まりを告げるものであり、いかなる場合であっても、米国は地上軍を投入すべきではない。

これらの財政的、経済的措置と同時に、米国はセルビアに重砲と迫撃砲の撤退を3日間与え、その後、議会の承認を得て、戦闘爆撃機または再装備した巡航ミサイルを送り、セルビアの武器庫を破壊する必要があります。パイロットが目標を見つけられないといういい加減な言い訳は、我が国の軍隊に大きな不利益をもたらす。赤外線やレーザー画像などの技術の進歩により、パイロットは昼夜を問わず、ほとんどどんな天候でも目標を見つけることができるようになったことは間違いありません。このような行動を阻んでいるのは、英国の利益に反する行動をとろうとするワシントンの姿勢だけである。また、再装備された巡航ミサイルを使用すれば、空中でアメリカ人が犠牲になる可能性はなくなる。

国防情報の専門家によれば、セルビアの侵略を阻止するには3万5千から4万の軍隊が必要だという。これは、米国民を欺くための絶対的な過小評価である。米国民は、これほど多数の軍隊の関与には同意するかもしれないが、より大きな軍隊には難色を示すだろう。壮大な計画は、ボスニアか（より可能性の高い）マケドニアで、地上軍

を関与させることである。やがて、地上軍が圧倒される危険があり、さらに5万人の部隊が必要だと告げられるだろう。一見したところ、「もう軍隊はいらない、もう十分だ」と言う人はいないでしょう。こうして戦争はエスカレートしていくのだろう。地上軍に「NO」と言い、セルビアの重砲や迫撃砲を破壊するための空爆や巡航ミサイルに「YES」と言うべき時である。

このような行動は、NATOの政治的・軍事的翼を使ってヨーロッパを経済的・軍事的に従属させることを長年計画してきた英国の戦略家のグランドデザインを阻止するものである。計画がわかってしまえば、ごまかす必要はない。何をすべきかを明確にすることです。ワシントンとロンドンの明確な意図は、ヨーロッパに新しい世界秩序を押し付けることである。セルビア人を代理テロリストとして利用し、NATOの保護が依然として不可欠であることを他の国々に示すことである。

新世界秩序の推進者たちが立証しようとしているのは、国家主義的な利害が支配すると、無政府状態になる長期的な傾向があるということだ。1972年のIRPC-Bellagio計画によると、ヨーロッパの断片化が続いているのは、多数派であれ少数派であれ、共に暮らす民族は常に相違点を持ち、その相違点を暴力的な紛争で終わらせようとすることを示すためであったという。したがって、非国家主義の新世界秩序の政府の保護は絶対に必要であり、望ましいとさえ言えます。

NWOの戦略家によれば、[10]
国家間の力の均衡は問題を解決しない。国家は常に互いに疑い、一方が他方より優位に立とうとすることを恐れるからである。その一例が、この5年間で急激に悪化した日米の関係です。新世界秩序-
単一の世界政府によって、問題の根本的な原因は民族的

---

[10]新世界秩序、Ndt.

な対抗意識であり、それが取り除かれるため、緊張に対処し、緊張をなくすことができるだろう。

新世界秩序が提案するこの理想主義的な見せかけは、もちろん大規模な人口集団の移動を伴うが、流血は伴わないと言われている。「ユーゴスラビアで起きたことを見ただろう」とNWOの戦略家は言うだろう。「確かに、このような移転は平和的に行う方が良い。ヒンズー教徒とイスラム教徒、ギリシャ人とトルコ人の平和的な移動、第一次世界大戦後のトルコ人の移動などを挙げることができるだろう。何百万人ものヒンズー教徒やイスラム教徒が、何千人ものギリシャ人やトルコ人とともに、この「平和的」な移送で亡くなったのである。

「NWOの計画者たちは、「そうかもしれない。しかし、本当の利益は、世界政治の転換から生まれるだろう」と言うだろう。彼らはその理論を支持するために、ユーゴスラビアの惨状を指摘し、新世界秩序／一つの政府では決して繰り返されないと約束します。彼らは、ヨーロッパがユーゴスラビアの紛争を止めることができなかったことを指摘し、一つの政府の下ではこのような紛争は起こらないだろうと約束した。万が一、勃発してもすぐに鎮圧される。ユーゴスラビア紛争を防げなかったヨーロッパの大失敗は、今後、世界の情勢を動かすべきでないという見本になるだろう。

このような状況下では、ヨーロッパが大規模な戦争に陥ることは、新世界秩序 - One World Government - にとって大きな利点となる。ウッドロー・ウィルソンが和平案を携えてパリに到着したとき、フランス人はあわてて平和の使者、救世主として抱きしめたが、その欺瞞が繰り返されようとしているのだ。ヨーロッパとアメリカの国々は、永遠の平和のための唯一の希望として、新世界秩序-
世界政府を受け入れるために急いでいるようです。

ウィルソンの14項目の平和プランのように、各国が手にするのは、地球上で見たこともない永遠の奴隷制度と野蛮さである。ユーゴスラビアの悲劇は人為的に作り出された悲劇であり、全体的な戦略ではもっと広い目的があるのです。セルビア人の残忍さは、ヨーロッパの国々に次は自分たちかもしれないと日々恐れさせ、やがて将来の奴隷の主人を両手を広げて迎え入れるために十分に「軟化」させるからだ。

数カ月間迷った末に、クリントン大統領はボスニアのイスラム教徒に武装を施すと約束した。ロンドンから憤りの叫びが上がった。オーエン卿、キャリントン卿、サイラス・ヴァンスの3人が声を揃えて、この計画を糾弾した。私の情報筋によると、クリントンがこれらの立派な代表者から受け取ったメッセージは、次のようなものだったそうです。

> 「ボスニアのイスラム教徒を武装させるのは賢明ではない、なぜなら暴力のレベルを上げ、我々が目指している平和的解決を妨げることになるからだ」。

アメリカの外交政策に対するこの見苦しい圧力のために、クリントンはイスラム教徒の自衛を助ける計画を延期した。この延期は、セルビアの侵略者が殺人を続け、土地を奪取することを許すことになるだろう。これが、独立した主権国家である「わが国」が辿り着いたものであり、300人委員会の要求にはすべて膝を屈する。

黒人貴族の誰がセルビア人を操っているかはまだわからないが、彼らの重要なメンバーが関わっていることは明らかだ。レバノンは、ボスニア、クロアチア、スロベニアでこれから起こることを示す良い例です。レバノンの「内戦」は、ヨハネス・フォン・トゥルン・ウント・タクシーズ王子、ハーレク卿（デビッド・オームズビー・ゴア）、キャリントン卿という黒人貴族のメンバーによって扇動、コントロールされ、アレクサンダー・ヘイグ

、ジュリアン・アメリー、ヘンリー・キッシンジャー、エドモンド・ペック卿、ニコラス・エリオット（MI6中東局局長）、ルパート・マードック、チャールズ・ダグラス・ホームらと行動を共にしました。

レバノンに対するこの犯罪は、そうでないのにメディアによって内戦と表現された。セルビアの隣国への殺人的な攻撃は、同じように記述されている。ただ今回は、レバノンでの尾行の仕方や、私と他のライターによる発見の経緯から、共謀者はより慎重にその痕跡を消している。セルビアの影の支配者の名前がわかり次第、躊躇なく暴露するつもりだ。

レバノンのように、バルカン半島を、新世界秩序の計画-世界政府-
に何の抵抗もできない、小さくて弱い、多くの自治国家に切り分けようという計画である。アメリカや同盟国の地上部隊がボスニアやコソボに派遣されれば、対応できるだろう。

マケドニアでは、第一次世界大戦末期にムルマンスクに上陸した連合国遠征軍を模して演奏する。

ローレンス・イーグルバーガーやブレント・スコウクロフトの仲間たちがユーゴスラブのビジネスベンチャーで行った裏工作は暴露されなければならないし、ミロシェビッチのワシントンでの人脈の重要性は過大評価できないだろう。スロベニア、ボスニア・ヘルツェゴビナ、マケドニアの人々は、300人委員会とその外交部門である王立国際問題研究所によって弱虫のようにコントロールされている世界唯一の超大国から、何の助けも得られないだろう。

X.殺人事件の解剖学

暗殺は古くから、政敵や他国の権力と敵対する政策をとる指導者を処分する方法として、またジョン・F・ケネディ大統領のように、秘密機関が任命した指導者がその命令に従い続けない場合に、好んで行われてきた方法である。

また、政府、統治機関、宗教的戒律に反対する当事者が望ましいと考える政治的、経済的、宗教的変化をもたらすために暗殺が行われることもある。歴史は、その例に満ちている。

キング牧師、ジョン・F・ケネディ、ロバート・ケネディのように、暗殺にまつわる陰謀が発覚しないことは非常に多い。オズワルドは法廷に出る前に、レイは悪徳弁護士に乗っ取られ、サーハン・サーハンは刑務所で、3つの事件とも殺人容疑者は沈黙した。こうして何百万人ものアメリカ人が、レイもオズワルドもサーハン・サーハンも引き金を引かなかったと確信している。

キング牧師が殺害された直後、メンフィス警察はレイが滞在していたと思われるゲストハウスの指紋を採取する絶好の機会を得た。そのゲストハウスは、メンフィスの黒人街のサウス・メイン・ストリートにあった。レイは、1968年4月4日の午後3時にそこに到着した。目撃者によると、3人の男がビルから出てくるのを見たそうで、そのうちの一人がレイだったそうです。レイと一緒にいた他の二人の男を探そうとしなかったのはなぜか、興味深い。

下宿先でレイの指紋が確認されたわけではありません。ジョージア州捜査局のバーニー・ラグズデール少佐によると、レイが収監されていたミズーリ州刑務所が、FBIに間違った指紋を送りつけてきたという。まだ説明のつかない理由で、FBIはレイの指紋を見つけるのに2週間もかかり、彼が犯人であると発表したのです。これは、FBIが長年主張してきた「指紋照合で10分で人物を特定できる」という主張と矛盾する。指紋の比較はロサンゼルスのファイルから行われ、これは通常の手順とは異なるものである。アトランタは、その記録を調べるのに理にかなった場所だったのだろう。ロサンゼルスの指紋は、エリック・スターヴォ・ガルトのものであった。プリントには写真が添えられている。この遅れは、エリック・スターヴォ・ガルトと何か関係があったのでしょうか？ガルト」はレイだったのか？

メンフィス警察がFBIに解任されたとき、AP通信の記者ドン・マッキーはこう書いた。

> "連邦捜査官は　　　　　　　　顔の似顔絵を見せながら"
> "エリック・スターヴォ・ガルトという
> 名について質問しました"
> "キング牧師殺しの捜査に関連した"
> "謎の捜査対象です捜査官が何を知ったのか、ガルトに何を求めているのかは、厳重な秘密である。

AP通信の記者でもあるゲイロード・ショーは、こう発信した。

> "FBIはキング牧師殺害犯の似顔絵の
> 全国配布を差し控えていますレイが銃撃後に逃走に使ったとされる白いマスタングがアトランタで発見されたとき、エリック・スターヴォ・ガルトのものだとされた。FBIはガルトに対して、「兄弟と称する別の男と共謀してキング牧師に危害を加え、弾圧し、脅した」という理由で逮捕状を発行した。

会報は一旦取り下げられ、その後復活した。中でも、ガルトが1964年と1965年にニューオリンズでダンスのレッスンを受けていたことが明らかにされた。ジェームズ・アール・レイは当時、ミズーリ州立刑務所にいた。

キング牧師の殺害から2週間後、J.エドガー・フーバーはガルトが実はジェームズ・アール・レイであると発表する。フーバーはガルトの弟がどうなったかについては語らなかった。なぜ、ガルトの「弟」の運命は調査されなかったのか？

メンフィス警察のレディット刑事がロレイン・モーテル地区から立ち退いた謎は、いまだに解明されていない。メンフィス警察のアーキン警部補は、レディットを家に送り届けた後、シークレットサービスから、レディットの命の「契約」に関して「間違いがあった」というメッセージを受け取りました。その後、アーキン刑事は目的不明のままレディット宅を訪れました。アーキンはこの奇妙なエピソードについて、いまだに誰にも話そうとしない。

実はレディットの監視任務には、同僚の刑事であるW.B.リッチモンドが同行していた。リッチモンドはキング牧師が撃たれた時、監視任務ではなく、メンフィス警察本部にいて、殺人のことは何も知らなかったと供述した。その後、リッチモンドは、キングが撃たれた時刻に、ロレイン・モーテルから通りを隔てたところにある消防署にいたことを認めている。なぜ矛盾しているのか？リッチモンドはこの事実を司法省に宣誓して証言したのか、もしそうなら、なぜ彼は偽証罪で告発されなかったのか。

ロンドン警視庁がロンドンのヒースロー空港でレイを逮捕した時、彼は自分の名前を「ラモン・ジョージ・スニード」と捜査官に告げた。ロサンゼルスでのガルトの指紋は、ワシントンのFBIに登録されているものではなく、

ロンドン警視庁に送られたのだ。

ロレイン・モーテルのバルコニーで横たわるキング牧師を写した有名な写真には、ジェシー・ジャクソンとアンドリュー・ヤングが下宿の窓ではなく、茂みの後ろにタオルをかぶった男が隠れているのを見たという小山を指さしています。キングの体の傷の向きは、合理的な疑いを超えて、ゲストハウスのバスルームの窓ではなく、この場所から発砲された可能性が高いことを示している。

レイの裁判が正義の茶番であったことは間違いない。レイは最初の答弁で何度も出てきた「conspiracy」という単語について言及することが許されませんでした。また、判事はレイが陰謀の供述をすることを拒み、弁護士のパーシー・フォアマン氏も判事に同意した。フォアマンの助言でレイは有罪を認め、完全で公正な裁判を受けるチャンスを失ってしまった。

1974年10月、レイはメンフィスの連邦地裁で再審査を受けたが、8日間の審理の後、彼の訴えは却下された。レイは無実を主張し続け、真相を突き止める決意を家族に語った。そのためか、1977年、ブラッシー・マウンテン州立刑務所にいたとき、命を狙われることになった。ひどい刺し傷を負ったものの、レイは一命を取り留めた。ケイがキングを撃ったことを証明するには、未解決の部分が多すぎる。

300人委員会は、すべての国のすべての天然資源をコントロールするために常に努力している。H.G.ウェルズやバートランド・ラッセル卿は、彼らの立場を表明し、再確認している。コンゴや南アフリカほど、この姿勢が徹底しているところはない。

ベルギー領コンゴとして知られ、アフリカで2番目に大きいこの巨大な国は、何十年にもわたって銅、亜鉛、スズ、ゴム、象牙、そしてカカオ、コーヒー、パーム油など

の農産物といった天然資源を無慈悲に奪われ続けてきました。ベルギー国王レオポルド2世は、コンゴにある価値のあるものはすべて自分のものだとよく言っていた。ベルギー政府は、鉄道、鉱山、製錬所、カカオやパーム油のプランテーション、工場、ホテルなどを、フロント企業を通じて管理していたのだから、確かにそうだろう。これは、300人委員会の政策の最たるものであった。

コンゴ人労働者はほとんど給料をもらえず、もらえるのは主に無料の住居、医療給付、衣服などであった。そんな中、1959年にパトリス・ルムンバという政治家の卵が、ベルギーの支配に対抗するために国政政党の結成を宣言したのである。ベルギー当局は、ルンバを「共産主義者」「国の安寧を害する者」と烙印を押したのである。逮捕され、その後釈放された。実は、ルムンバは共産主義ではなく、コンゴの人々の生活を向上させることに関心があった。

1960年、ルムンバがベルギーからの独立を求めたとき、大きな動揺があった。ルンバは、国連やアメリカに助けを求めたが、断られた。国務省は、彼を「マルクス主義の言葉で勝負する男」と評したが、ちなみに、その主張には何の根拠もなかった。ルンバの驚くべき演説の才能は、コンゴの人々に大きな感銘を与え、300人委員会はこの問題に関心を持ち始めている。

1960年8月、前科のある2人のCIA職員が、アレン・ダレスから3カ月以内にルンバを暗殺するように命じられた。ルンバの演説の才能は、コンゴのCIAの報告書でも指摘され、ルンバが共産主義者とつながっていると疑われていることも記述されている。翌月、CIAは細菌学者ジョセフ・シュナイダーに、ルンバ殺害に使われる致死性ウイルスの小瓶を入れた外交用ポーチを持ってコンゴに行くよう命じた。ダレスはアイゼンハワーと相談してルンバの抹殺を命じたが、ルンバは常に移動しているため、シュナ

イダーの持っているウイルスを投与することはできなかった。

フランク・チャーチを委員長とする上院情報監視委員会は、CIAがコンゴでルンバの殺害を望む勢力と接触していたことを報告した。教会の報告書では、これらはベルギー政府のエージェントであることが示唆されていた。身の危険を感じたルンバは、国連に保護を求めたが、支援を断られた。しかし、ルンバは兄が用意した車で脱出し、妻と子供1人を連れて、ルンバが強い支持を受けていたスタンレーヴィルに逃げ込んだ。

1960年のCIAの報告書には、CIAがコンゴ軍に道路封鎖の方法と場所を教えることで、ルンバの奪還を助けたことが書かれている。300人委員会が任命した傀儡の指導者、ジョセフ・モブツ1人が捜索を監督していた。1960年12月1日（er）、ルムンバがモブツ軍に捕らえられると、1961年1月17日まで囚われの身となった。

1961年2月12日、モブツは、ルンバが拘束されていた辺境の家から脱出し、敵対する部族に殺害されたと発表した。しかし、CIAのジョン・シクウェルは、CIAのエージェントがルンバの遺体を車のトランクに入れて持ち歩きながら、その処遇を決めていたと語っており、正確には明らかにされていない。しかし、国連はベルギー人の傭兵、ホイゲ大佐とガット大尉の2人が犯人であると報告した。司法省は、ルンバ殺害にCIAが関与した証拠はないと結論づけ、調査を終了した。

教皇ヨハネ・パウロ1世殺害事件er
バチカンが国家であり、そのトップである教皇が歴史の流れを変えるほどの巨大な権力を行使できること、また行使できることを考慮すれば、政治的暗殺と言うこともできるだろう。私が調べた資料では、4人の教皇が暗殺されたことは確かで、いずれも毒薬の投与によるものであった。

教皇クレメンス13世（カルロ・レッツォーニコ）の話は、証明されてはいないものの、よく知られている。ヨーロッパの王族たちの扇動で、クレメンスはカトリック教会のヒエラルキーにおけるイエズス会の下克上を終わらせることにした。数ヶ月の待ち時間の後、クレメンスのイエズス会弾圧の布告が出来上がった。しかし、彼はカノン法に含めるためにそれを読む機会がなかった。ひどい痙攣と嘔吐の後、1769年2月12日、クレマンはこの世を去った。クレメンスの布告は二度と見つからずに消え、イエズス会はかつてないほど強くなった。

教皇クレメンス14世（ロレンツォ・ガナネッリ）は、教皇クレメンス13世が（死によって）退場させられた後を引き継いだ。1773年8月16日、クレメンスは「Dominus ac Redemptor」という勅令を出し、イエズス会を教会の敵と宣言したのである。イエズス会総長とその幹部が逮捕・投獄され、イエズス会の財産が差し押さえられ、教育機関が閉鎖されるという即座の措置がとられたのである。これはイエズス会に与えられた最大の打撃であった。その直後から、バチカンではクレメンスに対する不吉な噂が流れ始めた。

1774年10月2日、教皇クレメンス14世は激しく体調を崩し、数時間の苦しみの後、息を引き取った。何者かによって投与された強力な毒薬が、彼の命を奪った。毒は非常に強力で、すぐに内臓が崩壊し、その後、驚くほど急速に全身が腐敗していった。顔はまったくわからず、体も横になっていることができない。フリーメイソンとイエズス会から離れろ、さもなければ死が待っている、という明確なメッセージであった。

アルビニ・ルチアーニがしぶしぶ教皇の位を受け入れ、教皇ヨハネ・パウロ1世[er]
となったとき、彼はすぐにバチカンの最高会議におけるフリーメイソンとイエズス会の影響力の大きさに気付い

たのである。優れた学者であり、頭脳明晰であったが、敵には完全に誤解され、その穏やかな謙虚さは、隷属的と誤解された。そのためか、彼に投票した99人の枢機卿の中には、フリーメーソンやイエズス会の有力な支持者が含まれていた。

しかし、ヨハネ・パウロ法王の態度には、一度決めたことは絶対にやり遂げようとする鉄の意志と決意が見え隠れしていた。教皇ヨハネは簡単に操れると勘違いして投票したリベラル派の枢機卿たちは、教皇がバチカン階層のフリーメイソンを暴露し、教会に対する大企業の力をなくすつもりだと知ってショックを受けている。

ローマの大手新聞社「イルモンド」の編集者パブロ・パネライは、「バチカン株式会社」と呼ぶものを特に攻撃していた。パネライはメニーニとポール・マーシンクスの名前を挙げ、彼らがシンドナやシカゴのコンチネンタル・イリノイ銀行とつながっていることを批判している。パネライは、バハマ・ナッソーのシサルパイン・オーバーシーズ銀行の取締役に就任したマーシンクス司教を鋭く攻撃し、バチカンに衝撃を与えた。

これには、ローマ法王ヨハネ・パウロ1世er
が行動を起こすのに十分であった。1978年8月27日、国務長官であったヴィロ枢機卿をプライベート・フラットに招き、食事を共にした。ゲリのP2リストには、バチカン市国の100人以上のカトリック・メイソンが名を連ねていたのだ。このリストは、イタリア警察がゲリの別荘に踏み込んだ際に押収したものだ。では、なぜ教皇はヴィロットに警告したのだろうか。

その日の夕食時、ローマ法王ヨハネ・パウロ1世（er ）は、バチカンの高い地位にあるフリーメイソンのリストを作成するようヴィローに命じた。彼はヴィロットに、カトリック教徒が秘密組織の一員になることは許されない、彼の考えでは、3人の歴代教皇が発見し、イルミナティ

の創設者ヴァイスハウプトが確認したように、キリスト教の破壊に専念しているのだ、と言った。

そして、ヴィロットの任務が完了したら、メイソンを劇的に改造し、教会への害が少ない海外に分散させるように命じたのである。バチカンの情報筋によると、ビロットは最初怒り、次に唖然として、このような急激な変化は混乱をもたらすだけだと主張したという。しかし、他の多くの人々と同様、ヴィロットは教皇の鉄の決意を甘く見ていた。ルチアーニは、自分の秩序を守ることに固執していた。ビロットは遅滞なくリストを作成しなければならない。

最も失うものが多いのは、「バチカン株式会社」のマルシンクス、カルヴィ、シンドナ、コーディ、デ・ストローベル、メニーニであり、イエズス会の有力者はヴィロットのリストに名前が載れば、すべての権力と影響力を失う危険性があった。ヴィロットは、バチカンの高級財閥である「聖座財産管理局」のメンバーであり、失うものは大きい。バチカンの国務長官としての地位だけでなく、そのトップとしての地位も失うことになる。ヴィロットにとって、おそらく他の人たちよりも、ルチアーニの命令の実行を阻止することがどうしても必要だったのだ。

1ヵ月後の1978年9月28日、ヴィロットは再び教皇の私室での夕食会に招かれた。ルシアーニは、ヴィロットの恐怖心を鎮めるために、彼が話す言語の一つであるフランス語で話そうとした。同席していたベネリ枢機卿によると、このことはヴィロットの氷のような態度に何の影響も与えなかったという。ルチアーニは毅然とした態度で、フリーメイソンのリストに関する命令を直ちに実行するよう要求した。教皇は、ベネリ枢機卿からIstituto per le Opere di Religione（OPR、バチカン銀行）が不正なビジネスに関

与しているとの報告を受け、心を痛めていると述べた。彼は、デ・ボムニス、マルキンクス、デ・ストローベル、オルトラーニ各司教を解任し、OPRとシンドナおよびカルヴィとの関係を直ちに断つことを望んでいる。

ルチアーニは、自分の破滅につながる一連の出来事を起こしたのだ。また、自分たちの力がフリーメーソンの力を凌駕するのに十分だと考えていた人たちは、自分たちの信念がいかに間違っているかに気づいていなかった。教皇クレメンス14世は、イエズス会解散の勅令に署名する際、「私は迷子だ」とつぶやいたのは、自分の運命を知ってのことだったのかもしれない。

ルチアーニが提案したことの詳細はベネリ枢機卿に伝えられ、教皇はミラノにいる親友のコロンボ枢機卿を呼び、彼に詳細を託すことにしたのである。これは、ヨハネ教皇に電話をかけ、二人の間の出来事を聞いたディエゴ・ロレンツィ神父が確認したことである。これがなければ、教皇ヨハネ・パウロ1世（er）がヴィヨに要求した記録も残らない。ヴィヨにメイソンの名前を渡すよう指示した教皇文書が、いまだに見つかっていないのだ。

ヴィロットとの会談の直後、1978年9月28日の夜、教皇ヨハネ・パウロは執務室に引きこもりました。不思議なことに、その夜、バチカンには医師がおらず、さらに不思議なことに、ジョン教皇のアパートの外には警備員が配置されていなかった。その夜9時半から翌朝4時半の間に、教皇ヨハネ・パウロ1世er
は暗殺された。一晩中点けていた読書灯をスイス人警備員が目撃していたが、バチカンの警備員はこの異常事態を何も確認しなかったという。ローマ法王ヨハネ・パウロ1世er
は、無念の死を遂げた最初の法王であるが、毒殺者の手によって死んだ最初の法王でもない。

ヴィロットは、ルチアーニの死を隠すのに重要な役割を

果たした。9月29日、教皇の遺体を最初に発見したルシアーニの簡単な世話をしていたシスター・ヴィチェンツァに呼ばれたヴィローは、枕元から教皇ヨハネのために処方された薬、エフォルティルの瓶をポケットに忍び込ませた。そして、ルチアーニの眼鏡とスリッパを外した。そして、ヴィロットは教皇ヨハネの執務室に行き、教皇の遺書を取り出した。そして、その場にいたシスター・ヴィチェンツァに一言も告げずにフラットを後にした。シスター・ヴィチェンツァはベレニ枢機卿にヴィローの特異な行動を説明した。ベレニが彼の行動を問いただすと、ヴィヨットはシスター・ヴィチェンツァの報告を否定した。ルチアーノの死体発見時の状況についても嘘をついた。

フリーメーソンの命令を拒否して命を落としたザカリー・テイラー大統領など、毒殺犯の手によって命を落とした人もいる。この指令は、マッツィーニのレオン駐在員で、フリーメーソン運動「ヤング・アメリカ」の創始者から出されていた。1850年7月4日の夜、テイラーは体調を崩し、濃い黒いものを吐き始めた。医師は「冷たい牛乳を飲みすぎ、サクランボを食べすぎた」ことが原因だと言い、ゆっくりと辛い死を遂げました。しかし、これでは黒い厚い物質の説明がつかない。これほどひどい嘔吐は、猛毒があることを意味する。教皇ヨハネ・パウロ1世[er]
と同様、テイラーの検死は行われず、死因を正確に知ることができない医師によって、その死因がさりげなく語られた。この点では、ローマ法王ヨハネ・パウロ1世の死（[er]）も同様に、バチカンの医師であるブゾネッティ博士によって軽率に扱われた。彼は、不正の疑いを強く持っていたはずである。

下院議員ルイス・T・マクファーデンの殺害は、アメリカの秘密政府の数ある聖なる牛の中で最も神聖な、連邦準備制度理事会と連邦準備銀行を正面から攻撃した結果で

した。マクファーデンは1920年、下院銀行委員会の委員長を務めた。彼は、連邦準備制度理事会を公然と攻撃し、1929年のウォール街の大暴落を引き起こしたのは彼らであると非難した。

マクファーデンの連邦準備制度に対する戦いは、ワシントン全体に波紋を広げた。ナショナル・プレス・クラブの創設者であるジョージ・スティンプソン氏は、マクファーデン氏のガバナーに対する非難は信じられないもので、地域社会はマクファーデン氏の言うことを信じることができない、と述べた。しかし、マクファーデンが狂っていると非難された時、それを少しも信じないと言ったのはスティンプソンであった。

マクファーデンは、10年以上にわたって連邦準備制度に対して執拗な戦争を仕掛け、20
世紀の最も下劣な犯罪のいくつかを暴露した。マクファーデン氏の最も痛烈な告発の一つは、連邦準備制度がアメリカの憲政を破壊するために裏切りを謀ったというものだった。また、ルーズベルト大統領や国際的な銀行家を攻撃した。

1932年6月10日（金）、マクファーデンは下院で次のような声明を発表した。

> 「大統領、この国には世界で最も腐敗した組織のひとつがあるのです。連邦準備制度理事会と連邦準備制度理事会の加盟銀行を指しているのです。連邦準備制度理事会という政府の理事会が、米国とその国民から国家債務を支払うに十分な資金を騙し取ったのだ。この悪の組織は、米国国民を貧困化し破滅させ、それ自身も破滅し、事実上政府も破滅させたのだ。それは、連邦準備制度が運用されている法律の欠陥、連邦準備制度理事会による法律の誤った運用、そして連邦準備制度を支配している金の亡者たちの腐敗した行為のためである」。

1933年5月23日、下院で行われた熱のこもった演説で、マクファーデンは次のように述べた。

> 「大統領、この国が国際銀行家の手に落ちたことを知らない者はいないでしょうし、それを後悔していないメンバーもここにはほとんどいません...大統領、私たちは今日もデッキに立っています。同じように裏切り者の敵が、私たちの前に進み出ているのです。大統領閣下、私は彼にアメリカの土地を1インチたりとも与えることなく、また彼の戦争負債を1ドルたりとも与えることなく、その場で死ぬつもりです。

> 「大統領、私は米国の金の備蓄を
> 連邦準備銀行から外し
> 米国財務省に置くことを要求します米国政府の財務状況を、上から下まで監査することを要求する。金と銀の完全な価値に基づく現金支払いの再開を要求する..."
> 。

この糾弾に続いて、マクファーデンが賠償国債と外国証券が1億ドル相当のドイツ市場向け修理債券であることを暴露したので、陰謀ウォッチャーは、この時点でマクファーデンを永久に黙らせる命令が下されたのだと考えるほど、ハイレベルの秘密並行政府を揺るがした。

マクファーデンが命を狙われたのは、全部で3回。1回目は、ディナーパーティーに出席していたときに、突然、激しい体調不良に襲われた。隣に座っていた医師が、彼を死の淵から救い出すことができたのだ。2回目は、国会議事堂の近くでマクファーデンさんがタクシーから降りようとしたときに起こった。2発発砲したが、いずれも外れた。3回目の挑戦は成功し、ニューヨークで行われた。マクファーデンさんは、別のディナーパーティーに参加していた。ここでも激しい嘔吐発作に見舞われ、助けが来る前に亡くなってしまった。毒殺者は、国際銀行家と連邦準備制度理事会から、彼らの活動を完全に暴露し、

国民を彼らに敵対させ、通貨制度に対する彼らの支配を終わらせることができる唯一の人物を排除することに成功したのだ。

ヘンドリック・フェルヴェルト博士は、南アフリカにおける「アパルトヘイト」の父である。オランダ出身のフェルウェルト博士は、巨人のように南アフリカの政治を闊歩した。オッペンハイマー・マシーンとそれが支配するリベラルな政治家たちを恐れずに軽蔑し、フェルウォード博士は、南アフリカにいる国際銀行家とその手下たちを時間をかけずに攻撃した。

特に、南アフリカにおけるインド人に対する差別を議論するためにインドを招聘したことなどは、国連を軽蔑し、その内政干渉を強く批判していた。インディアンは、セシル・ジョン・ローズによって南アフリカに連れてこられた年季奉公労働者の子孫である。1949年1月13日、ダーバンで起きたズール人とインド人の暴動は、死者100人、負傷者1000人以上という大惨事となった。犠牲者の大半はインド人であった。

ベルフェア博士は、インディアンの指導者はみな共産主義者だと言って、インディアンと関わりを持とうとしない。その後、彼が暗殺された後、政治犯罪で訴えられたインド人や黒人の弁護が、共産主義につながる組織であるインド会議に所属するインド人弁護士の手に渡ったことが、彼の主張を後押ししたようだ。

1950年4月27日、人種隔離を主目的とした「集団地域法案」が提出された。1953年4月の暴動後、新しいテロ防止法が導入され、実施された。

そして、300人委員会はアラン・パトンという手駒を見つけ、彼の著書「最愛の国の叫び」を国際的に高く評価される文学作品に人為的に作り替えたのである。パトンは自由党のお気に入りだった。自由党は、この不愉快な男

を一種のヒーローに仕立てた。パトンは、「すべての文明人」に投票することを提唱する自由党を設立した。これには、強力なオッペンハイマー・マシーンのサポートがあった。その証拠に、オッペンハイマーが所有するヨハネスブルグの新聞「サンデー・タイムズ」のファイルには、このような告発が書かれている。

1958年9月3日、フェルウェルト博士が首相に選出された。1960年10月5日、国民投票により、共和制の確立とイギリス連邦への加盟をやめるという案が承認された。1961年5月31日、ロンドンから帰国したフェルウェルト博士は、英国議会で爆弾のような撤退宣言を行い、英雄的な歓迎を受けた。国連は直ちに加盟国に対し、南アフリカへの軍事装備の売却を禁止するよう要請した。

政治的な線引きは、第3次英独戦争が進行している間に行われた。1964年4月20日、国連のいわゆる専門家委員会は、インドで何百年も続いてきたカースト制度を全く無視して、南アフリカの非人種的民主主義を求める報告書を発表した。南アフリカよりもはるかに厳しいカースト制度（社会階級の厳格な分離）が残っている。今日でも、国連はインドの「アパルトヘイト」については沈黙を守っている。

Verwoerd博士は整然と国を運営し、黒人やインド人の反政府グループを許さない。1964年6月12日、ネルソン・マンデラと7人の黒人が爆弾を作り、禁止されている共産主義者の文献を所持していたことが発覚した。マンデラの指導者、つまりこれらの犯罪の扇動者であるエイブラムスとウォルプは国外に逃亡したが、マンデラと彼の支持者は、妨害行為、窃盗、暴力犯罪、政府転覆未遂などの罪で終身刑を言い渡された。

この裁判は、南アフリカの独立した司法制度の下で、極めて公正に行われました。マンデラ氏は、政治的な理由ではなく、一般的な犯罪のために投獄されたのです。私

がランド最高裁で調べた事件の記録は、マンデラ氏が有罪判決を受けた民事犯罪行為の内容を明確に示している。この真実を隠蔽し、マンデラ氏が政治的理由で投獄されたように見せかけたのは、欧米のマスコミである。アメリカとイギリスは、マンデラ氏について客観的に判断しようとしたことはない。

1966年9月6日、ケープタウンで議会が開かれている最中に、フェルウェルト博士が使者に刺されて死んだ。このメッセンジャーは、何年も前からこのポジションにいるため、よく知られた人物で、会議場の中を自由に動き回り、いろいろなメンバーに書類や資料を配っていた。警察は、暗殺に外国人が関与しているという明白な結論を示唆した。すでに闇の勢力は、南アフリカ共和国を破壊しようと動いていた。

暗殺者は「精神障害者」とされたが、世界中の諜報員は、諜報機関による催眠術の使用について今日知られていることを知り、彼が殺人を犯すようプログラムされていると考えたのである。この暗殺者は、フェルウォード博士を襲うまで、精神的な病気の兆候を見せたことがなかった。問題は、「誰がフェルウォールト暗殺の命令を出し、誰がプログラミングをしたのか」ということだ。「当時、マインドコントロールの任務を遂行する権限を持つのは、CIAとKGBの2つの諜報機関だけであった。何も証明できなかったが、一般的な意見として、この殺人はCIAの仕業だと言われている。

1966年当時、CIAのギガヘルツ光線による秘密実験は、1977年のジョン・マーカス、1990年のゴードン・トーマスがこの分野におけるCIAの行為を完全に暴露するまで、公にはされず秘密のままであった。専門家の中には、Verwoerd博士がこのCIAの実験の最初の犠牲者の一人であると確信している人もいる。

他の多くの人と同じように、私もジョン・F・ケネディ暗

殺について深く掘り下げた本を書きました。当時、私が主張したことの多くは裏付けが取れませんでしたが、今では他の独立した情報源が私の言ったことを裏付けています。今日まで、これらの凶悪犯罪の犯人は誰一人として逮捕されておらず、今後も逮捕されることはないだろう。特にアメリカでは、真実を明らかにしようとする者がいれば、危害を加えられる可能性は否定できない。

その一人が、元CIAの契約職員であるロバート・モロー氏である。モローは、ケネディがCIAに嫌われ、フーバーとリンドン・ジョンソンの両方を追い出すと宣言していたため、死ななければならなかったと確認する。モローは、私がティピットについて言ったことを確認した。彼はオズワルドが話すのを防ぐために殺すために送られたが、オズワルドは彼を認識し、最初に彼を撃ったということである。

オズワルドが銃撃戦の後、ジャック・ルビーと会うために映画館に行ったという私の話も、モローが認めてくれた。モローはまた、オズワルドがケネディを撃ったことはないこと、銃撃のとき、オズワルドはテキサス教科書倉庫の2階で、コーラを飲み、サンドイッチを食べていたことを確認しました。

また、モローは、ケネディは車列の前にある草むらから正面から撃たれて死んだと信じている。また、大統領のリムジンが現場から運び出され、誰も完全な科学捜査ができないうちに解体されるために輸送されたという私の説明も確認した。

モローはいくつかの興味深い主張をしている。特に、ジョージ・ブッシュが中央情報長官（DCI）の職を与えられたのは、上院教会委員会がケネディ暗殺に関するすべての事実を把握するのを阻止するためだけであり、彼はそれを実行したというのである。また、モローは、ブッシュはケネディ暗殺について知っていることはすべて知っ

ていると主張している。

XI.インドにおけるアパルトヘイトとカ
ースト制度

300人委員会は、南アフリカの人種分離政策の「害悪」について多くを語っている。しかし、インド社会における厳格な階級分化については、ほとんど何も語られていない。南アフリカが攻撃されているのは、世界で最も豊富な金鉱脈がある一方で、インドにはそれほど価値のない天然資源しかないからではないか？

ロスチャイルド家の下僕である欺瞞的な主人セシル・ジョン・ローズによって積極的に援助され、金の発見が発表されるとトランスバールに押し寄せたカーペットバガーと外国人の大群によって「権利」を求める運動が起こされたのである。これは、ボーア人とその子孫を国家主権から引き離すために使われた「一人一票」詐欺の最初のものであった。この扇動は、ヨハネスブルグのロスチャイルド-
ローデスの政治機構によって組織され、ロンドンのアルフレッド・ミルナー卿によって慎重にコントロールされていた。

ボーア人の指導者たちにとって、新参者に選挙権を与えれば、自分たちの政権が外国人冒険者の大群に押し流されることは目に見えていたのだ。ボーアの指導者たちが、「一人一票」という政治的要求によって国民が権利を奪われることをおとなしく許すはずがないとわかると、ヴィクトリア女王の大臣や使者が平和について話している間に1年間練られていた戦争計画が、一気に動き出した

のだ。

ヴィクトリア女王は、小さなボーア共和国と戦うために、史上最強の軍隊を送り込んだのである。イギリス女王が、ボーア共和国に群がるフォーチュンハンターやカーペットバッカーの投票権を気にかけていたと信じるには、鮮やかな想像力が必要である。3年にわたる最も残酷な紛争の後、英国はボーア人の女性や子供たちに容赦せず、25,000人が史上初の強制収容所で亡くなったのである。戦場ではほぼ無敗だったボーア人も、交渉のテーブルにつくことを余儀なくされた。会議が行われたベレニギンで、ボーア人は共和国の不毛な土の下に眠る莫大な富を含め、彼らが主張するすべてのものを剥奪されたのである。

ここで忘れてはならないのは、ボーア人が敬虔なキリスト教徒の国であったということだ。ヴィクトリア女王のイルミナティ-グノーシス主義者-カタリスト-ボゴミールの手下や顧問は、ボーア人を軍事的に破り、彼らの共和国の鉱物資源を奪うだけでなく、彼らを潰し、彼らの言語と文化を一掃しようと決意していたのだ。この犯罪行為の主犯は、高慢な貴族であるアルフレッド・ミルナー卿である。彼は1915年にボルシェビキに資金を提供し、「ロシア」革命を実現させたのであった。イギリスは、トランスバールの由緒ある大統領ポール・クルーガーを、彼の大臣の多くとイギリス帝国主義に対する武装闘争を指導してきた人々とともに追放したのである。文明国であるはずの日本が、このような野蛮な扱いを受けたのは、記録上初めてのことである。

インドで露骨で横暴なアパルトヘイトが許されたのは、インドがベネチアの黒人貴族やイギリスのオリガルヒが好んでいるニューエイジ宗教の本場だからである。ニューエイジ宗教は、ヒンズー教を真正面に据えている。神智学の高僧アニー・ベサントは、1898年にインドを訪れ

た後、ヒンドゥー教の宗教をニューエイジの思想に適合させたとされる。

アパルトヘイトが悪者として描かれる「一人一票」という考え方は、アメリカの歴史には存在しないのです。それは、国連が南アフリカの黒人部族の福祉に関心を寄せていると世界に信じ込ませるための策略に過ぎなかった（黒人は17の部族に分かれており、政治的に統一された同質国家ではない）。反アパルトヘイトの声は、南アフリカの莫大な鉱物資源を300人委員会の手に渡すという真の目的を隠すために高められた。
この目的が達成されれば、マンデラは目的を果たした使い古された道具として捨て去られるだろう。

米国憲法は「一人一票」を規定していない。マンデラ氏が好んで言うように、「南アフリカのアパルトヘイトの悪」に対する叫びの中で、この観察は失われがちである。

アメリカ合衆国議会は、10年に一度、国勢調査局が一定の地域の人口を数えることによって決定され、「一人一票」を基準としているわけではない。そのため、4年ごとに大きな境界線の引き直しが行われるのです。そして、その境界内に住む人々の数によって、代表者が選ばれるのです。

リベラルな政治家は、ある地域の代表者に黒人やヒスパニックを選び、彼らが自分たちのリベラルな政策に賛同して投票することを望むかもしれない。しかし、必要な変更をもたらすだけの黒人やヒスパニックの有権者がこの地域にはいないかもしれない。そこでリベラル派の政治家は、100マイル離れた二つの地域を狭い通路で結ぶという馬鹿げた裏技を使ってでも、境界線を変えさせようとするだろう。対象地域の黒人やヒスパニックが少数派であるならば、2つの地域を結ぶことで多数派を作り、上下両院のリベラル派におもねる黒人やヒスパニックの議

員を選出しようというものである。

アパルトヘイトをめぐる騒ぎの中で、英国の報道機関は、南アフリカより何百年も前に存在したはるかに大きなアパルトヘイト、すなわちインドのカースト制度を慎重に隠蔽してきた。

1582年にイギリスがインドに侵攻したときから、スーフィズムはイスラム教徒とシーク教徒を分断し、互いに対立させるために利用された。1603年、ジョン・ミルデンホールは、1600年12月31日にロンドンで設立されたイギリス東インド会社の租界を求めてアグラに到着した。同社は社名をイギリス東インド会社と改め、カースト制度に反対するシーク教徒の勢力を崩すため、代理人を使った。1717年、BEICは賄賂と欺瞞的外交、および医薬品の寄付により、ムガル帝国から大きな利権を獲得し、ケシ栽培と生アヘン製造の収入に対する課税も免除されることになった。

1765年、イギリスによるインド占領の伝説的人物であるインドのクライヴは、ベンガル、ベナレス、ビハールなど世界一豊かなケシ畑を完全に掌握し、ムガール人からの徴税に力を発揮していた。1785年には、アヘン貿易はウォーレン・ヘイスティングス卿率いるBEICの手にしっかりと握られていた。ヘイスティングスのインド「改革」のひとつは、ケシの栽培地をすべて確保し、彼の支配下に置くことだった。これには生アヘンの製造も含まれていた。

1813年に議会に陳情した後、英国王室はBEICの憲章を30年間延長した。1833年、国会はBEICの憲章をさらに20年間延長した。自分たちから権力が離れていくのを見たインドの上層階級は、BEICを通じてイギリスの支配に反抗するようになった。これを防ぐため、イギリス首相は1856年8月2日にインド政府法を成立させ、インドの指導者を欺いた。この法律により、表向きはインドにあるBEICの

資産と土地はすべて英国王室に譲渡されることになった。この外交上の駆け引きは、まったくの嘘に基づくものであった。BEICはクラウンであった。

さらにディズレーリ首相は、1896年、自らの扇動で議会がヴィクトリア女王を「インドの女帝」と宣言し、欺瞞を一段と強めた。同年、飢饉で200万人以上の下位カーストのインド人が死亡した。イギリスの支配下（BEICの押しつけ）にあった下層カーストのインド人は、合計で600万人以上が餓死している。この災害と似たようなことは、これまで南アフリカでは起こったことがない。CIAが仕掛けた「シャープビル」暴動では、80人弱の黒人暴徒が治安部隊によって殺害され、南アフリカは世界中から非難を浴びせられました。黒人は、自分たちが利用されていることに気づかないまま、外部の力に扇動されて暴動を起こしていた。

インドの「ジャティ」カースト制度は、100％人種に基づくものである。ピラミッドの頂点に立つのはアーリア人（白人で目が青く、この国を占領したギリシャ人であるアレキサンダー大王の子孫とされる）である。その直下にいるのがバラモンで、色は白から薄茶色までさまざまだ。このカーストからバラモン教の僧侶が生まれます。バラモンの下には、クシャトリヤと呼ばれる戦士や支配者がいて、彼らもまた非常に明るい肌をしている。クシャトリヤの下には、小役人、商人、貿易商、職人、熟練労働者などの階級であるヴァイシャがいる。肌の色が濃いのです。

次にスードラ、つまり配管工、電気技師、自動車整備士などではない未熟練労働者たちです。最後に、権力ピラミッドの非常に広い底辺には、文字通り「追放者」を意味する「ハリジャン」、総称して「パライア」と呼ばれる人たちがいる。彼らは「不可触民」とも呼ばれ、非常に黒い、あるいは黒い肌をしている。肌が黒ければ黒い

ほど、「触れられない」のです。1946年、300人委員会を
直接代表するルイ・マウントバッテン卿（バテンバーグ
）は、インドへの完全独立を申し出たが、これは何十万
人ものハリジャンの命を奪ったしつこい飢饉による激し
い暴動を鎮めるための口実であった。この出来事は、欧
米のマスコミではほとんど無視された。その1年後、「不
可触賤民」は違法とされたが、まるで法律がなかったか
のように、その習慣は続いていた。

アンタッチャブル」は、インドの厳格なカースト制度の
中で最も残酷な制度であった。つまり、ハリジャン（Har
ijans）が他のカーストに触れることは許されないという
ことだ。

もし、そうなったら、怒った上流階級の人は、怒ったハ
リジャンを殺させる権利があったのだ。厳格な分離制度
は、階級対策だけでなく、ハリジャンの間で流行してい
た病気の蔓延を防ぐ目的もあった。

ハリジャンはインド最大の人種であり、何世紀にもわた
って不当な扱いを受け、虐待を受けてきた。政治的な変
革が望まれるとき、このグループは大砲の餌として利用
され、彼らの人生はほとんど価値がないとみなされる。
これは、インド政府の政治的変化をもたらすために、ハ
リジャンがインドの古いモスクを破壊するために利用さ
れたときに実証された。この悪事については、欧米の新
聞やテレビで取り上げられることは、ほとんどない。

黒子にとっては残念なことだが、彼らはゲームの駒に過
ぎない。300人委員会が目的を達成し、マンデラ氏が役目
を終えた使い古された道具として捨てられたとき、彼ら
の重要性は失われる。そして、「グローバル2000」の人
口削減プログラムが、彼らに永久に適用されることにな
る。彼らは、マンデラ氏のコントローラーであるオッペ
ンハイマー家や300人委員会よりも良い運命を辿るに値す
る。

XII.大量監視に関する注意事項

アメリカとイギリスは非常に密接に協力して、自国民や外国政府をスパイしている。これは、商業通信、外交通信、私的通信など、すべての通信に適用されます。国家安全保障局（NSA）と政府通信本部（GCHQ）は、電話、テレックス、ファックス、コンピュータ、音声通信を違法に大規模に監視しており、何も神聖なものはなく、手の届かないものはない。

両機関は、いつでも誰でも盗聴できるノウハウを持っています。ヨークシャーのメンウィズ・ヒルとコーンウォールのモーウェンストーにあるGCHQの盗聴局では、毎日100万件の通信が拾われている。これらの局は、国家安全保障が国民を監視することを禁じる英国の法律を回避するために、NSAによって運営されています。技術的には、傍受はNSAが行っているため、GCHQは英国の法律を破っていない。

GCHQ/NSAのコンピュータはトリガーとなる単語を探し、タグ付けして保存します。これは、すべての通信がデジタルパルスとして送信されるため、簡単な手順で行うことができます。これは、文字と音声の両方のコミュニケーションに当てはまります。そして、マークされたメッセージを分析し、これらの機関が関心を持つものがあれば、さらに調査が開始される。すべての活動が違法であることは、これらの機関が自らに課した任務を遂行する妨げにはならない。

NSAのコンピュータ「HARVEST」は、1秒間に4億6000万

文字（書籍5000ページ分）を読み取ることができます。現在、GCHQとNSAが使用しているHARVESTコンピュータは、年間8000万件以上の通話を傍受しており、そのうち250万件はさらなる調査のためにフラグを立てて保存していると情報筋は推定している。両機関とも多くの専門スタッフを抱え、世界中を飛び回り、個人のプライバシー保護に利用できる新製品を発見・評価し、それを破る方法を探っているのです。

携帯電話の登場により、大きな課題が生まれました。現在、携帯電話のトラフィックは、セル信号（課金目的のもの）を盗聴することで「盗聴」され、独自の識別を持つ様々なセルコードを辿って発信元を追跡している。しかし、新世代のA5携帯電話は、政府のスパイ行為にとって深刻な問題を提起している。

この新しい携帯電話には、軍のスクランブルシステムと非常によく似たA5スクランブルコードが搭載されており、政府機関がメッセージを解読して通話の発信元を追跡することは事実上不可能となっています。現在、GCHQとNSAの監視チームがA5携帯電話から送信されたメッセージの暗号を解くには5ヶ月かかると言われています。

政府は、麻薬取引や組織犯罪と戦う努力に重大な支障をきたすと主張しているが、この言い訳を受け入れる人はほとんどいない。このような犯罪対策の過程で、国民のプライバシー権が著しく侵害されていることについては、何も語られない。

現在、NSA、FBI、GCHQは、既存のA5ジャマーを搭載した携帯電話を「改造」のために回収するよう要求しています。口には出さないが、A5ジャミングシステムが登場するまでと同じように、政府も民間通信を利用できるようにする必要がある。そのため、英米の政府機関は、A5携帯電話妨害システムをA5Xシステムに変更するよう要求している。このシステムによって、以前は安全だった

携帯電話への「トラップドア」が可能になるのだ。

固定電話（市内通話）は、NSAやGCHQが運営するクリアリングハウスに「交換」されることで簡単に傍受される。長距離通話は、通常マイクロ波タワーで中継され、空から簡単に拾えるので問題ない。さらにNSAは、テレックス、マイクロ波、ラジオトロン、VHF、UHFの信号で送信されるすべての会話を拾う能力を持つRHYOLITE衛星も持っている。

MI6のブルース・ロックハート、レーニンとトロツキーの支配者

シドニー・ライリー - MI6の経済専門家。

サマセット・モーム - MI6のケレンスキー特別捜査官。

MI6本部（ロンドン）。

ブッシュ元米国大統領とアル・サバ首長。

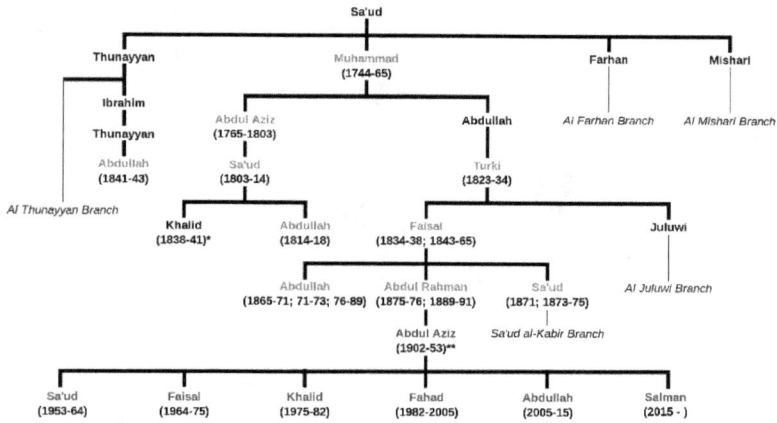

サウジアラビアのワッハーブ王朝。

出典に関する注意事項

キング牧師暗殺のソースは、1965年4月9日のメンフィスでのAP通信の報道である。メンフィスでは、1965年4月14日、ドン・マッキーとゲイロード・ショーの2人のAP通信が報道された。真犯人はニューヨーク・タイムズ紙の記者アール・コールドウェルが目撃していたが、彼は警察や捜査当局の取材を受けることはなかった。

ヴィットリオ・オルランドの私文書。

アントン・デニキン将軍の私文書。

サンレモ会議の議事録。

米国議会記録、下院・上院。

ローザンヌ会議の議事録。

ウェルズH. G. "アフター・デモクラシー"。

ラッセルバートランド卿"科学が社会に与える影響

英国東インド会社（BEIC）。インディア・ハウス、ロンドンウィルソン、ウッドロウ大統領

議会記録、上下両院。

ベルサイユ条約文書、パリ、フランス。

ヤン・クリスチャン・スムッツボーア戦争記念公文書館、プレトリア。

連合国からの賠償金要求ベルサイユ会議、サンレモ会議。

L.T.下院議員のスピーチ集。マクファーデンLeague of Nations Documentation, Geneva.

英国王立国際問題研究所

ドクター・コイマン「300人委員会」。

社会主義：F・D・ルーズベルト「Our Way」。1848年の「共産党宣言」。

"フェビアン・フリーウェイ：アメリカにおける社会主義への道"ローズ・マーティン

ウォルシュ上院議員国連におけるビッグファイブの独裁。

議会記録、上院、8165-8166ページ。

J・コールマン博士"湾岸戦争の目的について考察"。

公法第85766条第1602項。公法第471条第109項

ジョン・ラリック"国連は見えない政府の産物"

Congressional Record, House, pages E 10400-10404, 14 December 1970.

アレン上院議員とテラー上院議員との討論会 Congressional Record (Senate) 6586-6589 1898年7月1日。

J・コールマン博士"主権者 "ではない。

国際連合憲章、通称「チャーター」。2273-2297 ページ
議会記録、下院 1900 年 2 月 26 日。

スミス議員大統領の権力の限界 Congressional Record Page 12284.

アレン・ダレスPressure on Congress, Congressional Record Pages 8008 - 80209, 25 July 1945.

レナード・モズレーダレス、エレノア、アレン、ジョン・フォスター・ダレスの伝記」。"

憲法クーリー判事憲法は条約や法令に屈しない。

ヴァン・ハルスト教授「合衆国憲法」。

ハウス、コルCFRとウィルソンとルーズベルトのコントローラー、大英戦争博物館からの資料、大英博物館（ロンドン）。

J.コールマン博士「海外援助は不本意な隷属」。アラビアの地。大英博物館、カイロ博物館

コーランの原理クルアーンより。

アラビアのロレンスが裏切られたアーチボルド・マレー卿のアラブ・ペーパー。

イギリス外務省のデスパッチ、大英博物館、ロンドン。

バルフォア宣言

アーサー・バルフォア卿文書、大英博物館（ロンドン）。

エドマンド・アレンビー将軍、パレスチナ文書、大英博物館、ロンドン。

ルイス・フィッシャー"石油帝国主義：石油をめぐる国際闘争".

イラクの独立

1923年 プロトコル国際連盟の文書、ジュネーブ。

L. M. Fleming, Oil in the World War.

アメリカ政治学会の年報。1917年5月付「メキシコ憲法」。

ワシントン・ソビエト・レビュー』1928年1月号。ロンドン石油新聞』1927年11月26日。

J.コールマン博士「ウィリアム・K.ダーシー石油会社300社の委員会に道を開いた謎のニュージーランド人。300人委員会"

トルコ石油公社Papers, Sir Percy Cox, London Petroleum Institute, Foreign Office, London.

クウェートとモスルの地位は曖昧なままだ。

サンレモ会議とローザンヌ会議の議事録、1920年と1923年。

パレスチナの現状

英国パスフィールド委員会白書

1919年8月16日付米国国務省領事指令。米国が外国の石油利権を獲得することが極めて重要であることを強調し、領事館員に石油の支配権をめぐって米国と競合する外国のエージェントをスパイするよう奨励するものである。

国務省「米国の対外関係」。1913年 pp.820.

連邦取引委員会 前掲書 XX-XXI, 69th Congress, State Dept. Doc. vol 10 p 3120.

モーア、アントン"石油戦争

Eaton, M. J. "The oil industry's response today".

商務省 T.I.B No.385 "Foreign Combinations to Control Prices Raw Materials" （原材料の価格統制のための外国企業との提携）。

バートランド・ラッセル"最も重要な原材料のひとつは石油である"1962年の発言。

クーリッジ連邦石油保全評議会連邦政府の石油に対する「門戸開放」政策。チャールズ・エヴァンス・ヒューズの本評議会に対する発言。

メキシコとの石油と土地の利権：
1848年のグアダルーペとイダルゴの条約の議会図書館のアーカイブから。

"Rockefeller Internationalists" Emmanuel Josephsonは、Rロックフェラーの国際石油政策について述べている。

ティーポットドームのスキャンダルアルバート・B.の役割秋と「秋男」の語源。

参考にした資料は、大英博物館、議会記録、下院・上院、当時の新聞報道などの資料からです。

メキシコの革命」についての上院外交委員会公聴会
1913年1912年、ウィルソン大統領は、パナマ運河の危険性を「フエルタの脅威」と表現し、アメリカ国民を煽った。

Henry, J. D. "Grab for Russian Oil, Baku and Eventful History" （ロシアの石油をめぐる争奪戦、バクーと波乱の歴史）。スペイン語de la Tramerga, Pierre."世界の石油をめぐる争い".

ソビエト連邦のレビュー、1928年1月。

マクファーデン L.T.フエルタ・トマス・ラモント協定

ソビエト連邦の情報局。"ロシア経済事情1928".

パレスチナの分割

"ユダヤ人とアラブ人は共存できない"ピール委員会報告書、イギリス外務省文書。

1989年10月、国務省からジェームズ・ベーカー3世へのメモ。BNL疑惑に言及した "農水省の壁抜け"

イラクとBNLに関する国家安全保障指令26号で、イラクへの拡張債権を認可。

2月6日のニューヨーク連邦準備銀行のメモ。SNLのイラク向け融資の隠蔽のメカニズムを明らかにする。

国家安全保障会議メモの省庁間委員会が、BNL-Iraqの被害を抑えるための会議をホワイトハウスで開催。

"ブッシュ駐在員がイラクの兵力数を改ざん。Joint Session of Congress, Congressional Record 11 September 1990.

ヘンリー・ゴンザレスが恥ずかしい質問をする。議会記録、下院、ソーンバーグ司法長官への手紙1990年9月。レターハウスのコピー、コングレッショナルレコード。

ウィリアム・バー司法長官、ゴンザレス議員との協力を拒否。レターズ 1992年5月号

裁判資料 マーヴィン・ショーブ判事
クリストファー・ドルーガル BNL事件 アトランタ
ショーブ判事が司法省に特別検察官を任命するよう求める。

ボーレン上院議員からバー司法長官への書簡で、特別検察官の任命を要請。1992年10月14日

イラクとイランに
"本を売る"1989年の裁判でのベン・マッシュの証言（裁判資料より抜粋

ジョン・コールマン博士"セシル・ジョン・ローズ
非凡な陰謀者"

J・コールマン博士"憲法に表現された「一人一票」法はない"。

イギリスのインドとのアヘン貿易。

インディア・ハウス
イギリス東インド会社に関する文書、インディア・ハウス、ロンドン。最初のインド租界を得たJohn Mildenhallのことが書かれている。また、「インドのクライヴ」の仕事ぶりや、インドのムガール人と様々なアヘン「チャーター」がどのように交渉されたかも詳しく紹介されている。

ディズレーリインド政策に関する下院での演説（『ハンサード』1896年）。

トムソン-ウルッティア条約
1921年4月20日。大英博物館と議会記録（下院・上院）の文書。

条約と協定に関するヴァッテルの「国際法」。マルフォード博士"国家の主権 "である。

ジョン・ローン米国麻薬取締局（DEA）長官。マヌエル・ノリエガへの書簡、1987年5月27日。

英国秘密情報局。

初期の頃、エリザベス1世のスパイマスターであったフランシス・ウォルシンガム卿の資料（ロンドン、大英博物館所蔵）。

ジョージ・バーナード・ショー"フェビアン協会に関するノート"。

既に公開済み

OMNIA VERITAS LTD をプレゼントします。

ローマクラブ
新世界秩序のシンクタンク

ジョン コールマン

20世紀に起こった数々の悲劇的、爆発的な出来事は、それ自体で起こったのではなく、確立されたパターンの中で計画されたものであった....

これらの偉大なイベントの企画者、制作者は誰なのか？

OMNIA VERITAS LTD をプレゼントします。

ジョン コールマン

陰謀者たちの階層
300人委員会の歴史

この神と人間に対する公然の陰謀は、ほとんどの人間を奴隷にすることを含んでいる...

OMNIA VERITAS LTD をプレゼントします。

陰謀の彼方へ
見えない世界政府の正体を暴く

ジョン コールマン

歴史的な大事件はすべて、完全な思慮分別に囲まれた人間によって密かに計画されている

高度に組織化された集団は、常に市民に対して優位に立つことができる。

フリーメイソンのすべて

OMNIA VERITAS LTD をプレゼントします。

ジョン コールマン

21世紀になって、フリーメイソンは秘密結社というより、「秘密の社会」になってしまった。

フリーメイソンとは何かを解説した一冊

ロスチャイルド家

OMNIA VERITAS LTD をプレゼントします。

ジョン コールマン

歴史的な出来事は、しばしば「隠された手」によって引き起こされる....。

タヴィストック 人間関係研究所

OMNIA VERITAS LTD をプレゼントします。

アメリカ合衆国の道徳、精神、文化、政治、経済の衰退を形成する

ジョン コールマン

タヴィストックがいなければ、第一次世界大戦も第二次世界大戦もなかったでしょう。

タヴィストック人間関係研究所の秘密